Ursula Prutsch (Hrsg.)

Arbeit als Machtinstrument

Gesellschaftliche Arbeit ist eine der Grundbedingungen menschlichen Zusammenlebens und insofern immer auch Ausdruck bestimmter, an die jeweilige Zeit gebundener Machtverhältnisse. Im vorliegenden dritten Band des Jahrbuchs des Österreichischen Lateinamerika-Instituts widmen sich Autorinnen und Autoren verschiedener Disziplinen am Beispiel lateinamerikanischer Länder dem Thema »Arbeit als Machtinstrument«. Sie formen, ausgehend von der Kolonialzeit über die Industrialisierung des 19. Jahrhunderts bis hin zum Neoliberalismus der Gegenwart, eine Art »Geschichte der Arbeitsbeziehungen«.

Das Einbeziehen der geschichtlichen Hintergründe basiert dabei auf der Annahme, daß die koloniale Ausbeutung bereits das Fundament für die gegenwärtige globale kapitalistische Ökonomie legte. Die durch den Wandel der Arbeitsverhältnisse entstehenden sozialen Phänomene wie Rassismus, Migration, Global Cities und nicht zuletzt der informelle Sektor werden unter nationalen, transnationalen als auch internationalen Gesichtspunkten diskutiert. »Arbeit als Machtinstrument« ist aber auch Aufruf zur Gegenwehr. Es wird die Frage aufgeworfen, was Gewerkschaften oder andere korporative Gruppen an sozialem Widerstand leisten können.

Das Buch liefert nicht nur einen Einblick in die wechselhafte Geschichte von Arbeitsbeziehungen in Lateinamerika, sondern ist auch aufgrund seines aktuellen Datenmaterials von hoher gegenwärtiger Relevanz.

Jahrbuch *¡Atención!*:
Das *Österreichische Lateinamerika-Institut* wurde 1965 als gemeinnütziger Verein mit dem Ziel der Förderung des österreichisch-lateinamerikanischen Dialogs gegründet. *¡Atención!*, das Jahrbuch des Instituts, legt in Fortsetzung der *Zeitschrift für Lateinamerika-Wien* eine Auswahl aus dem wissenschaftlichen Programm des Instituts vor.

Ursula Prutsch (Hrsg.)
Arbeit als Machtinstrument
Soziale, ökonomische und kulturelle Auswirkungen in Lateinamerika

¡Atención!
Jahrbuch des Österreichischen Lateinamerika-Instituts. Band 3

Mit Beiträgen von
Walther L. Bernecker, Peter Birle,
Francisco Lizcano Fernández,
Leo Gabriel, Wolfgang Heinz,
Andreas Hofbauer, Gerrit Köster,
Austreberta Nazar, Christof Parnreiter,
Renate Pieper, Ursula Prutsch,
Emma Zapata

Brandes & Apsel / Südwind

Auf Wunsch informieren wir regelmäßig über das Verlagsprogramm.
Eine Postkarte an den Brandes & Apsel Verlag, Scheidswaldstr. 33,
D-60385 Frankfurt a.M., oder ein e-mail: brandes-apsel@t-online.de genügt.
Unsere Homepage finden Sie unter: www.brandes-apsel-verlag.de

Gefördert aus öffentlichen Mitteln

Österreichische
Entwicklungszusammenarbeit

¡Atención! – Jahrbuch des Österreichischen Lateinamerika-Instituts, Band 3

Die Deutsche Bibliothek - CIP-Einheitsaufnahme:

Arbeit als Machtinstrument: soziale, ökonomische und kulturelle Auswirkungen in Lateinamerika / Ursula Prutsch (Hrsg.). Mit Beitr. Von Walther L. Bernecker. – 1. Aufl.- Frankfurt a.M.: Brandes und Apsel; Wien: Südwind, 2000
(¡Atención! ; Bd. 3)
ISBN 3-86099-184-1

1. Auflage 2000
© Brandes & Apsel Verlag GmbH, Scheidswaldstr. 33,
D–60385 Frankfurt a. M.
Alle Rechte vorbehalten, insbesondere das Recht der Vervielfältigung und Verbreitung sowie der Übersetzung, Mikroverfilmung, Einspeicherung und Verarbeitung in elektronischen oder optischen Systemen, der öffentlichen Wiedergabe durch Hörfunk-, Fernsehsendungen und Multimedia, sowie der Bereithaltung in einer Online-Datenbank zur Nutzung durch Dritte.
Druck: Euroadria d.o.o., Ljubljana. Printed in Slovenia.
Gedruckt auf säurefreiem, alterungsbeständigem und chlorfrei gebleichtem Papier.

ISBN 3-86099-184-1

Inhalt

Ursula Prutsch
Arbeit als Machtinstrument in Lateinamerika — 7
El trabajo como instrumento de poder en América Latina — 19

Renate Pieper
Arbeiten im Berg. Arbeiter und Arbeitsbedingungen im kolonialen Bergbau Hispanoamerikas — 32

Andreas Hofbauer
Sklaverei und Rassismus in Brasilien — 41

Walther L. Bernecker
Europäische Auswanderung nach Lateinamerika: das 19. und frühe 20. Jahrhundert — 55

Francisco Lizcano Fernández
Subsistemas, sectores y estratos sociales en Iberoamérica — 74

Peter Birle
Arbeitsbeziehungen in Südamerika: Zwischen Tradition und Reform — 89

Wolfgang Heinz
Kokaanbau und Drogenpolitik am Beispiel Boliviens und Kolumbiens — 108

Gerrit Köster
Partizipation als Machtinstrument — 125

Christof Parnreiter
Grenz-Gänger: Über die Probleme der USA, Immigration aus Mexiko zu kontrollieren — 142

Emma Zapata/Austreberta Nazar
Género: Permanencia y migración en tres comunidades de la región fronteriza de Chiapas y Guatemala — 164

Leo Gabriel
Moderne Sklaverei: Die Arbeit in den Maquila-Betrieben als Folge des neoliberalen Umbaus — 180

Autorinnen und Autoren — 189

Ursula Prutsch
Arbeit als Machtinstrument in Lateinamerika

Arbeit im historisch-gesellschaftlichen Kontext

Als in den 70er Jahren Fernreisen finanzierbarer wurden, tönte aus deutschen und österreichischen Radios ein beliebter Schlager, gesungen von einem dunkelhäutigen Exilkubaner mit dem bezeichnenden Namen Roberto Blanco. Der Titel lautete *Samba si, trabajo no* und drückte europäische Projektionen von Lateinamerika als paradiesischem Urlaubsziel, einem exotischen Ort des Phäakentums, aus. Das Bild ist nicht neu. Nach dem Ende des Ersten Weltkrieges wollten einige hundert arbeitslose ehemalige Offiziere und Beamte der österreichisch-ungarischen Monarchie in Brasilien reich werden, »als Herrn und Gebieter über eine große Kaffeeplantage und über Dutzende von Schwarzen«, wie sie noch vor der Abreise verkündeten (Prutsch 1996: 60). Einen Monat später wurden sie zur Arbeit in einer Kaffee-Plantage im Staat São Paulo verpflichtet. Viele gaben diese bereits nach wenigen Tagen auf, weil sie der schweren Arbeit und den klimatischen Bedingungen nicht gewachsen waren. Die Identitätsprojektionen via Arbeitsamkeit manifestieren sich auch in einem anderen Fall: Nach blutigen Zusammenstößen zwischen polnischen Siedlern und *botokudos* in Brasilien um 1900 plädierten die deutsche Presse und der österreichisch-ungarische Regierungsvertreter für eine harte Bestrafung der Indios, sei doch das Leben eines arbeitsamen Kolonisten mehr wert als das eines »faulenzenden Indianers« (Der Beobachter 12, 30.1.1901: 2).

Die beiden ersten Beispiele drücken Wunsch-Bilder vom Schlaraffenland Lateinamerika aus, das dritte rechtfertigt »Mission« im Namen des Fortschritts, der »weiß« sei. Die Formen der »Mission«, mit der die ökonomischen Interessen jeweils argumentativ verdeckt wurden, veränderten sich zwangsläufig im Laufe von 500 Jahren: in der Kolonialepoche waren es politisch-religiöse (»Christianisierung«, »gerechter Krieg«), im 19. Jahrhundert auch darwinistische und formal-rassistische (kulturelle Überlegenheit, *branqueamento),* im 20. Jahrhundert kamen neokoloniale Ausbeutungsformen durch die USA, aber auch lateinamerikanische politische Eliten als deren Handlanger hinzu (Chomsky 1995).

Dabei drückte das jeweils vorgebliche Zentrum (Europa, USA) den lateinamerikanischen Gesellschaften in der Überzeugung kultureller Überlegenheit sein Wert- und Normgefüge auf. Es gilt jedoch zu betonen, daß die autochthone Bevölkerung nicht nur Objekt war, sondern auch eine aktive Rolle im Kolonisationsprozeß spielte, in dem sie die Bildung der Kolonialgesellschaften direkt und indirekt beeinflußte (Pietschmann 1994: 207ff.). Die aus der Konfrontation mehrerer Welten resultierenden Kulturkonflikte sind vor allem auch durch völlig divergierende Konzepte von Zeit und Arbeit geprägt. Die Differenz im Zeitbewußtsein von Kolonialherren und kolonisierten Völkern wurde als »Disziplindefizit« verurteilt. Die Einführung der kolonialen und post-kolonialen Arbeitsgesellschaft – d.h. Landenteignung, Wander-, Lohn- und Zwangsarbeit – »zivilisierte« ganze Völker, zerstörte ihr soziales Gefüge, bzw. vernichtete sie (Bernecker 1995: 21).

Die radikale Veränderung von Zeit, bedingt durch den Wandel von Wirtschaftsmodellen und Arbeitswelten, hat im Neoliberalismus besondere Aktualität gewonnen. Nach Richard Sennett benötigt das gegenwärtig vorherrschende Modell der Beweglichkeit und Kurzfristigkeit »flexible« Menschen im Sinne von Biegsamkeit (wie sie schon Adam Smith thematisierte), ständiger Anpassungsbereitschaft, konsensorientiert und konform. Das Wort *Job* bedeutete im Englischen des 14. Jahrhunderts einen »Klumpen« oder eine »Ladung«, die man herumschob (Sennett 1998: 10; vgl. Guéhenno 1994: 111ff.). Die geforderte »Ortlosigkeit« und der Verlust sozialer Sicherheiten, von »Heimat«, verändern Identitäten, tradierte Werte wie Kontinuität, Tradition und Beständigkeit. Die Suche nach Arbeit orientiert sich nach den wechselnden Standorten des Kapitals und produziert riesige globale transkontinentale sowie nationale Migrationsströme; diese verursachen die Entvölkerung ländlicher Regionen, den Zuzug in städtische Räume und eine Entwurzelung der Migranten. Global Cities wie London, Tokio, São Paulo und Mexico City sind strategisch bedeutende Steuerungszentralen, globale Marktplätze der Informationsökonomien (vgl. Sassen 1996). Subcomandante Marcos, der Vordenker des mexikanischen *Ejército Zapatista de Liberación Nacional* (EZLN), verglich den Sieg des (flexiblen) Kapitalismus über den Kommunismus als Beginn des »Vierten Weltkrieges« – einer Globalisierung nie zuvor erlebten Ausmaßes. Die »Unvermeidbarkeit des totalen Marktes«, der in kein politisches System mehr eingebunden ist, zeigt totalitäre Auswirkungen auf alle Bereiche menschlichen Lebens. Die Vernetzung von Unternehmen, Gesellschaften und Räumen – auch ehemals rivalisierender Staaten – bewirkt eine wirtschaftliche Entnationalisierung, der die Staaten jedoch mit einer Renationalisierung, mit neuen Grenzziehungen begegnen (Subcomandante Marcos 1997: 91ff.; Parnreiter 1999: 9f.). Die mit dem Begriff »Freiheit« gern kaschierte »neue Weltordnung«, die Wachstum mit immer stärker reduzierter Beschäftigung erzielt, vergrößert die sozialen Unterschiede gravierend. Die fordistische Entwicklungsweise hat sich erschöpft, die sogenannte »industrielle Reservearmee« ist obsolet geworden; ebenso die in den 70er Jahren getätigte Äußerung des Nobelpreisträgers für Ökonomie, Milton Friedman, daß eine »gewisse Arbeitslosenrate« heilsam sei, weil sie den Arbeitsmarkt »entspanne«. Das im »Sozialpakt« von 1966 festgelegte Menschenrecht auf faire Arbeitsbedingungen, auf gewerkschaftliche Organisation und soziale Sicherheit wird immer wieder vehement eingefordert (Kaller-Dietrich 1998: 7ff.). Es nimmt auch einen zentralen Stellenwert in politischen Wahlkämpfen ein, obwohl sich der Staat in seiner postulierten Funktion als nationaler Garant von sozialen und politischen Menschenrechten in einem transnationalen Wirtschaftssystem immer stärker zurückzieht, und wie manche auch meinen, weniger aus Ohnmacht als aus fehlendem Willen der wohlverstandenen Demokratien (Hanke 1998: 19-21; Suter 1999).

Die gegenwärtigen ökonomischen Strukturen machen Systeme der Gegensteuerung durch politisches Bewußtsein der Zivilgesellschaft notwendig. Anfang der 90er Jahre verkündete der *novo/nuevo sindicalismo* (Brasilien, Venezuela) einen neuen gewerkschaftlichen Aufbruch und einen gesamtgesellschaftlichen Gestaltungsanspruch, der alten Leitbildern des Sozialismus eine Absage erteilt. Andererseits versuchte der brasilianische Präsident F.H. Cardoso Anfang 1998 trotz massiver Proteste der Internationalen Arbeitsorganisation in Genf (IAO) das Streikrecht der gut organisierten Arbeiter in der Erdölindustrie zu brechen, die noch zu 51 Prozent verstaatlicht ist (Hart 1998: 42f.). Der politische Kampf um das Recht auf (menschenwürdige) Arbeit drückt sich ebenso in außergewerkschaftlichen Widerstandsformen gegen neoliberale Produktionssysteme aus (z.B. die Maquiladoras) und fordert die Notwendigkeit des Konflikts heraus.

Transformationen eines Begriffs

Die gesellschaftlichen, ökonomischen und politischen Bedingungen in der Arbeitswelt in Lateinamerika – nicht nur im Zeitalter des Neoliberalismus – geben ein Beispiel für den eminent politischen Gehalt des Themas »Arbeit als Machtinstrument«, dem eine Ringvorlesung an der Universität Wien im Wintersemester 1998/99 gewidmet war. Bei einem derart umfassenden Themenkreis war es gewiß sinnvoll, eine Vernetzung mehrerer wissenschaftlicher Disziplinen aufzubieten, wobei besonders die historisch-strukturellen Prozesse bedacht wurden, da Veränderungen der sich bedingenden ökonomischen und politischen Strukturen allzeit gravierende Einbrüche und Transformationen im sozialen Gefüge zur Folge haben. Die Geschichte der Arbeitswelt und ihrer Beziehungen wird hier als Gesellschaftsgeschichte gesehen und durch sozial-, politik- und wirtschaftswissenschaftliche wie soziologische Blickwinkel beleuchtet.

Zu bedenken ist in diesem Zusammenhang auch der Paradigmenwandel des Begriffs »Arbeit« und »Arbeiter« in einem sich verändernden System ökonomischer, religöser und moralischer Werte: Zu Beginn des 18. Jahrhunderts entstand ein modernes Konzept von Arbeit, das zu Wohlstand und Emanzipation führen sollte; im 19. Jahrhundert wurden Konzepte der »Zivilisierung« und »Humanisierung« der Welt erstellt; in der marx'schen Utopie wird der »befreiende«, selbstverwirklichende Wert hinzugefügt, wenn die Phase abhängiger Lohnarbeit überwunden sein wird. Die Arbeiterbewegung erreichte durch ihr politisches Engagement Gesetzgebungen, die »gesellschaftliches Aufgehobensein«, einen »sozialen Wert« implizierten: »[...] work transcended its economic utility and gained social recognition through law, the law of labour and social protection« (Castel 1996: 618). Die Globalisierung der letzten zwei Dezennien bewirkte ein Ende des Fordismus. Dies bewog Jeremy Rifkin 1995, das »Ende der Arbeitsgesellschaft« auszurufen. Obwohl der Begriff »Arbeit« schon lange nicht mehr auf »Lohnarbeit« beschränkt ist, bezieht er sich noch immer auf den öffentlichen Bereich und klammert Schattenarbeit, unbezahlte Arbeit aus. Zwar divergieren die Arbeitsgesellschaften in den sogenannten Zentren und Peripherien. Während in den Zentren Selbstverwirklichung und Vollbeschäftigung noch immer debattiert werden, die Mobilität geringer ist, Arbeitsmärkte noch geschützter und regulierter sind, nahmen jedoch in den Peripherien instabile, informelle Arbeitsbeziehungen überhand (Pries 1997: 31). Der Partizipationskampf in der Produktion von Gütern und Dienstleistungen sowie jener des Bewahrens von Sozialstandards wird in den segmentierten Arbeitsmärkten von Zentrum wie Peripherie geführt, da die vernetzte, globale Ökonomie Räume und Menschen je nach Nutzen aus- oder einschließt.

Koloniale und postkoloniale Strukturen der Arbeitsgesellschaften (Formen der Sklaverei, Lohnarbeit, unbezahlte Arbeit, Schattenarbeit, Subsistenz) werden im vorliegenden Band thematisiert; der Wandel von politischen Handlungsspielräumen (des *political bargaining*) von Gewerkschaften und Pressure-groups je nach Charakter von Regierungs- und Wirtschaftssystemen wird analysiert: Widerstandsformen gegen Arbeitsbedingungen, innerhalb und außerhalb von korporativen und gewerkschaftlichen Strukturen, im Spannungsfeld mit Unternehmen, Regierungen und Parteien spielen dabei eine wichtige Rolle. Arbeitsformen im explodierenden informellen Sektor, Frauen- und Kinderarbeit sowie ethnische Diskriminierung in der Arbeitswelt sollen in einzelnen Beiträgen thematisiert werden. Die Folgen der neuen internationalen Arbeitsteilung und ihren Rationalisierungsbemühungen werden einbezogen. Der Wechsel von Sektoren, von Lohn- zu Schattenarbeit, spiegeln nicht nur die politischen und ökonomischen Gegebenheiten wider, sondern auch die gesellschaftlichen Wertigkeiten von Arbeitsformen.

Einen wichtigen Themenkomplex stellt Migration als eine sozial-historische Grundkonstante vom kolonialen Zeitalter bis ins späte 20. Jahrhundert dar: War Sklaverei eine Vorform der modernen Arbeitsmigration, nahm diese im späten 20. Jahrhundert nicht nur quantitativ zu, sondern wandelte sich auch, bedingt durch den globalen Verdichtungsprozeß, zugunsten einer transnationalen, mehrdirektionalen Wanderung (Pries 1997). Migration impliziert auch den Transfer von kulturellen *Codes*, politischen Konzepten und führt zu komplexen, plurikulturellen Gesellschaften, denen Konflikte inhärent sind.

In der Auswahl der Themen wurde nicht nur auf eine zeitliche Chronologie, sondern auch auf eine möglichst breite geographische Streuung Bedacht genommen. In den sehr unterschiedlichen lateinamerikanischen Staaten sind ökonomische und politische Umwälzungen durch die Kohabitation und Verflechtung divergierender gesellschaftlicher (d.h. kultureller, religiöser, politischer etc.) Modelle und Traditionen, ist die Gleichzeitigkeit des Ungleichzeitigen besonders augenscheinlich; Brüche sind besonders deutlich.

Die Arbeitswelt im historischen Kontext

Das frühneuzeitliche koloniale System hatte am Aufbau einer globalen kapitalistischen Ökonomie erheblichen Anteil. Es erwirtschaftete Spanien und Portugal enorme Reichtümer aus dem Gold- und Silberbergbau, verschlang ein riesiges Arbeitskräftepotential indigener, aber ab 1519 auch afrikanischer Sklaven und setzte riesige Migrationsströme in Gang. Für die Silberminen von Potosi (Peru), das im 16. Jahrhundert mehr Einwohner hatte als Paris, Madrid oder Rom, rekrutierte man indianische Zwangsarbeiter mittels dem *mita-minera*-System, einer abgewandelten Form des Arbeitsdienstes der Inka. In den mexikanischen Silberminen waren vorwiegend freie indianische Lohnarbeiter beschäftigt – zu oftmals nicht geringen Löhnen (vgl. den Beitrag von *Renate Pieper*). Die Institution der bis 1720 existierenden *encomienda,* der rechtlichen Nachfolgerin indianischer Tributleistungen, verband indigene Arbeitspflicht mit offizieller Schutzfunktion der Krone für Indios, Missionierung und faktischer Kontrolle. Dieses System bildete eine wichtige institutionalisierte Stütze des kolonialen Wirtschaftssystems; von der *encomienda* hingen die Stadtentwicklung, Güter- und Nahrungsmittelproduktion, Straßen- und Kirchenbauten, öffentliche Arbeiten ab.

Die brasilianische Kolonialwirtschaft benötigte für die Bewirtschaftung ihrer Zucker-, Baumwoll- und Kaffeeplantagen afrikanische Sklaven, die bis um 1850 ins Land »geschafft« wurden. Die kolonialgesellschaftliche Sklaverei existierte, solange sie ökonomisch effizient war. Als sie Kapitalakkumulation und Mechanisierung der Produktion hemmte und – damit zusammenhängend – mit politischen und sozialdarwinistischen Fortschrittskonzepten (Positivismus, Liberalismus, Darwinismus) nicht mehr vereinbart werden konnte, wurde sie abgeschafft; in Brasilien als letztem Land Lateinamerikas im Jahre 1888. Ihre sozialpsychologische Mitgift sind Rassismus und ethnische Unterdrückung, die bis heute wirksam sind (Hofbauer 1995; vgl. den Beitrag von *Andreas Hofbauer*). Moderne Formen der Sklaverei bestehen nicht nur in Brasilien fort; historische Beispiele für Zwangsarbeit verbunden mit Landraub, Reduktion von Subsistenzwirtschaft für *cash crops,* sind zahlreich.

Mit dem Verbot der Sklaveneinfuhr nach Brasilien um 1850 begann das

Land für den beginnenden Kaffeeboom europäische Einwanderer zu verpflichten. »Gobernar es colonizar« lautete auch die Devise des argentinischen Präsidenten Domingo Faustino Sarmiento (1868-74). Die sich nach europäischen Modellen orientierenden politischen Eliten versuchten, die oktroyierte und selbstempfundene Rückständigkeit im Zusammenhang mit der Nationalstaatsbildung ab Mitte des 19. Jahrhunderts durch eine forcierte Immigrations- und Siedlungspolitik zu überwinden: Spanische, italienische, zentraleuropäische Einwanderer, selbst Opfer europäischer Agrarkrisen und Industrialisierung, hatten anfänglich zum Teil politischmilitärische Funktion (Vorschiebung der Grenze und deren Sicherung), sollten aber auch als »Katalysatoren« der Modernisierung und des Fortschritts im Sinne der »Rassenverbesserung« dienen. Die europäischen Bauern, die ungelernten Arbeitskräfte und Facharbeiter veränderten das Gesellschaftsgefüge eminent, trugen wesentlich zur Urbanisierung und auch zum Transfer von anarchosyndikalistischen und sozialistischen Modellen bei, die in den verschiedenen Staaten unterschiedlich transformiert und adaptiert wurden (vgl. den Beitrag von *Walther L. Bernecker*). Sie manifestierten sich in Streiks und Kämpfen um eine Sozialgesetzgebung, obwohl Einwanderern politische Betätigung immer wieder untersagt wurde (Carrière et.al. 1989; Hopfinger/Kopp 1996).

Der Erste Weltkrieg und seine Folgen bewirkten staatsinterventionistische, protektionistische Wirtschaftsstrategien, aber auch eine bewußte kulturelle, ideologische Distanz vom Vorbild Europa (vgl. *Semana da Arte Moderna* 1922 in Brasilien), was die Ausprägung eines Nationsbewußtseins, unter anderem durch die »indianistische« Kulturbewegung (*Indigenismo*), beeinflußte. Die ab den 30er Jahren etablierten diktatorischen Regime (Argentinien, Brasilien, Kolumbien, Paraguay) waren zum Teil sogenannte Depressionsdiktaturen als Folge der Weltwirtschaftskrise von 1929. Sie betrieben Importsubstitution, spielten im Falle Brasiliens oder Mexikos beim Aufbau einer nationalen Industrie eine große Rolle; sie unterdrückten jedoch Widerstand linker Bewegungen gegen die soziale Krise massiv. Parteien und Gruppierungen mit korporativer Prägung und mit faschistoiden Zügen fanden Aufschwung. Populistische Diktatoren wie Getulio Vargas in Brasilien, Juan Peron in Argentinien, Lázaro Cárdenas in Mexiko institutionalisierten die Arbeitsbeziehungen, um ihr paternalistisches, entwicklungsstaatliches System zu verwirklichen. Indem sie Sozialgesetzgebungen, Arbeitsgesetze und Mindestlöhne einführten und Gewerkschaften einbanden, versicherten sie sich der Unterstützung breiter Bevölkerungsgruppen und unterdrückten Militanz oder Protest lohnabhängiger Schichten durch wirksame Kontrolle.

Die kurze Nachkriegsphase bis zum Beginn des Kalten Krieges war von binnenmarktorientierter und keynesianischer Wirtschaftspolitik gekennzeichnet. Die 1948 gegründete UN-Wirtschaftskommission für Lateinamerika CEPAL (*Comisión Económica para América Latina*) versuchte mit Demokratie und wohlfahrtsstaatlicher Entwicklung wirtschaftlichen Aufschwung zu erzielen. Unter dem Einfluß der antikommunistischen Politik der USA ab 1948 wurden zunehmend links orientierte Gruppierungen verdächtigt, in die Illegalität getrieben und verfolgt (in Venezuela und Peru, dann Rechtsruck in Brasilien, Chile, Bolivien, besonders aber in Guatemala unter Arbenz). Die von US-Präsident Kennedy 1961 begründete Allianz für den Fortschritt setzte diese Linie fort und ein umfassendes Sozialprogramm in Gang, um die »Fesseln der Armut zu sprengen«. Die kubanische Revolution von 1959 hatte mit ihrem Ziel, den Sozialismus durchzusetzen, starre Oligarchien und den US-»Imperialismus« zurückzudrängen, ein Dezennium später für die lateinamerikanischen, überwiegend städtischen Guerilla-Bewegungen und – darüber hinaus – weltweit Symbolcharakter. Unter ihrem Einfluß, dem der CEPAL und des Marxismus kristallisierten sich die Dependenztheorien der 60er und 70er Jahre heraus, die die Wurzeln von Entwicklung und Unterentwicklung schon in der Kolonialzeit verorteten. André Gunder Frank und in der Folge Immanuel Wallerstein machten den europäischen Kolonialismus, der durch (prä-)koloniale Arbeitsformen in Lateinamerika wie Tribut, Sklavenarbeit und freie Arbeit gefördert worden sei, für die »Entwicklung der Unterentwicklung« verantwortlich.

Basierend auf den Kategorisierungen der CEPAL und des früheren *Programa Regional del Empleo para América Latina y el Caribe* (PREALC), die die Vielschichtigkeit lateinamerikanischen Gesellschaften mittels vier Sektoren (der ländlichen modernen und traditionellen, sowie der urbanen formellen und informellen) charakterisierten, verwendet *Francisco Lizcano Fernández* die Subsysteme »traditionell«, »modern« und »informell«, je nach sozialer Schicht und Sektor (städtisch, ländlich, etc.). Diese Schemata dienen auch dazu, den Strukturwandel der Gesellschaft seit den 60er Jahren zu zeigen, der sich in der Zunahme der ökonomisch aktiven Bevölkerung in den Städten besonders manifestiert.

Ab Ende der 60er Jahre etablierten sich in den meisten lateinamerikanischen Staaten Militärdiktaturen. Sie verbanden christlich-abendländischen Fundamentalismus mit modernistischem Sendungsbewußtsein und übernahmen die antikommunistische »Doktrin der Nationalen Sicherheit«. Um ihr politisches Projekt einer weltmarkt- und exportorientierten Wirtschaftspolitik zu betreiben, unterdrückten die Vorreiter des Neoliberalismus mittels staatlichem Terror jegliche demokratische Opposition, die KPs; sie verboten Gewerkschaften (1973 in Chile unter Pinochet) oder schwächten sie durch Einbindung in einen autoritär-staatlichen Korporativismus, wo sie zu parastaatlichen Hilfsagenturen und Disziplinierungsinstanzen verkamen (vgl. Köhler/Wannöffel 1993). Lohnkürzungen, Streikverbote, Außerkraftsetzung bestehender Arbeitsgesetze erreichten unternehmerfreundliche Stabilität. Ausgehend von dieser Entwicklung, dem beschleunigten Umbruchsprozeß der frühen 80er Jahre, den Demokratisierungen und der Durchsetzung des neoliberalen Systems nach der mexikanischen Schuldenkrise beschreibt

Peter Birle den Wandel der Rollenverteilung zwischen Staat, Unternehmer, Arbeitnehmer und ihrer Interessenverbände als Pressure- und Lobby-groups. Mit dem Rückzug des Staates aus den unternehmerischen Funktionen, aus der Industriepolitik (durch Privatisierungen) und Verwaltung (durch den Abbau von Arbeitsplätzen im öffentlichen Dienst) verändert sich auch seine Rolle als Schutzmacht, die in regulativen Kontroll- und Garantiefunktionen besteht und in Arbeits- und Sozialrechten verankert ist. Mit dem Machtverlust des Staates geht auch jener der Entpolitisierung der Arbeitsbeziehungen einher. Einerseits wäre dies eine Chance für bislang korporatistische, staatsfixierte Gewerkschaften, ihre vergrößerten Handlungsspielräume durch Politisierung und Demokratisierung zu nutzen. Andererseits verschlechtert sich die Situation lohnabhängiger Bevölkerung durch die Einschränkung gewerkschaftlicher Einflußnahme in den 90er Jahren. Viele Arbeitnehmer waren gezwungen, in andere Arbeitsformen überzuwechseln: So versuchten massenweise entlassene bolivianische Minenarbeiter, sich in die florierende Kokawirtschaft zu integrieren (Lessmann 1995), und beeinflußten auch die Gewerkschaftsgründungen bolivianischer Kokabauern.

Kokaanbau und Drogenindustrie sind ein Beispiel für einen boomenden Wirtschaftszweig, der sich politisch-staatlicher Steuerung zu entziehen versucht und den Aufbau demokratischer Strukturen untergräbt. *Wolfgang Heinz* analysiert die Bedeutung von Drogen für Ökonomie und Arbeitsgesellschaft Kolumbiens und Boliviens, die Produktionsalternativen sowie die ambivalenten Strategien und Rollen der USA in der Drogenbekämpfung.

Die Schattenseiten des flexiblen Kapitalismus, etwa die Massenarbeitslosigkeit und Unterbeschäftigung, vergrößern aber auch die Bedeutung des informellen Sektors als einer tragenden Säule der Wirtschaft in vielen Staaten. Mit der Explosion dieses Sektors und seiner fließenden Verbindung zum »formellen« Sektor geht ein interessanter Definitionswandel einher: Die entwicklungstheoretisch geprägten Definitionsschemata – er bedeute Überlebensstrategie, Armutsbewältigung vor allem im urbanen Bereich, Bewältigung der Knappheit, sei entwicklungshemmend etc. – greifen nicht mehr. Auch auf dem Land hat sich durch Rückwanderung aus den Städten eine Art informeller Sektor herauskristallisiert. Der Dualismus »formell« / »informell« wird der vielschichtigen und verflochtenen Erwerbs- und Beschäftigungsdynamik in Lateinamerika nicht gerecht (Pries 1996; Parnreiter 1997). Die Folgen der Globalisierung äußern sich in Städten deutlich. Wie »Armutsbekämpfung durch Selbsthilfe« im urbanen Bereich als ein »Machtinstrument« durchgeführt werden kann, zeigt *Gerrit Köster* am Beispiel argentinischer Stadtviertelbewegungen; hier basiert im Gegensatz zu traditionellen Entwicklungshilfeprojekten die Strategie auf »Partizipation« der Bevölkerung, indem sie in Prozesse der Problemlösung aktiv eingebunden wird.

Ein interessantes Beispiel für die Attraktivität der transnationalen Migration bietet Mexiko. Zentralamerikanische und mexikanische ImmigrantInnen haben längst die kulturelle Landschaft amerikanischer Großstadtviertel geprägt, sie füllen oftmals Nischen in der differenzierten urbanen Arbeitsgesellschaft und dort gerade im Dienstleistungssektor aus. Wurde die Immigration von MexikanerInnen in die USA zuerst im späten 19. Jahrhundert, danach intensiver ab den 40er Jahren des 20. Jahrhunderts für zwei Dezennien gelenkt und gefördert, so dient eine militärisch überwachte Mauer-Grenze nunmehr zur Unterbindung der Einwanderungsströme – jedoch nicht erfolgreich, wie *Christof Parnreiter* analysiert; denn auch die Mauer ist porös, wie die Höhe der nicht-dokumentierten Immigration verdeutlicht. Die Durchlässigkeit der Grenze spiegelt demnach die Nützlichkeit von Billig-Arbeitskräften für bestimmte Wirtschaftssparten wider, die Mauer reproduziert Ungleichheit.

Migration ist eine deutliche Folge der Globalisierung und Verdichtung von Marktbeziehungen; diese prägen die ökonomischen und sozialen Strukturen der bislang weniger arbeitsteiligen Gesellschaften deutlich und verändern die Produktionsformen drastisch. In Mexiko zeigt sich dies beispielsweise auch im Verkauf der ehemals nicht veräußerbaren *ejidos* (unveräußerbares Gemeindeland), zur Ankurbelung des Agrobusiness. Durch die Ausdünnung des ruralen Sektors verlieren zahlreiche Bauern und Bäuerinnen ihre Subsistenzgrundlage, werden entwurzelt, in der neuen Ökonomie nicht mehr gebraucht. Während oftmals Männer migrieren und damit in andere Sektoren wechseln, sind die meist zurückbleibenden Frauen weiterhin allein für die Produktion verantwortlich (vgl. *Emma Zapata* in diesem Band, die auch den Stellenwert der Migranten darstellt). Zudem wird versucht, die Existenz auch durch *remesas* (Geldheimsendungen) und Heimarbeit für Maquila-Betriebe zu sichern. Die geschlechtsspezifische Sozialisation und die ökonomische Abhängigkeit, die durch die Regelung verstärkt wurde, daß Frauen keine *ejidos* mehr erwerben können, wirken Emanzipationsbestrebungen entgegen. Zu bedenken ist, daß die Subsistenz auch als eine bewußt isolationistische Widerstandsstrategie verstanden werden kann, denn sie spielt eine nicht zu unterschätzende Rolle in der neoliberalen Wirtschaft, die »nicht-nützliche« Gruppen ohnehin ausschließt.

Zu den Charakteristika der internationalen geschlechtsspezifischen Arbeitsteilung zählt das kontinuierliche Abschieben von Frauen in Bereiche unoder schlechtbezahlter Reproduktionsarbeit – in Form lohnabhängiger Landarbeiterinnen, im Haushalt, im informellen Sektor (vgl. Haug 1996: 685f.). »Class is always different for men and women«, oder anders: In patriachalen Gesellschaften drückte sich Macht allzeit über Geschlecht und ethnische Dominanz aus (Lerner 1998: 181f.). Schlecht bezahlte Lohnarbeit und geschlechtsspezifische Ausbeutungsformen manifestieren sich in den florierenden Maquila-Industrien. Sie waren in den 60er Jahren zuerst in Mexiko als Teil von Industrialisierungs- und Sozialprogrammen in der Grenzregion zu den USA entstanden (Nash/Fernández-Kelly 1983: 224ff.; vgl. Gabriel

1997). Im Zuge der »neuen internationalen Arbeitsteilung«, durch Verlagerung arbeitsintensiver Produktion in Billiglohnländer, avancierten sie zu verlängerten Werkbänken der US-amerikanischen und asiatischen Textil-, Elektronik- und Nahrungsmittelindustrien. Die Maquiladoras Mexikos und Zentralamerikas bieten zahlreiche Vorteile, etwa in Gratis-Entsorgung des Giftmülls und kostengünstiger End-Produktion, weil weder in moderne Maschinentechnologie noch in fachliche Ausbildung von Arbeiterinnen investiert wird. Um dagegen Widerstand zu leisten, bilden die Arbeiterinnen außergewerkschaftliche Organisationen, da die traditionellen Gewerkschaften als vorwiegend männerbesetzte Organisationsformen hier kaum Alternativen bieten (vgl. den Beitrag von *Leo Gabriel*).

Arbeitsbeziehungen sind integrale Teile der besonderen historisch gewachsenen politischen, soziokulturellen, institutionellen Strukturen der lateinamerikanischen Gesellschaften. Daß neue Gesellschaftsmodelle und –theorien im Zusammenhang mit der neoliberalen Wirtschaftsstruktur notwendig geworden sind, ist unverkennbar, haben doch ihre vielschichtigen, neuen Formen von Arbeitsbeziehungen zum Teil verheerende Auswirkungen auf das soziale Gefüge.

Nicht die Ware entscheidet darüber, wo sie zum Kauf angeboten und zu welchem Zweck sie benutzt wird, um welchen Preis sie den Besitzer wechselt und auf welche Weise sie verbraucht oder zerstört wird, gibt Karl Polanyi in seiner Untersuchung über den Liberalismus des 19. Jahrhunderts zu bedenken. Eine derartige Wirtschaftsform könne nicht über einen längeren Zeitraum existieren, ohne die menschlichen und natürlichen Grundlagen der Gesellschaft zu zerstören (zit. nach Chomsky 1995: 133). Neoliberalismus ist eine Waffe gegen die Armen; die Reichen und Mächtigen, so Chomsky, werden sich zur Wahrung ihrer Interessen auch weiterhin auf die Staatsmacht verlassen. Ob Gegenbewegungen und Widerstandspotentiale tatsächlich so greifen, daß es sich multinationalen Unternehmen – wie die *Transnational Corporations* der Unctad glauben machen wollen – aufgrund des öffentlichen Drucks nicht mehr leisten können, bei Sozialnormen Dumping zu betreiben, soll ebenfalls zur Diskussion stehen.

Literatur

Der Beobachter, 30.1.1901, 12: 2 (Haus-, Hof- und Staatsarchiv Wien, F 15, Kart. 58)

Bernecker, Walther L. (1997): Port Harcourt, 10. November 1995. *Aufbruch und Elend in der Dritten Welt.* München

Breidenbach, Juana/Zukrigl, Ina (1998): *Tanz der Kulturen. Kulturelle Identität in einer globalisierten Welt.* München

Castel, Robert (1996): Work and usefulness to the world. In: *Labour Review* 135/6: 615-622

Carrière, Jean et al. Hg. (1989): *The State, Industrial Relations and the Labourer Movement in Latin America* Bd. 1. New York

Chomsky, Noam (1995): *Wirtschaft und Gewalt. Vom Kolonialismus zur neuen Weltordnung.* München

Fernández-Kelly, María Patricia/Nash, June. Comp. (1983): *Women, Men and the International Division of Labor.* Albany

Gabriel, Leo (1997): *Die globale Vereinnahmung und der Widerstand Lateinamerikas gegen den Neoliberalismus.* Frankfurt a.M./Wien

Guéhenno, Jean-Marie (1994): *Das Ende der Demokratie.* München

Hanke, Thomas (1998): Die Mär von den mächtigen Multis. In: *DIE ZEIT* 24: 19-21

Hart, Klaus (1998): Cardosos miese Tricks. In: *ILA* 217: 42-43

Haug, Frigga (1996): Das neoliberale Projekt, der männliche Arbeitsbegriff und die fällige Erneuerung des Geschlechtervertrags. In: *Das Argument* 217: 682-695

Hofbauer, Andreas (1995): *Afro-Brasilien. Vom weißen Konzept zur schwarzen Realität.* Wien

Hopfinger, Hans/Kopp, Horst. Hg. (1996): *Wirkungen von Migrationen auf aufnehmende Gesellschaften.* Neustadt a.d. Aisch

Kaller-Dietrich, Martina (1998): Recht auf Ernährung. In: *Recht auf Entwicklung?*, Hg. Martina Kaller-Dietrich (¡Atención! Jahrbuch des Österreichischen Lateinamerika-Instituts, Bd.1.). Frankfurt a.M./Wien: 7-21

Köhler, Holm-Detlev/Wannöffel, Manfred. Hg. (1993): *Gewerkschaften und Neoliberalismus in Lateinamerka.* Münster

Lerner, Gerda (1998a): *Why history matters. Life and thought.* New York/Oxford

Lessmann, Robert (1995): Militär und Drogen in den Anden. In: *Zeitschrift für Lateinamerika* 49: 35-52

Méda, Dominique (1996): New perspectives on work as value. In: *International Labour Review* 135/6: 633-643

Parnreiter, Christof (1997): Die Renaissance der Ungesichertheit: Über die Ausweitung informeller Beziehungen zwischen Kapital und Arbeit im Zeitalter der Globalisierung. In: *Ungeregelt und Unterbezahlt. Der informelle Sektor in der Weltwirtschaft*, Hg. Andrea Komlosy et.al., Frankfurt a.M./Wien: 203-220

Parnreiter, Christof et.al. Hg. (1999): *Globalisierung und Peripherie. Umstrukturierung in Lateinamerika, Afrika und Asien*. Frankfurt a.M./Wien

Pietschmann, Horst (1994): Die Iberische Expansion im Atlantik und die Kastilisch-Spanische Entdeckung und Eroberung Amerikas. In: *Handbuch der Geschichte Lateinamerikas* Bd. 1, Hg. Walther L. Bernecker et.al., Stuttgart: 207-27

Polanyi, Karl (1944, 1997): *The Great Transformation. Politische und ökonomische Ursprünge von Gesellschaften und Wirtschaftssystemen*. Frankfurt a.M.

Pries, Ludger (1996): Kurze Geschichte eines angekündigten – und nie eingetretenen – Todes: Der Informelle Urbane Sektor in Lateinamerika. In: *Peripherie* 62: 7-24

Pries, Ludger. Hg. (1997): *Transnationale Migration*. Baden-Baden

Prutsch, Ursula (1996): *Das Geschäft mit der Hoffnung. Österreichische Auswanderung nach Brasilien 1918-1938*. Wien/Köln/Weimar

Sassen, Saskia (1996): *Metropolen des Weltmarkts. Die neue Rolle der Global Cities*. Frankfurt a.M./New York

Sennett, Richard (1998): *Der flexible Mensch. Die Kultur des neuen Kapitalismus*. Berlin

Subcomandante Marcos (1997): La 4e guerre mondiale a commencé. In: *Le Monde diplomatique. Amérique Latine. Du »Che« à Marcos* Nov./Déc.: 91-95

Suter, Christian (1999): *Gute und schlechte Regimes. Staat und Politik Lateinamerikas zwischen globaler Ökonomie und nationaler Gesellschaft*. Frankfurt a.M.

Zapata Martelo, Emma (1995): Internationalisierung, Bevölkerungsbewegungen und Veränderungen. In: *Journal für Entwicklungspolitik* 3: 365-388

Ursula Prutsch
El trabajo como instrumento de poder en América Latina

El trabajo en un contexto histórico-social

En los años setenta, cuando los viajes con destinos lejanos empezaron a ser, desde un punto de vista económico, alcanzables para las mayorías, se oía en las radios alemanas y austriacas una canción de moda que cantaba un mulato cubano exiliado con el expresivo nombre de Roberto Blanco. El nombre de la canción era »Samba sí, trabajo no« y expresaba las fantasías europeas sobre América Latina como destino exótico para hacer vacaciones y equivalente de una vida despreocupada. Esta idea no es nueva. Al finalizar la Primera Guerra Mundial, por ejemplo, cientos de ex oficiales y funcionarios de la monarquía austro-húngara que no tenían empleo, pretendían volverse ricos en Brasil como »amos y señores de grandes plantaciones de café y de docenas de negros«, como ellos mismos anunciaban antes de partir (Prutsch 1996: 60). Un mes más tarde consiguieron trabajo en una plantación de café situada en el estado de Sao Paulo. Sin embargo, muchos tuvieron que dejarlo a los pocos días porque no soportaban el trabajo pesado y las duras condiciones climáticas. En un tercer ejemplo se observa nuevamente este sentimiento de identificación con una imagen laboriosa: Tras sangrientos conflictos ocurridos en Brasil hacia 1900 entre colonos polacos e indígenas botokudos, la prensa alemana y el representante del gobierno austro-húngaro intervienen para que se castigue severamente a los indios porque consideran que la vida de un colono trabajador tiene más valor que la de un »indio holgazán« (Der Beobachter 12, 30.1.1901, 2).

Los primeros dos ejemplos expresan el ideal del Edén que representaba América Latina, donde uno no sólo era servido, sino que también podía servirse a su antojo. El tercer ejemplo ilustra cómo se justifica la »misión« en nombre del progreso que, por supuesto, es »blanco«. Los distintos argumentos con los que se defendía la »misión« sólo buscaban ocultar los intereses económicos. Sin embargo, en el transcurso de 500 años se tuvo que recurrir forzosamente a otros: en la época colonial eran argumentos político-religiosos (»cristianización«, »guerra justa«); en el siglo XIX eran darwinianos y con transfondo racista (superioridad cultural, *branqueamento*); en el siglo XX aparecieron formas neocoloniales de explotación de parte de EE.UU. y de las élites políticas latinoamericanas en el papel de cómplices (Chomsky 1995).

Convencidos de su superioridad cultural, Europa y EE.UU. estamparon respectivamente su sello de valores y normas a las sociedades latinoamericanas mientras conformaron los supuestos centros. Sin embargo, cabe resaltar que la población autóctona no sólo sirvió de objeto, sino que también desempeñó un activo papel en el proceso de colonización mediante su influencia directa e indirecta en la formación de las sociedades coloniales (Pietschmann 1994: 207 y ss.). Los conflictos culturales derivados del enfrentamiento de dos mundos diferentes están marcados principalmente por unos conceptos de »tiempo« y »trabajo« absolutamente divergentes. La diferencia existente entre el concepto de tiempo de los colonizadores y el de los pueblos colonizados se tachó de »falta de disciplina«. La implantación de la sociedad de trabajo colonial y postcolonial, es decir, de la expropiación de tierras y del trabajo migratorio, remunerado y forzado, »civilizó« pueblos enteros, destruyó su estructura social y terminó exterminándolos (Bernecker 1995: 21).

La modificación radical del concepto de tiempo determinada por modelos económicos y mundos laborales nuevos ha cobrado actualidad con el neoliberalismo. Según Richard Sennett, el modelo actual predominante de la movilidad y la brevedad de compromisos laborales requiere personas dispuestas al consenso, siempre conformes y »flexibles«, en el sentido más amplio de docilidad (término que ya utilizó Adam Smith), además de la disposición constante a la adaptación. La palabra *job* significaba en el inglés del siglo XIV un »conglomerado« o un »cargamento« que se lleva de un lado a otro (Sennett 1998: 10; Guéhenno 1994: 111 y ss.). El reclamado desarraigo, la pérdida de las seguridades sociales y de la »patria« modifican la identidad y los valores transmitidos como la continuidad, la tradición y la constancia. La búsqueda de trabajo se orienta en razón del desplazamiento del capital y produce enormes corrientes migratorias globales, transcontinentales y nacionales. Éstas a su vez provocan la despoblación de las regiones rurales, el establecimiento en espacios urbanos y el desarraigo de los emigrantes. Global cities como Londres, Tokio, Sao Paulo y ciudad de México constituyen centrales de mando y mercados globales de gran importancia estratégica para la economía de la sociedad de la información (Sassen 1996). El subcomandante Marcos, precursor del Ejército Zapatista de Liberación Nacional (EZLN), definió el triunfo del capitalismo (flexible) sobre el comunismo como el comienzo de la »Cuarta Guerra Mundial«, es decir, de una globalización sin precedentes. La »inevitabilidad del mercado total« que ya no está integrado a ningún sistema político, tiene efectos totalitarios que repercuten en todos los aspectos de la vida humana. La articulación de empresas, sociedades y espacios – incluso de antiguos rivales – produce una desnacionalización económica que los estados buscan contrarrestar con una renacionalización y con la implantación de nuevas fronteras (Subcomandante Marcos 1997: 91 y ss; Parnreiter 1999: 9 y ss.). El »nuevo orden mundial«, concepto que se disimula mediante la palabra »libertad«, aumenta gravemente las diferencias sociales. La forma fordiana de desarrollo ha agotado sus recursos y el llamado »ejército de reserva industrial« se ha vuelto obsoleto. También ha perdido actualidad la declaración que hizo en los años setenta Milton Friedman, premio Nobel de Economía, en cuanto a que es provechoso »cierto índice de desempleo« porque contribuye a »aliviar« el mercado laboral. Nuevamente se reivindica con vehemencia el derecho humano a unas condiciones laborales justas, a la organización sindical y a la seguridad social establecido en el »pacto social« de 1966 (Kaller-Dietrich 1998: 7 y ss.). Este derecho ocupa un lugar central en las contiendas electorales, aunque el Estado se retira cada vez más de su imprescindible función de garante nacional de los derechos humanos sociales y políticos en un sistema económico transnacional. Y según la opinión de algunos expertos, esto sucede, dicho sea de paso, más por falta de voluntad que por inoperancia de las democracias (Hanke 1998: 12-21).

Las actuales estructuras económicas hacen necesario un sistema de contramedidas que surja a través de la conciencia política de la sociedad civil. A principios de los años noventa, el *novo / nuevo sindicalismo* (Brasil, Venezuela) anunció un nuevo despertar sindical y el reclamo de participación proveniente de la sociedad entera que rechazaba los antiguos ideales del socialismo. Por otra parte, a pesar de las masivas protestas de la Organización Internacional del Trabajo (OIT) en Ginebra, el presidente brasileño Fernando Henrique Cardoso intentó, a principios de 1998, quebrantar el derecho de huelga de los trabajadores de la industria petrolera perteneciente al Estado en un 51 por ciento (Hart 1998: 42 y ss.). La lucha política por el derecho al trabajo (conforme a la dignidad humana) se manifiesta también en formas de resistencia extrasindicales contra los sistemas de producción neoliberales (por ejemplo, las maquiladoras) y provoca la necesidad del conflicto.

La transformación de los conceptos

Las condiciones sociales, económicas y políticas en el mundo laboral latinoamericano – no sólo en la época del neoliberalismo – son un ejemplo del contenido eminentemente político del tema »trabajo como instrumento de poder« al que se dedicó un ciclo de conferencias realizado en la Universidad de Viena, en el semestre de invierno 1998 – 1999. En vista de la amplitud de temas fue, en efecto, muy acertado reunir distintas disciplinas científicas. Dado que los cambios en las estructuras económicas y políticas son interdependientes y acarrean siempre graves pérdidas y profundas transformaciones en el sistema social, los procesos histórico-estructurales se examinaron detenidamente en el marco de estas conferencias en las que además se trató, desde una perspectiva científico-social, política, económica y sociológica, la historia del mundo laboral y sus relaciones ya que también es historia de la sociedad.

En este punto es necesario mencionar igualmente la transformación de los paradigmas relacionados al concepto de »trabajo« y de »trabajador« en un sistema inconstante de valores económicos, religiosos y morales: A principios del siglo XVIII imperaba un concepto moderno de trabajo según el cual era posible alcanzar el bienestar y la emancipación; en el siglo XIX se establecieron los conceptos de »civilizar« y humanizar«; en la utopía marxista se agrega el valor »liberador« que permite la realización individual una vez superada la fase de dependencia del trabajo remunerado. El movimiento obrero logró que las legislaciones incluyeran los conceptos de seguridad social y valor social gracias a su compromiso político. »[...] work transcended its economic utility and gained social recognition through law, the law of labour and social protection.« (Castel 1996: 618) La globalización de los últimos dos decenios condujo al fin del fordismo, y esto a su vez, a que Jeremy Rifkin proclamara en 1995 »el fin del trabajo«. Si bien desde hace tiempo el concepto de »trabajo« no se circunscribe solamente al »trabajo remunerado«, sí se sigue refiriendo exclusivamente al espacio público y excluye el trabajo informal y el no remunerado. Las distintas sociedades laborales difieren, en efecto, según sean centros o periferias. Mientras que en los centros se sigue debatiendo sobre la realización personal y la ocupación plena, la movilidad es menor y los mercados laborales están más protegidos y regulados, en las periferias predominan las relaciones laborales inestables e informales (Pries 1997: 31). La lucha por la participación en la producción de bienes y servicios y por la conservación de un nivel social determinado se produce en algunos sectores de los mercados laborales del centro y de la periferia debido a que la economía global y articulada incluye o excluye a las personas y los espacios según su utilidad.

Las estructuras coloniales y postcoloniales de las sociedades de trabajo (formas de esclavitud, trabajo remunerado, trabajo no remunerado, trabajo informal, subsistencia) constituyen el tema del presente volumen. La transformación de los espacios políticos de acción (*political bargaining*) de los sindicatos y de los grupos de presión se examinan según las características del sistema gubernamental y económico, ocupando un lugar central las formas de resistencia frente a las condiciones laborales dentro y fuera de las estructuras corporativas y sindicales y frente a las empresas, los gobiernos y los partidos políticos. Los distintos artículos tratan también las distintas formas de trabajo en el explosivo sector informal, el trabajo infantil y de las mujeres, así como la discriminación étnica en el mundo laboral. Se discuten los aspectos de la »economía invisible«, por ejemplo, la subsistencia como una forma alternativa, y se analizan las consecuencias de la nueva división internacional de trabajo y sus esfuerzos por la racionalización. El cambio de sector, es decir, de trabajo remunerado a economía informal, refleja no sólo la realidad política y económica, sino también el valor que la sociedad otorga a las distintas formas de trabajo. Un grupo temático importante lo conforma la migración como característica histórico-social constante desde la época colonial hasta bien entrado el siglo XX. Si se considera la esclavitud como una forma previa de la moderna migración laboral, es entonces necesario señalar que no sólo aumentó cuantitativamente a finales del siglo XX, sino que también se transformó, determinada por el proceso de concentración global, en beneficio de flujos migratorios transnacionales que tomaron múltiples direcciones (Pries 1997). La migración implica también la transferencia de »códigos« culturales como, por ejemplo, la concepción política, y produce sociedades complejas y pluriculturales con conflictos inherentes.

En la selección de temas se ha tomado en consideración no sólo el orden cronólogico de los sucesos, sino que también se ha intentado incluir el mayor número posible de lugares. En las naciones latinoamericanas, tan distintas entre sí, la cohabitación y la unión de modelos y tradiciones sociales divergentes, es decir, de diferentes formas culturales, religiosas, políticas etc. conducen a transformaciones económicas y políticas. La evidente simultaneidad de situaciones completamente disímiles impide, ciertamente, la continuidad.

El mundo laboral en un contexto histórico

El sistema colonial de principios de la época moderna es responsable en gran medida de la economía capitalista global. Este sistema permitió que España y Portugal obtuvieran grandes riquezas provenientes de la explotación de oro y plata, exigió un gran potencial de mano de obra indígena y, a partir de 1519, también de esclavos africanos, y puso en marcha grandes corrientes migratorias. Para las minas de plata de Potosí (Perú), que en el siglo XVI contaba con más habitantes que París, Madrid o Roma, se recrutaba por la fuerza a trabajadores indios mediante el sistema de las mitas mineras, una variante de la prestación de servicios de los incas. Sin embargo, en las minas de plata mexicanas trabajaban principalmente indios remunerados a cambio de pagas que frecuentemente no eran muy bajas (véase el artículo de *Renate Pieper*). La institución de la encomienda que existió hasta 1720, es decir, la sucesora legal de las contribuciones tributarias de los indígenas, combinaba la obligación de los indios a trabajar con la función protectora oficial de la corona, con las misiones y con un control de hecho. Esta práctica fue una base institucional importante del sistema económico colonial, ya que el desarrollo urbano, la producción de bienes y alimentos, la construcción de calles e iglesias y la realización de trabajos de interés público, por citar algunos ejemplos, dependían de las encomiendas.

La economía colonial brasileña requería esclavos africanos (llevados a Brasil hasta mediados del siglo XIX) para el funcionamiento de sus plantaciones de azúcar, algodón y café. La esclavitud en la sociedad colonial existió mientras fue efectiva en términos económicos y se abolió cuando empezó a impedir la acumulación de capital y la mecanización de la producción y los conceptos de desarrollo políticos y sociales relacionados (darwinismo, positivismo, liberalismo) pasaron a ser irrazonables. El último país en abolir la esclavitud fue Brasil en 1888 y las consecuencias psicosociales resultantes se manifiestan ahora en el racismo y la opresión étnica (véase *Andreas Hofbauer* 1995, y su artículo en el presente volumen). Sin embargo, no sólo en Brasil perduran las formas modernas de la esclavitud, pues son numerosos los ejemplos de trabajo forzoso junto al robo de tierras y a la substitución de la economía de subsistencia por los *cash crops* o cultivos comerciales.

Con la prohibición hacia 1850 de seguir trayendo esclavos al Brasil, el país empezó a contratar inmigrantes europeos a raíz del *boom* cafetero que por entonces comenzaba. »Gobernar es colonizar« era el lema del presidente argentino Domingo Faustino Sarmiento (1868 – 1874). Mediante una extremada política de inmigración y colonización, las élites políticas, orientadas en modelos europeos, intentaron superar el retraso impuesto y subjetivo respecto a la formación de Estados nacionales a partir de la segunda mitad del siglo XIX: los inmigrantes españoles, italianos, centroeuropeos e incluso las víctimas de las distintas crisis agrarias europeas y de la industrialización desempeñaron al principio una función político-militar (el avance de las fronteras y su aseguramiento). No obstante, también debían servir como »catalizadores« de la modernización y del progreso en cuanto a »mejorar la raza« o »blanquearla«. Los agricultores, los peones y los obreros calificados provenientes de Europa modificaron profundamente la estructura social y contribuyeron a la urbanización y también a la transferencia de modelos anarcosindicalistas y socialistas que los distintos países transformaron y adaptaron cada cual a su manera (véase el artículo de *Walther L. Bernecker* en el presente volumen). Estos modelos se manifestaron en las huelgas y en las luchas por una legislación social aunque estuvo prohibido que los inmigrantes participaran en la vida política (Carrière et.al. 1989; Hopfinger/Kopp 1996).

A raíz de la Primera Guerra Mundial no sólo se adoptaron estrategias económicas intervencionistas y proteccionistas, sino que también se mantuvo de forma conciente una distancia cultural e ideológica de la Europa que antes había servido de ejemplo (véase Semana da Arte Moderna, Brasil, 1922). Esta posición determinó la formación de una conciencia nacional debido, en parte, al movimiento cultural indígena (indigenismo). Los regímenes dictatoriales que se establecieron a partir de los años treinta (Argentina, Brasil, Colombia, Paraguay) fueron en cierto modo »dictaduras de la depresión« pues surgieron inmediatamente después de la crisis económica mundial de 1929. Estos regímenes desempeñaron un papel muy importante en la substitución de las importaciones y, en el caso de Brasil y México, también en la creación de la industria nacional. Sin embargo, también reprimieron ampliamente cualquier oposición contra la crisis social de parte de los movimientos izquierdistas. Bajo estas circunstancias prosperaron los partidos y las agrupaciones con carácter corporativo y rasgos fascistoides. Los dictadores populistas como Getulio Vargas en Brasil, Juan Perón en Argentina y Lázaro Cárdenas en México, institucionalizaron las relaciones laborales con el objetivo de poner en práctica su sistema paternalista y desarrollista. Mediante la introducción de legislaciones sociales, leyes laborales y sueldos mínimos y la incorporación de los sindicatos se aseguraron el apoyo de amplios sectores de la población y mediante controles efectivos oprimieron la militancia y la protesta de las clases dependientes de un sueldo.

Durante la corta fase de la posguerra, es decir, hasta el inicio de la Guerra Fría, los partidos comunistas y de la izquierda liberal lograron tener cierto auge defendiendo una política económica keynesiana orientada hacia el mercado nacional y apoyando, en parte, a los gobiernos populistas, como en Brasil y Bolivia. La Comisión Económica de las Naciones Unidas para América Latina, la CEPAL, fundada en 1948, intentó alcanzar la prosperidad económica mediante la democracia y el desarrollo de un Estado social. A partir de 1948, bajo la influencia de la política anticomunista de Estados Unidos, las agrupaciones de orientación izquierdista empezaron a ser consideradas sospechosas. Además hubo luego un giro a la derecha en Brasil, Chile y Bolivia y sobre todo en Guatemala, bajo Jacobo Arbenz. La »alianza por el desarrollo« que Kennedy fundó en 1961 continuó esta política y puso en marcha un extenso programa social para »romper las cadenas de la pobreza«. La Revolución Cubana en 1959 logró imponer el socialismo, contener a la intransigente oligarquía y frenar el »imperialismo« estadounidense. Una década más tarde adquirió un carácter simbólico no sólo para los movimientos guerrilleros de América Latina, en su mayoría urbanos, sino de todo el mundo. Bajo la influencia de la Revolución Cubana, de la CEPAL y del marxismo surgieron las teorías de la dependencia de los años sesenta y setenta que situaron las raíces del desarrollo y subdesarrollo en la época colonial. Andre Gunder Frank, primero, e Immanuel Wallerstein, después, culparon al colonialismo europeo de ser responsable del »desarrollo del subdesarrollo«. El sistema colonial se aprovechó de las formas de trabajo (pre-)coloniales en América Latina como la prestación de servicios durante el imperio de los incas, la esclavitud y el trabajo no remunerado.

Fernando Lizcano Fernández utiliza los subsistemas »tradicional«, »moderno« e »informal« según los estratos sociales y los sectores (urbano, rural, etc.), basándose en las categorizaciones empleadas por la CEPAL y el antiguo Programa Regional del Empleo para América Latina y el Caribe (PREALC) con los que se caracteriza la diversidad en las sociedades latinoamericanas mediante cuatro sectores (dos agrícolas: el moderno y el tradicional, y dos urbanos: el formal y el informal). Estos esquemas sirven además para mostrar la transformación estructural en la sociedad a partir de los años sesenta que se manifiesta particularmente en el aumento de la población económicamente activa de las ciudades.

A finales de los años sesenta empezaron a surgir dictaduras militares en la mayoría de países latinoamericanos que combinaron un fundamentalismo cristiano-occidental con una conciencia misionaria modernista y que adoptaron la anticomunista »doctrina de la seguridad nacional«. Los precursores del neoliberalismo reprimieron mediante el terror de Estado cualquier tipo de oposición democrática, a los partidos comunistas y a los grupos guerrilleros para poder realizar su proyecto político basado en una económica orientada hacia el mercado mundial y las exportaciones. Además prohibieron los sindicatos (en 1973 en Chile durante Pinochet) o los debilitaron incluyéndolos en un corporativismo autoritario estatal donde acabaron convirtiéndose en agentes secundarios paraestatales e instancias disciplinarias (véase Köhler/Wannöffel 1993). Los recortes salariales, la prohibición de huelgas y la anulación de las leyes laborales existentes alcanzaron una estabilidad pro empresarios. Partiendo de ese desarrollo, dell proceso de transformación acelerado ocurrido a principios de los años ochenta, de las democratizaciones y de la imposición del neoliberalismo, *Peter Birle* define como grupo de presión o *lobbies* el cambio en la distribución de roles entre el Estado, los empresarios, los trabajadores y sus grupos de intereses. Con la retirada del Estado de las funciones empresariales en la política industrial (mediante las privatizaciones) y la administración pública (mediante la reducción de puestos de trabajo) se modifica su papel protector basado en las funciones reguladoras de control y garantía y establecido en los derechos laborales y sociales. La pérdida de poder del Estado va acompañada de la despolitización de las relaciones laborales. Esta situación podría significar una oportunidad para las asociaciones sindicales corporativas y dependientes del Estado para que aprovechen sus mayores espacios de acción mediante la politización y democratización. Sin embargo, la situación de la población asalariada empeora debido a la limitación de la influencia sindical en los años noventa. Muchos se han visto obligados a buscar nuevas formas de trabajo: un gran número de trabajadores mineros bolivianos que habían sido despedidos intentaron, por ejemplo, integrarse a la floreciente economía de la coca (véase Lessmann, 1995) influyendo en la creación de sindicatos de campesinos cocaleros bolivianos. El cultivo de la coca y la industria de narcóticos ofrecen un ejemplo de una rama de la economía en auge que intenta desprenderse del control político-estatal y socavar las estructuras democráticas. *Wolfgang Heinz* analiza el significado de las drogas en la economía y sociedad de trabajo colombiana y boliviana, las alternativas de producción y las estrategias y el rol ambivalente de Estados Unidos en la lucha contra el narcotráfico.

Los aspectos negativos del capitalismo flexible como el desempleo masivo y el subempleo, por citar algunos ejemplos, aumentan también la importancia del sector informal como columna vertebral de la economía de muchos países. Un interesante cambio en la definición acompaña el aumento explosivo del sector informal y su difusa unión con el »formal«: Ya no encuentran aprobación los esquemas conceptuales marcados por la teoría del desarrollo, según los cuales el sector informal no sólo implica estrategias de sobrevivencia, superación de la escasez y de la pobreza principalmente en el entorno urbano, sino que además impide el desarrollo. También en las zonas rurales se ha cristalizado una especie de sector informal debido a que muchos pobladores han vuelto de las ciudades. La dualidad »formal« e »informal« ya no corresponde a la heterogénea y enrevesada dinámica laboral y adquisitiva de América Latina. (Pries 1996; Parnreiter 1997). Los efectos de la globalización se ponen de manifiesto claramente en las ciudades. Tomando como ejemplo los movimientos surgidos en los barrios urbanos argentinos, *Gerrit Köster* muestra cómo »la lucha contra la pobreza mediante la autoayuda« en el sector urbano puede utilizarse como »instrumento de poder«. A diferencia de los proyectos tradicionales de ayuda al desarrollo, la estrategia se basa, pues, en la »participación« de la población mediante su incorporación activa en los procesos de solución de problemas.

México ofrece un ejemplo interesante de la atracción que ejerce la migración transnacional. Desde hace mucho, los inmigrantes centroamericanos y mexicanos (*transmigrants*) constituyen un rasgo característico del paisaje cultural de los barrios en las grandes ciudades de Estados Unidos en donde con frecuencia llenan los vacíos de la diferenciada sociedad urbana de trabajo, sobre todo, en el sector terciario. Si a finales del siglo XIX se promovió la inmigración de ciudadanos mexicanos a Estados Unidos, para luego, a partir de los años cuarenta de este siglo, intensificarla de manera controlada, ahora la frontera, convertida en muralla y controlada por los militares, sirve para impedir el paso de los inmigrantes, aunque no logra alcanzar su cometido con éxito, según analiza *Christof Parnreiter*. La muralla, en efecto, es porosa como lo demuestra el número de indocumentados. La permeabilidad de las fronteras refleja las ventajas que obtienen algunos sectores económicos de una mano de obra barata. La muralla, por lo tanto, sólo reproduce las desigualdades.

La migración es una consecuencia evidente de la globalización y de la concentración de relaciones comerciales que transforman radicalmente las formas de producción y marcan distintivamente las estructuras económicas y sociales de aquellas sociedades en las que hasta ahora apenas existía una división de trabajo. Esta situación se mostró, por ejemplo en México, en la venta de los ejidos que entonces no eran enajenables, con el fin de reactivar el comercio agrario. Debido a la disminución del sector rural, numerosos campesinos y campesinas pierden el fundamento de su subsistencia y se ven desarraigados e ignorados por el nuevo sistema económico. Mientras que los hombres emigran varias veces y cambian, por tanto, de sector, las mujeres, que son las que generalmente se quedan, se convierten en las únicas responsables de la producción (véase *Emma Zapata* en el presente volumen). Las remesas y el trabajo en las maquiladoras son otro intento por asegurar su existencia. La socialización en función del género y la dependencia económica que aumentó con la prohibición a las mujeres de adquirir un ejido, obstaculizan las tentativas emancipatorias. Además debe considerarse que la subsistencia también puede ser entendida como una estrategia de resistencia, en parte concientemente aislacionista, porque ejerce una función muy importante en la economia neoliberal que suele excluir a los grupos no útiles.

Una de las características de la división internacional del trabajo por géneros es que continuamente se aparta a las mujeres hacia sectores de reproducción en los cuales el trabajo no es remunerado o es mal pagado, es decir, como trabajadoras agrarias dependientes de un sueldo, en el sector informal y como empleadas domésticas (Haug 1996: 685 y s.). »Class is always different for men and woman«: En otras palabras: En las sociedades patriarcales el poder siempre se ha manifestado a través del género y de la dominancia étnica (Lerner 1998: 181f.). El trabajo remunerado mal pagado y las formas de explotación en función del género se manifiestan en la floreciente industria maquiladora que surgió por primera vez en los años sesenta en México, en el marco de los programas sociales y de industrialización en las regiones fronterizas con EE.UU. (Nash/Fernández-Kelly 1983: 224 y ss. y Gabriel 1997). En el curso de la »nueva división internacional del trabajo« y mediante la desviación de la producción de gran densidad de mano de obra hacia países con salarios bajos, las maquiladoras se han convertido en una prolongación de las industrias textiles, electrónicas y alimentarias norteamericanas y asiáticas. Las maquiladoras de México y Centroamérica presentan numerosas ventajas porque no invierten ni en tecnología moderna ni en la formación profesional de las trabajadoras, además de que permiten la eliminación gratuita de residuos tóxicos y la producción final barata, por citar sólo unos ejemplos. Con el propósito de oponer resistencia, las trabajadoras se han agrupado en organizaciones extrasindicales debido a que los sindicatos tradicionales, como formas de organización predominantemente masculinas, ofrecen pocas alternativas (véase el capítulo de *Leo Gabriel*).

Las relaciones laborales forman parte integral de las estructuras políticas, socioculturales e institucionales de trascendencia histórica de las sociedades latinoamericanas. Es evidente que ahora, en el marco de la estructura económica neoliberal, se necesitan nuevos modelos y teorías sociales, sobre todo si se considera que las nuevas y múltiples relaciones laborales tienen efectos nefastos sobre la estructura social.

»No es la mercancía la que decide dónde se va a ofrecer en venta, para qué se va a utilizar, a que precio cambia de propietario y cómo se va a gastar o destruir«, reflexiona Karl Polanyi en su investigación sobre el liberalismo del siglo XIX.

Una forma económica tal no puede existir durante mucho tiempo sin destruir las bases humanas y naturales de la sociedad (citado según Chomsky, 1995, pág. 133). El neoliberalismo constituye un arma contra los pobres.

Noam Chomsky concluye que los ricos y poderosos seguirán confiando en el poder del Estado para defender sus intereses. En el presente volumen se discute también la capacidad de los contramovimientos y de los potenciales de resistencia para lograr que las multinacionales abandonen la práctica del *dumping* en lo concerniente a las normas sociales debido a la presión ejercida por la opinión pública, como quiere hacer creer la Transnational Corporations de la Conferencia de las Naciones Unidas sobre Comercio y Desarrollo (UNCTAD).

Bibliografía

Der Beobachter, 30.1.1901, 12: 2 (Haus-, Hof- und Staatsarchiv Wien, F 15, Kart. 58)

Bernecker, Walther L. (1997): Port Harcourt, 10. November 1995. *Aufbruch und Elend in der Dritten Welt*. München

Breidenbach, Juana/Zukrigl, Ina (1998): *Tanz der Kulturen. Kulturelle Identität in einer globalisierten Welt*. München

Castel, Robert (1996): Work and usefulness to the world. In: *Labour Review* 135/6: 615-622

Carrière, Jean et al. Hg. (1989): *The State, Industrial Relations and the Labourer Movement in Latin America* Bd. 1. New York

Chomsky, Noam (1995): *Wirtschaft und Gewalt. Vom Kolonialismus zur neuen Weltordnung*. München

Fernández-Kelly, María Patricia/Nash, June. Comp. (1983): *Women, Men and the International Division of Labor*. Albany

Gabriel, Leo (1997): *Die globale Vereinnahmung und der Widerstand Lateinamerikas gegen den Neoliberalismus*. Frankfurt a.M./Wien

Guéhenno, Jean-Marie (1994): *Das Ende der Demokratie*. München

Hanke, Thomas (1998): Die Mär von den mächtigen Multis. In: *DIE ZEIT* 24: 19-21

Hart, Klaus (1998): Cardosos miese Tricks. In: *ILA* 217: 42-43

Haug, Frigga (1996): Das neoliberale Projekt, der männliche Arbeitsbegriff und die fällige Erneuerung des Geschlechtervertrags. In: *Das Argument* 217: 682-695

Hofbauer, Andreas (1995): *Afro-Brasilien. Vom weißen Konzept zur schwarzen Realität*. Wien

Hopfinger, Hans/Kopp, Horst. Hg. (1996): *Wirkungen von Migrationen auf aufnehmende Gesellschaften.* Neustadt a.d. Aisch

Kaller-Dietrich, Martina (1998): Recht auf Ernährung. In: *Recht auf Entwicklung?*, Hg. Martina Kaller-Dietrich (¡Atención! Jahrbuch des Österreichischen Lateinamerika-Instituts, Bd.1). Frankfurt a.M./Wien: 7-21.

Köhler, Holm-Detlev/Wannöffel, Manfred. Hg. (1993): *Gewerkschaften und Neoliberalismus in Lateinamerka.* Münster

Lerner, Gerda (1998a): *Why history matters. Life and thaught.* New York/ Oxford

Lessmann, Robert (1995): Militär und Drogen in den Anden. In: *Zeitschrift für Lateinamerika* 49: 35-52

Méda, Dominique (1996): New perspectives on work as value. In: *International Labour Review* 135/6: 633-643

Parnreiter, Christof (1997): Die Renaissance der Ungesichertheit: Über die Ausweitung informeller Beziehungen zwischen Kapital und Arbeit im Zeitalter der Globalisierung. In: *Ungeregelt und Unterbezahlt. Der informelle Sektor in der Weltwirtschaft,* Hg. Andrea Komlosy et.al., Frankfurt a.M./ Wien: 203-220

Parnreiter, Christof et.al. Hg. (1999): *Globalisierung und Peripherie. Umstrukturierung in Lateinamerika, Afrika und Asien.* Frankfurt a.M./Wien

Pietschmann, Horst (1994): Die Iberische Expansion im Atlantik und die Kastilisch-Spanische Entdeckung und Eroberung Amerikas. In: *Handbuch der Geschichte Lateinamerikas* Bd. 1, Hg. Walther L. Bernecker et.al., Stuttgart: 207-27

Polanyi, Karl (1944, 1997): *The Great Transformation. Politische und ökonomische Ursprünge von Gesellschaften und Wirtschaftssystemen.* Frankfurt a.M.

Pries, Ludger (1996): Kurze Geschichte eines angekündigten – und nie eingetretenen – Todes: Der Informelle Urbane Sektor in Lateinamerika. In: *Peripherie* 62: 7-24

Pries, Ludger. Hg. (1997): *Transnationale Migration.* Baden-Baden

Prutsch, Ursula (1996): *Das Geschäft mit der Hoffnung. Österreichische Auswanderung nach Brasilien 1918-1938.* Wien/Köln/Weimar

Sassen, Saskia (1996): *Metropolen des Weltmarkts. Die neue Rolle der Global Cities.* Frankfurt a.M./New York

Sennett, Richard (1998): *Der flexible Mensch. Die Kultur des neuen Kapitalismus.* Berlin

Subcomandante Marcos (1997): La 4e guerre mondiale a commencé. In: *Le Monde diplomatique. Amérique Latine.* Du »Che« à Marcos Nov./Déc.: 91-95

Suter, Christian (1999): *Gute und schlechte Regimes. Staat und Politik Lateinamerikas zwischen globaler Ökonomie und nationaler Gesellschaft.* Frankfurt a.M.

Zapata Martelo, Emma (1995): Internationalisierung, Bevölkerungsbewegungen und Veränderungen. In: *Journal für Entwicklungspolitik* 3: 365-388

Traducción/Übersetzung: Olga León Touzard

Renate Pieper
Arbeiten im Berg
Arbeiter und Arbeitsbedingungen im kolonialen Bergbau Hispanoamerikas

Die Gewinnung von Edelmetallen im kolonialen Hispanoamerika ist bis heute untrennbar mit dem Topos der Ausbeutung verbunden. Demzufolge wurden amerikanisches Gold und Silber durch Plünderung der vorhandenen Schätze gewonnen, und als diese erschöpft waren, schickte man die Indianer zur Zwangsarbeit und unter unmenschlichen Bedingungen in die Gold- und Silberminen. Diese Bilder reduzieren die Komplexität der Edelmetallgewinnung, die umfangreiche Investitionen erforderte, und die Vielfalt der Arbeitsbedingungen auf einige wenige Aspekte. Vielmehr erstreckte sich der Edelmetallbergbau über mehrere Jahrhunderte und traf auf sehr unterschiedliche geographische und historische Bedingungen.

Angesichts der großen Bandbreite des hispanoamerikanischen Bergbaus können nur einige zentrale Aspekte angesprochen werden. Die Edelmetallgewinnung setzte in den ersten Jahren des 16. Jahrhunderts in der Karibik ein. Im ausgehenden 16. und zu Beginn des 17. Jahrhunderts hatte sich der Schwerpunkt der Edelmetallproduktion in das heutige Bolivien verlagert, wohingegen im 18. Jahrhundert der Abbau in Mexiko im Vordergrund stand. Gold wurde zunächst in der Karibik und seit der Mitte des 16. Jahrhunderts vorwiegend im heutigen Kolumbien gewonnen. Ab 1690 erschloß man neue Vorkommen in Brasilien. Der größte Teil der Reichtümer Lateinamerikas wurde jedoch von den Silberbergwerken Mexikos und Perus geliefert. Die folgenden Überlegungen beziehen sich daher vorwiegend auf die Situation in den mexikanischen und peruanischen Bergbaugebieten.

Während sich die Forschung zu Peru auf das ausgehende 16. Jahrhundert und die zweite Hälfte des 18. Jahrhunderts konzentriert, sind für Mexiko vor allem Studien zum 18. Jahrhundert erschienen, sieht man von der grundlegenden Arbeit Peter Bakewells zu Zacatecas ab. Einen zentralen Aspekt bei der Erforschung des Bergbaus stellt die Ermittlung der produzierten Edelmetallmengen dar, da diese Auskunft über die wirtschaftliche und damit auch die politische Bedeutung der jeweiligen Kolonialgebiete geben können. Die Untersuchung der Arbeitsbedingungen und Arbeitsformen im Bergbau und im Hüttenwesen stand unter dem Eindruck der peruanischen *mita*, einer vorspanischen Form der Zwangsarbeit, die nach europäischen Vorbildern modifiziert wurde. Ähnliche Studien, wie sie uns zur *mita* zur Verfügung stehen, fehlen jedoch weitgehend für andere Bergbaugebiete. So liegt für den mexikanischen Bergbau keine ähnliche umfassende Arbeit wie für Peru vor, ungeachtet der Tatsache, daß die mexikanische Silberproduktion des ausgehenden 18. Jahrhunderts deutlich über jener Perus während ihrer Blütezeit im ausgehenden 16. Jahrhundert lag. Darüber hinaus wurde auch in Peru nur ein Teil der Arbeitskräfte über das Mita-System rekrutiert. Über die Situation der freien Lohnarbeiter, die die Mehrzahl aller Arbeitskräfte darstellten, sind unsere Informationen nach wie vor äußerst unzureichend. Ein Überblick über die Arbeitsbedingungen im kolonialen Bergbau Hispanoamerikas muß dieser Forschungslage Rechnung tragen. Aus diesem Grunde sollen zunächst die im Bergbau anfallenden Tätigkeiten beschrieben werden, worauf die Betrachtung der unterschiedlichen Arbeitsformen und Arbeitsbedingungen in den Bergwerkszentren Mexikos und Perus folgt.

Produktion und Produktionstechniken

Im August 1586 erreichte Sir Francis Drake nach mehrmonatigen Plünderungen in der Karibik den englischen Hafen Portsmouth mit einer Beute im Wert von 280.000 Piaster. Hierbei handelte es sich um Edelmetalle sowie Geschütze und Kirchenglocken aus Kupfer. Vier Monate später traf die Silberflotte aus Mexiko mit vier Millionen Piaster Silber und Gold im Hafen von San Lúcar de Barrameda ein. Anfang 1587 kamen neun Millionen Piaster peruanisches Silber und Gold in Andalusien an. Dieses Verhältnis europäischer Importe unedler und edler Metalle kann als symptomatisch für die Produktion in Amerika gelten, denn um 1600 wurden im Vizekönigreich Peru jährlich circa neun Millionen Piaster Silber verhüttet. Zur gleichen Zeit belief sich die Silberproduktion in Mexiko auf etwa drei Millionen Piaster. Um 1700 war die Silberproduktion in Peru auf circa sieben Millionen gesunken. Die mexikanische Produktion war nach einem Rückgang um die Jahrhundertmitte auf circa fünf Millionen Piaster angestiegen. Um 1800 lieferten die peruanischen Bergbauzentren dank umfangreicher Reformmaßnahmen und der Entdeckung neuer Silbervorkommen im Wert von circa sieben Millionen Piaster. In Mexiko hatte die Ausbeute um 1800 ein Maximum von etwa 20 Millionen Piaster im Jahr erreicht. Während sich die Produktion in Peru bis ins 17. Jahrhundert in Potosí konzentrierte, existierten in Mexiko mehrere große Zentren wie Zacatecas, Guanajuato, San Luis Potosí und Pachuca. In beiden Vizekönigreichen trug die zumeist kurzfristige Ausbeutung kleiner Minen erheblich zum Gesamtergebnis bei.

Der Aufschwung und die langanhaltende Blüte des hispanoamerikanischen Silberbergbaus sind wesentlich darauf zurückzuführen, daß, nachdem die Phase der Eroberung abgeschlossen war, systematisch nach Edelmetallvorkommen gesucht wurde. Bereits in den 30er Jahren des 16. Jahrhunderts führte man die neuesten europäischen Bergbau- und Verhüttungstechniken ein, so wie sie bei dem Zeitgenossen Georg Agricola beschrieben wurden. 1554 wurde die europäische Verhüttungstechnik bei der Silbergewinnung in Mexiko deutlich verbessert, indem man das aus der Goldgewinnung bekannte Amalgamationsverfahren auf die Silberverhüttung übertrug. Hierbei wurde das gemahlene Silbererz mit Quecksilber vermischt und mehrere Wochen großflächig der subtropischen Sonne ausgesetzt, so lange bis Silber und Quecksilber eine chemische Verbindung eingegangen waren. Danach erhitzte man die Quecksilbermischung, fing die Quecksilberdämpfe auf, das reine Silber blieb zurück. Durch den Einsatz des Quecksilbers reduzierte sich die Menge des benötigten Brennmaterials erheblich. Außerdem konnte geringerwertiges Silbererz mit Erfolg verhüttet werden. In Peru wurde das Amalgamationsverfahren verfeinert und an die dortigen klimatischen Bedingungen angepaßt. Eine weitere Innovation stellte der Einsatz von Schießpulver im Bergbau dar. Sprengungen wurden seit Beginn des 18. Jahrhunderts durchgeführt. Sie ermöglichten es, in größere Tiefen zu gelangen, und erleichterten die Entwässerung der Gruben. Die im Verlauf der Kolonialzeit ansteigende Silberproduktion war jedoch nicht nur mit technischen Innovationen verbunden, sondern erforderte auch eine immer größere Zahl von Arbeitskräften im Bergbau.

Arbeit und Arbeiter

Im Jahre 1603 waren im größten Bergbauzentrum der damaligen Welt, dem im andinen Hochland gelegenen Potosí, etwa 19.000 Personen mit der Silbergewinnung befaßt. Diese große Zahl von Arbeitskräften läßt bereits auf eine starke, arbeitsteilige Produktion schließen. Nur etwa ein Viertel der Arbeiten wurde von zwangsverpflichteten *mitayos* erledigt. Unter Tage waren einer zeitgenössischen Beschreibung zufolge 5.000 Knappen beschäftigt. Den gut ausgebildeten Hauern, die erzhaltiges Gestein aus dem Berg brachen, standen 4.000 zwangsverpflichtete *mitayos* zur Seite. Diese Bergknechte waren damit befaßt, das Erz in Säcke zu sammeln und über lange Treppen und Leitern an die Oberfläche zu transportieren. Darüber hinaus benötigte man Arbeitskräfte zur Entwässerung der Bergwerke. Auch dies geschah bis zur ausgehenden Kolonialzeit vielfach durch ungelernte Indianer, die das Wasser in Säcken an die Oberfläche trugen. Außerdem beschäftigte man Zimmerleute, Grubenmaurer und im 18. Jahrhundert, nach Einführung des Schießpulvers, auch Arbeiter, die den Einsatz des teuren und gefährlichen Pulvers beherrschten. Die übrigen 14.000 Personen, darunter zahlreiche Frauen und Kinder, arbeiteten außerhalb des Berges. Hier wurden die Gesteinsbrocken von Indianern in Empfang genommen, die taubes von erzhaltigem Gestein trennten. Allein in Potosí waren im Jahre 1603 mit dieser Tätigkeit 1.000 Personen befaßt. In den Erzaufbereitungsanlagen waren 7.600 Indianer beschäftigt, hiervon allerdings nur 600 *mitayos*. In den Hüttenwerken wurde das silberhaltige Gestein gewaschen und zerkleinert, um dann unter Zufuhr von Wasser mit Quecksilber vermengt zu werden. Schließlich mußten die Öfen bedient werden, in denen das Silber vom Quecksilber geschieden wurde. 200 Indianer stellten Kerzen für die Gruben her. Die verbleibenden 5.200 Personen, die 1603 registriert wurden, waren überwiegend mit Transportaufgaben befaßt. Auf Lamas brachte man das Erz von den Minenausgängen zur Verhüttung. Die Hütten benötigten zur Verarbeitung der Erze neben Wasser und Quecksilber große Mengen Salz, Bauholz und Brennstoffe jeder Art. Allein zur Herstellung und zum Transport von Holzkohle wurden 1.000 Indianer benötigt.

Potosí stellt mit seiner starken Konzentration der Produktion und der Arbeitskräfte sicher eine Ausnahme dar, dennoch vermitteln die genannten Zahlen ein Bild von der Höhe des gesamten Arbeitskräftebedarfes, der – rechnet man die Angaben von Potosí aus dem Jahre 1603 hoch – sich Ende des 18. Jahrhunderts für gesamt Hispanoamerika auf mindestens 60.000 Personen belaufen haben wird. Bei einer solchen Schätzung sind die Unterschiede in der Produktivität zu berücksichtigen, die zwischen großen Minengebieten mit mehreren tausend Beschäftigten und kleinen Bergwerken, in denen weniger als zehn Personen tätig waren, bestanden. Die Arbeitsproduktivität im Bergbau und Hüttenwesen wurde zwar im 18. Jahrhundert durch den Einsatz von Schießpulver, die Anlage von Entwässerungskanälen und den verstärkten Einsatz und die Verbesserung von Pochwerken erhöht, gleichzeitig sank aber die Qualität des Erzes, so daß für die gleiche Menge an Silber mehr Erz abgebaut, an die Oberfläche gebracht und dort verarbeitet werden mußte. Der Personenkreis, der unmittelbar mit dem Bergbau in Berührung kam, wurde durch zahlreiche Zulieferer ergänzt. Hierzu zählte zunächst das Gewerbe in den Bergbaustädten. In Guanajuato, Zacatecas und Potosí ansässige Schuster, Schneider, Maurer und Müller lebten ebenso vom Bergbau wie Städte in einem Umkreis von über 1.000 km, die Getreide, Wein und Zugtiere in die Bergbauzentren lieferten. Am deutlichsten wird die weite geographische Ausstrahlung des Bergbaus an dessen Bedarf an Eisenwerkzeugen, die bis zum Ende der Kolonialzeit nicht nur aus dem Baskenland, sondern auch aus Nord- und Mitteleuropa importiert wurden. Die peruanischen Minen wurden größtenteils mit dem Quecksilber aus den Bergwerken von Huancavelica versorgt. Mindestens ebensowichtig waren die Quecksilberlieferungen aus Almadén in Spanien und aus Idria im heutigen Slowenien. Auch wenn die in Almadén eingesetzten Strafgefangenen und freien Arbeitskräfte nicht direkt den im amerikanischen Edelmetallbergbau Beschäftigten zugerechnet werden können, so zeigt das Beispiel dennoch, wie stark europäische und amerikanische Arbeitsbedingungen miteinander verbunden waren.

Lohnarbeit und Zwangsarbeit

Der größte Teil der Arbeiter im hispanoamerikanischen Silberbergbau arbeitete als freie Lohnarbeiter. Etwa ein Viertel der Beschäftigten in Mexiko und Peru waren zur Zwangsarbeit verpflichtet, sei es als Sklaven oder als arbeitspflichtige Indianer. So wurde unter dem Vizekönig Toledo 1572 der Bergbau in Potosí reformiert, indem das Amalgamationsverfahren eingeführt und die zuvor unter indianischer Regie betriebenen Bergwerke und Hüttenbetriebe nun von Spaniern oder Mestizen übernommen wurden. Um den Arbeitskräftebedarf der Bergwerke von Potosí zu sichern, wurde ein Zwangsarbeitssystem eingeführt. Die sogenannte Bergbau-Mita beruhte auf einer Mischung indianischer Arbeitspflicht und europäischer Handdienste der bäuerlichen Bevölkerung. Jährlich mußten die zur *mita* herangezogenen Orte im andinen Hochland eine festgesetzte Anzahl von männlichen Arbeitskräften nach Potosí entsenden. Diese Arbeiter hatten zwei Wochen in achtstündigen Schichten zu arbeiten und eine Woche zur freien Verfügung. Da die Anreise zum Teil mehrere Wochen erforderte, bildete sich bereits Ende des 16. Jahrhunderts ein System heraus, bei dem nicht nur die jeweiligen *mitayos* nach Potosí zogen. Sie wurden von ihren Frauen und Kindern begleitet und verdingten sich nach Ablauf ihrer Dienstpflicht bzw. während ihrer Freischichten als freie Lohnarbeiter. Dies begünstigte die dauerhafte Ansiedlung einer umfangreichen indianischen Bevölkerung in Potosí. Da die *mita* wegen der geringen Entlohnung, der schwierigen und anstrengenden Tätigkeit und der mit ihr verbundenen Pflicht zu längeren Wanderungen und Abwesenheit von der heimischen Feldarbeit im Verlauf des 16. Jahrhunderts immer unbeliebter und gefürchteter wurde, entzogen sich die *mitayos* zunehmend der Arbeitspflicht durch Auswanderung und Flucht in Dörfer, die nicht in das Rekrutierungssystem einbezogen waren. Gleichzeitig wüteten europäische Krankheiten unter der Bevölkerung der andinen Dörfer, so daß deren Einwohnerzahl bis in die Mitte des 17. Jahrhunderts um 80 Prozent zurückging. Daher sank die Zahl der pro Woche effektiv in Potosí eingesetzten *mitayos* zwischen 1580 und 1700 von 4.400 auf 1.500.

Mit dem durchorganisierten und umfangreichen Einsatz von Zwangsarbeitern stellte Potosí eine Ausnahme im Bergbau Hispanoamerikas dar. Andere hochperuanische Minen, wie z.B. Oruro, erhielten offiziell nie Zwangsarbeiter zugeteilt. Hier griffen die Bergwerksbesitzer zu Drohungen und Zwangsrekrutierung in eigener Regie, um sich billige Arbeitskräfte zu verschaffen. In den mexikanischen Bergwerken setzte man schwarzafrikanische Sklaven ein und versuchte Indianer aus umliegenden Dörfern und den Missionsgebieten als billige Arbeitskräfte zu verpflichten. Da diese Zwangsmaßnahmen nur bedingt auf die Unterstützung durch staatliche Stellen stießen, war die Bedeutung der Zwangsarbeit in den übrigen hispanoamerikanischen Silberminen geringer als in Potosí, dennoch belief sich auch hier der Anteil der zwangsweise verpflichteten Arbeiter nahezu auf ein Viertel aller Beschäftigten. Dabei ist allerdings zu berücksichtigen, daß in Mexiko Ende des 18. Jahrhunderts auch Indianer, die Arbeitsverpflichtungen abzugelten hatten, auf einer angemessenen Bezahlung bestanden. Ähnlich wie in Europa, wo die umliegende bäuerliche Bevölkerung in den Bergwerken bevorzugt zu Entwässerungsarbeiten herangezogen wurde, setzte man auch in Potosí und anderen hispanoamerikanischen Bergwerken die zumeist wenig motivierten, schlechter bezahlten und auch schlechter ausgebildeten Zwangsarbeiter für die Entwässerung und den Transport von taubem Gestein und Erz ein.

In Peru belief sich die wöchentliche Entlohnung 1603 für die 600 erwähnten *mingas*, d.h. die nicht zwangsverpflichteten Indianer, auf 10,5 Piaster pro Person, gut ausgebildete Hauer konnten das Doppelte verlangen. Zwangsverpflichtete Indianer hingegen, erhielten lediglich 2,5 Piaster in der Woche. In Mexiko betrug der Lohn eines Hauers um 1790 circa sieben Piaster pro Woche, das entsprach etwa dem Wert von 300 Litern Mais. Bei dieser Umrechnung ist allerdings zu bedenken, daß Mißernten die Getreidepreise in schwindelnde Höhen treiben konnten, so daß 1784 der Wochenlohn nur noch für 100 Liter Mais ausreichte, allerdings besserte sich die Situation im folgenden Jahr wieder. Zum Vergleich sei darauf hingewiesen, daß sich der durchschnittliche Wochenlohn 1782 im zentraleuropäischen Harz auf 37 Groschen, umgerechnet circa 1,5 Piaster, belief. Hiervon konnten in Göttingen etwa zehn Kilogramm Fleisch oder 70 Liter Roggen erworben werden. In Freiberg, dem berühmtesten europäischen Silberbergwerk im ausgehenden 18. Jahrhundert, erhielten die Steiger, die unter den Arbeitern die höchsten Löhne empfingen, im gleichen Zeitraum lediglich 30 Groschen, d.h. 1,25 Piaster, so viel wie ein ungelernter Tagelöhner in Göttingen. Somit ist davon auszugehen, daß, selbst unter Berücksichtigung der möglicherweise geringeren Kaufkraft des Silbers in Hispanoamerika im Vergleich zu Europa, die Löhne freier Arbeiter in Übersee deutlich über denen mitteleuropäischer Knappen lagen. Zwangsverpflichtete *mitayos*, deren Entgelt zwischen 1740 und 1790 pro Woche nur noch 1,25 Piaster betrug, erhielten nominell den gleichen Lohn wie ein Steiger in Freiberg. Da der Durchschnitt der sächsischen Bergknappen deutlich weniger verdiente, könnte der reale Verdienst der mitteleuropäischen Bergleute dem der peruanischen Zwangsarbeiter entsprochen haben. Im Unterschied zu Mitteleuropa erhielten zwangsverpflichtete und freie indianische Arbeitskräfte zusätzlich zu ihrem in Geld ausgedrückten Lohn auch noch einen Anteil an dem von ihnen geförderten Erz, der je nach Güte des Gesteins den Wert des Geldlohnes übersteigen konnte. Somit kann man davon ausgehen, daß unter Berücksichtigung der unterschiedlichen Kaufkraft die Entlohnung im hispanoamerikanischen Silberbergbau sicher höher war als in Zentraleuropa.

Arbeitsbedingungen

Es stellt sich allerdings die Frage, ob den höheren Löhnen in Amerika nicht auch eine höhere Arbeitsbelastung und größere Gefahren gegenüberstanden. Die Arbeitszeit und die Arbeitsbedingungen im Bergbau Hispanoamerikas hingen stark von der Situation des einzelnen Bergwerks ab. Bei einer reichen Mine lohnte es sich, die Arbeitskräfte in zwei bzw. drei Schichten acht bis zwölf Stunden arbeiten zu lassen. Dies entsprach den Bedingungen in Europa. Ging die Güte des Erzes zurück, so wurde die Stundenzahl und mit ihr die Entlohnung reduziert, außerdem sank der Silbergehalt des Gesteins, das die Arbeiter als Teil ihres Lohnes erhielten. Die Bergarbeiter waren nun gezwungen, sich, ähnlich wie in Europa, eine Zusatzbeschäftigung zu suchen oder ihre Frauen und Kinder bei der Feldarbeit und im Handwerk zu unterstützen. Im 18. Jahrhundert wurde die Arbeitsbelastung der *mitayos* von Potosí deutlich erhöht. Mußten zuvor innerhalb einer achtstündigen Schicht 15 Lasten Gestein abgebaut und an die Oberfläche transportiert werden, so verdoppelte die Krone auf dringende Bitten der Bergwerksbesitzer diese Quote in der zweiten Hälfte des 18. Jahrhunderts. Dabei ist zu berücksichtigen, daß die Einführung des Schießpulvers diese Verdopplung der Arbeitsproduktivität überhaupt erst ermöglichte. Es ist davon auszugehen, daß die Anforderungen an die freien Arbeitskräfte in ähnlicher Weise angehoben wurden.

Die Bedingungen, unter denen Sklaven und Indianer arbeiten mußten, die ihre Dienstpflicht ableisteten, sind sicher schlechter gewesen als die der freien europäischen Bergknappen, die über eine recht starke korporative Organisation verfügten. Es ist davon auszugehen, daß zumindest die Zwangsarbeiter im Verhältnis zu europäischen Knappen ein größeres Maß an körperlichen Strafen und eine allgemein schlechtere Behandlung erdulden mußten. Hinzu kam, daß in Hispanoamerika härtere körperliche Arbeit verlangt wurde: Gestein und Wasser transportierten Arbeiter auf ihrem Rücken, wohingegen in Europa die Wasserhaltung durch Pumpen, Kanäle und Haspeln erfolgte und für den Transport des Gesteins Grubenkarren und Haspeln eingesetzt wurden, für deren Antrieb man seit dem 16. Jahrhundert die reichlich vorhandene Wasserkraft nutzte. Zwar finden sich auch in Amerika mechanische Fördereinrichtungen, deren Antrieb wurde aber entweder durch Tiere oder durch Menschen geleistet. Bemerkenswert ist, daß der immer wieder beklagten Arbeitskräfteknappheit im Bergbau in Europa mit der Verleihung landesfürstlicher Privilegien begegnet wurde, wie dem Recht, eigene Umzüge zu gestalten und Bergmannsuniformen zu tragen. In Amerika hingegen erhöhten die privaten Bergwerksbesitzer die Löhne. Allenfalls konnten Minenbesitzer und die Betreiber von Hüttenwerken versuchen, mit Missionaren oder staatlichen Beamten zu verhandeln, ob diese ihnen unter Ausnutzung oder Überschreitung ihrer Vollmachten bei der Beschaffung zusätzlicher Arbeitspflichtiger behilflich sein konnten. Angesichts der Produktivitätsgrenzen, an die der Bergbau in Hispanoamerika zu Beginn des 19. Jahrhunderts zunehmend stieß, wird man insgesamt von einer Verschlechterung der Arbeitsbedingungen durch erhöhte Leistungsanforderungen und rückläufige Sicherheitsvorkehrungen ausgehen können. Somit standen den höheren Löhnen in Hispanoamerika vielleicht eine höhere Produktivität, jedoch aber schlechtere Arbeitsbedingungen gegenüber.

Zusammenfassung

Der Edelmetallbergbau, dem für die hispanoamerikanische Wirtschaft und Gesellschaft eine wichtige Stellung zugeschrieben worden ist, führte zu einer großen Konzentration von Arbeitskräften. Die Stadt Potosí, die bereits 1580 um die 120.000 Einwohner zählte, ist hierfür zu einem Symbol geworden. Indigene Arbeitstechniken und Formen der Arbeitskräfterekrutierung gingen mit europäischen Techniken und europäischer Lohn- und Zwangsarbeit eine Symbiose ein. Im Vergleich zur Situation in Europa griffen staatliche Organe nicht direkt in den Bergbau und die Verhüttung ein, sondern beschränkten sich darauf, Teile der Zwangsarbeit zu organisieren und zu kontrollieren sowie einige Hilfsstoffe wie Quecksilber, Salz und Salpeter bereitzustellen. So kam es, daß die Arbeitsbedingungen im hispanoamerikanischen Bergbau bereits in der Kolonialzeit stärker von betriebswirtschaftlichen und kapitalistischen Prinzipien geprägt waren als dies in Mitteleuropa der Fall war: In Hispanoamerika erhielten selbst die indianischen Zwangsarbeiter, die ein Viertel der gesamten Arbeiterschaft darstellten, bei gleicher Arbeitszeit höhere Löhne als ihre europäischen Kollegen. Dafür standen den amerikanischen Arbeitern weniger mechanische Hilfsmittel zur Verfügung, ihre Arbeitsverpflichtung wurde im Verlauf der Kolonialzeit erhöht, und ihre Behandlung war sicher schlechter als die der europäischen Knappen, die sich auf starke korporative Organisationen stützen konnten. Arbeiten im Berg war in Hispanoamerika somit stärker als in Mitteleuropa von finanziellen Überlegungen geprägt, hohe Löhne und eine stärkere Individualisierung, die durch die teilweise erzwungene Migration gefördert wurde, bestimmten das Bild. Der koloniale Staat beschränkte sich auf allgemeine Aufsichtsfunktionen. Dem standen diesseits des Atlantiks größere soziale Sicherheit, ausgeprägtere korporative Strukturen und eine intensive Beteiligung der Fürsten am Silberbergbau gegenüber.

Literatur

Bakewell, Peter. Hg. (1997): *Mines of Silver and Gold in the Americas*. Aldershot

Bakewell, Peter (1984): *Miners of the Red Montain. Indian Labour in Potosí, 1545-1650*. Albuquerque

Gerhard, Hans-Jürgen (1984): *Löhne im vor- und frühindustriellen Deutschland. Materialien zur Entwicklung von Lohnsätzen von der Mitte des 18. bis zur Mitte des 19. Jahrhunderts*. Göttingen

Hausberger, Bernd (1997): *La Nueva España y sus metales preciosos. La industria minera colonial a través de los libros de cargo y data de la Real Hacienda, 1761-1767*. Frankfurt a.M.

Kasper, Hanns-Heinz/Wächtler, Eberhard. Hg. (1986): *Geschichte der Bergstadt Freiberg*. Weimar

Langue, Frédérique (1992): *Mines, terres et société à Zacatecas (Méxique) de la fin du XVIIe siècle à l'indépendance*. Paris

Romero Sotelo, María Eugenia (1997): *Minería y Guerra. La economía de Nueva España, 1810-1821*. Mexico

Sánchez Gómez, Julio/Delli-Zotti, Guillermo Mira/Dobado, Rafael (1997): *La savia del Imperio. Tres estudios de economía colonial*. Salamanca

Tandeter, Enrique (1993): *Coercion and Market. Silver Mining in Colonial Potosí, 1692-1826*. Albuquerque

Andreas Hofbauer
Sklaverei und Rassismus in Brasilien

Das Thema »Sklaverei und Rassismus in Brasilien« ruft wohl auch in der Alten Welt zunächst Assoziationen mit dunkelhäutigen Menschen hervor. Beide Begriffe – Sklaverei und Rassismus – deuten auf Beziehungen der Ungleichheit und Diskriminierung hin. In diesem Beitrag geht es mir jedoch weniger darum, bestehende Ungleichheiten zwischen »schwarz« und »weiß« zu belegen. Heute geben die meisten Brasilianer zu, daß auch ihr Land nicht frei von »Rassendiskriminierung« ist. Bei einer Umfrage, die von einer bedeutenden Tageszeitung des Landes (Folha de São Paulo, veröffentlicht am 25.6.1995) durchgeführt wurde, gaben 89 Prozent der Befragten an, daß es in Brasilien Vorurteile gegenüber »Schwarzen« gibt (andererseits bekannten nur circa zehn Prozent indirekt, selbst in gewisser Weise rassistisch zu handeln). Das war nicht immer so: Bis in die 50er und 60er Jahre betonte das offizielle Brasilien immer wieder, daß sich die brasilianische Gesellschaft – im Gegensatz zur US-amerikanischen – dadurch auszeichne, daß ihre Geschichte von einer Art »Rassenharmonie« geprägt sei.

Rezente offizielle Statistiken (letzte Erhebung: Instituto Brasileiro de Geografia e Estatística 1990) zeigen auf, daß dunkelhäutige Menschen im Durchschnitt geringere Gehälter bezahlt bekommen (selbst bei gleicher Arbeitsleistung), daß ihre Lebenserwartung niedriger als jene der »weißen Bevölkerung« ist, daß es unter ihnen mehr Analphabeten als unter den »Weißen« gibt etc. Meine Absicht ist es aber nicht, den »brasilianischen Rassismus« zu quantifizieren. Ich will vielmehr der Frage nachgehen, wie es möglich ist, daß sich in einem Land, das niemals eine offizielle Segregationspolitik kannte, derart große soziale Unterschiede zwischen »weiß« und »schwarz« aufrechterhalten. Was ist das Spezifische an den brasilianischen Beziehungen zwischen »schwarz« und »weiß«? Wie sind die flexiblen, kontextbezogenen Ein- und Ausschließungsprozesse zu verstehen? Um die Hintergründe für diese dynamische Realität besser erfassen zu können, scheint es mir notwendig, sich mit jenen historischen Kontexten und ideologischen Diskursen auseinanderzusetzen, die die empirischen Ungleichheiten stützen und rechtfertigen. Eine ideengeschichtliche Untersuchung kann aufzeigen, daß die Definitionen von »schwarz« und »weiß« selbst ideologische Konstrukte sind, die einen wesentlichen Bestandteil der Geschichte der Ausgrenzung darstellen.

Unsere heutigen mitteleuropäischen Auffassungen von »schwarz« und »weiß« unterscheiden sich nicht nur von jenen des 18. Jahrhunderts, sondern entsprechen auch nicht dem Sprachgebrauch des brasilianischen Alltags des

20. Jahrhunderts. Die letzte offizielle Erhebung (1990), bei der sich die Brasilianer zu »weiß«, *pardo* (»braun«), »schwarz« oder »gelb« zuordnen konnten, ergab einen Anteil von nicht einmal fünf Prozent (4,9 Prozent) »Schwarzer« an der Gesamtbevölkerung. Bei einer anderen Untersuchung (Pesquisa Nacional por Amostra de Domicílios 1976) ließ man die Menschen ihre eigene Hautfarbe frei formulieren – dabei wurden interessanterweise 136 unterschiedliche Termini registriert: Kreative Schöpfungen wie »sonnengebräunt«, »gemischte Mischung« bis hin zu teilweise absurd klingenden Farbbezeichnungen wie »rötlich, trüb, grün« sind ein Anzeichen dafür, daß die negativ konnotierte Kategorie vielfach vermieden wird. Das Ergebnis dieser Erhebung erklärt auch bis zu einem gewissen Grad, warum in den offiziellen Statistiken der letzten Jahrzehnte die relativ »neutral« empfundene Kategorie *pardo* zunimmt, wohingegen der Prozentsatz der »Schwarzen« stetig abnimmt.

Im brasilianischen Alltag fällt auf, daß ein und dieselbe Person je nach sozialem Kontext mit unterschiedlichen Farbbezeichnungen bedacht werden kann. So kommt es zum Beispiel vor, daß jemand, der »offiziell« (Geburtsurkunde) als »weiß« registriert ist, von seinen Arbeitskollegen jovial als *moreninho* (Diminutiv einer Farbbezeichnung, die wohl die meisten Portugiesen für sich beanspruchen) behandelt wird und auf der Straße – im Konfliktfall – *preto* (»Schwarzer«) geschimpft werden kann. Es ist in Brasilien nichts Unge-wöhnliches, daß die Eigenidentifikation einer Person nicht mit von außen herangetragenen Zuordnungen übereinstimmt. Diese soziale Dynamik zeigt also, daß jene offiziellen Statistiken, die mit vorgegebenen Farbkategorien operieren, wohl nur ein schematisches Abbild der sozialen Unterschiede zwischen »weiß« und »schwarz« wiedergeben. Die sozialen Abgrenzungsmechanismen selbst können aber mit derartigen quantitativen Studien nicht erklärt werden.

Beginnen wir mit dem historischen Rückblick und wenden wir uns zunächst der Problematik der Sklaverei zu. Man kann sich zunächst einmal die Frage stellen, was eigentlich das Charakteristische an einem Sklaven bzw. an der Institution Sklaverei ist? Die Geschichte der Menschheit kennt viele historische Beispiele von Gesellschaften, die so etwas wie Sklaverei praktizierten. Gleichzeitig muß man aber auch festhalten, daß es immer – auch innerhalb ein und derselben Gesellschaft – sehr unterschiedliche Formen von Sklavenhaltung gab.

Wenngleich es keine allgemein akzeptierte Definition für das Phänomen Sklaverei gibt, so sind sich heute die Experten doch weitgehend darüber einig, daß der Sklave niemals ein bloß »passives Eigentum« darstellte und daß Sklaverei nicht bloß als ökonomisches Phänomen zu betrachten ist, sondern auch mit spezifischen Sichtweisen der Welt (die sozialen Beziehungen eingeschlossen) im Zusammenhang steht. Sieht man sich die verschiedenen Definitionsversuche an, kann man feststellen, daß in den meisten von ihnen Begriffe wie Abhängigkeit, Macht, Gewalt, soziale Außenseiter oder Fremde enthalten sind (Lovejoy 1981: 15). Eine Grundidee der Sklavenhaltung besteht darin, »soziale Außenseiter« (»Fremde«) mit Gewalt zu gewissen Diensten (das können Arbeitsleistungen, kann aber auch die Ausübung von repräsentativen Funktionen sein) zu zwingen. Das soll nicht heißen, daß der Sklavenalltag immer von ständiger physischer Gewaltausübung überschattet war – oftmals war die Beziehung zwischen Herrn und Sklaven eher von einer Art paternalistischem Schutz-Ausbeutungs-Verhältnis geprägt.

In vielen Gesellschaften führten die Herren und Sklaven sogar – Seite an Seite – die gleichen Tätigkeiten aus. Im Alten Rom wurden einige gesellschaftlich bedeutende Berufe auch von Sklaven ausgeübt (so gab es Sklaven, die Ärzte, Händler und Künstler waren). Die Einkünfte aus derartigen Tätigkeiten kamen jedoch dem Herrn zugute. Physische Gewalt stand meist am Beginn der Versklavung und wirkte auch als wesentlicher Kontrollmechanismus, der zur Disziplinierung der Sklaven eingesetzt werden konnte.

Der »klassische Sklave« war nicht nur im Alten Griechenland und in Rom, sondern auch bei den Arabern und in vielen afrikanischen Gesellschaften der Kriegsgefangene. Das lateinische Wort *servus*, das sich angeblich vom Verb *servare* (aufbewahren; hüten) herleitet, dürfte ursprünglich diese Idee ausgedrückt haben, wonach ein Feind bei einer kriegerischen Auseinandersetzung nicht getötet, sondern »verschont« und nach Hause mitgenommen wurde. (Das *Digestum* des Kaisers Justinian, 6. Jh. n.Chr., beruft sich auf eine derartige etymologische Ableitung, um das Anrecht auf Versklavung von Kriegsgefangenen zu rechtfertigen – vgl. Fernández 1992: 42).

Sklaven wurden in allen Gesellschaften geringgeschätzt. Es fand allerdings in vielen Gesellschaften – so auch in den meisten afrikanischen – ein langsamer Integrationsprozeß statt, der sich jedoch meist über mehrere Generationen hinzog. Dieser Assimilationsprozeß sollte im Verlauf der Zeit gerade auch jene Unterscheidungsmerkmale auflösen, die die Sklaven als Sklaven kennzeichneten (sprachliche, »kulturelle« Unterschiede). So war es vielen afrikanischen Gesellschaften möglich, ihre eigene Ethnie numerisch zu stärken. Miers und Kopytoff analysierten daher in ihrer von funktionalistischen Ideen geprägten Studie die »afrikanische Sklaverei« als ein Kontinuum (*slavery-to-kinship-continuum*), das sie auch mit *marginaliy-to-society* umschrieben, also ein System, das zunächst marginalisiert wird, um dann aber langsam – die Außenseiter – zu integrieren (Miers und Kopytoff 1977: 16,24).

Erst religiöse Glaubensvorstellungen, die auf einer dogmatischen Trennung zwischen »wahr« und »falsch«, »gut« und »böse« bestehen – wie zum Beispiel der Islam, das Christentum –, sollten neue formale, rigidere Trennlinien zwischen der eigenen Gruppe und den jeweiligen »anderen« ziehen –. Somit wurde eine klare Abgrenzung zwischen Gläubigen und Ungläubigen erwirkt. Die Versklavung von »Ungläubigen« (Andersgläubigen) konnte nun als Maßnahme zur Verteidigung (Ausbreitung) des »wahren Glaubens«

ideologisch-rhetorisch gerechtfertigt und die Bekehrung zum Islam bzw. zum Christentum zur Minimalforderung für eine »mögliche Integration« werden. Wichtig ist es aber festzuhalten, daß auch in Europa biologische, phänotypische Kriterien als »Versklavungs-Argument« (bzw. Rechtfertigung) bis ins Mittelalter unbekannt waren.

Sehen wir uns kurz die Situation der Sklaverei auf der Iberischen Halbinsel im ausgehenden Mittelalter an. Die iberische Welt war zu jener Zeit von der Auseinandersetzung zwischen Christen und Muslimen geprägt. Ab dem achten Jahrhundert bis 711 n. Chr. hatten sich die aus Nordafrika eingedrungenen sogenannten »Mauren« hier festgesetzt. Als religiöser Erzfeind bot sich der »Maure« folglich als Prototyp des Sklaven an, so daß der Begriff *maurus* (port. *mouro*/span. *moro*) im 12. Jahrhundert zu einem Synonym für Sklave werden sollte (Verlinden 1955: 141).

Als sich die portugiesischen Schiffs-Expeditionen langsam an der afrikanischen Westküste Richtung Süden entlangtasteten, stießen sie bald auf sehr dunkelhäutige Menschen. Jene ersten südlich der Sahara gefangengenommenen Sklaven wurden zunächst von den Chronisten ebenso schlicht als *mouros* registriert. Manchmal unterschied man zwischen *mouros negros* und *mouros brancos*. Zu jener Zeit waren aber hautfarbliche Attribute relativ nebensächlich im Vergleich zu religiösen Kriterien. Es ist daher oft nicht möglich, ausgehend von schriftlichen Quellen des 15. Jahrhundert die Hautfarben der darin zitierten Sklaven zu bestimmen (vgl. Saunders 1982: 52).

Als die Portugiesen merkten, daß viele der afrikanischen Sklaven keiner der drei »großen Religionen« (Judentum, Islam, Christentum) angehörten, stieg die Hoffnung, daß jene Völker leicht zu bekehren wären. Die Afrikaner wurden vielfach als eine Art »tabula rasa« betrachtet, als »Menschen ohne Glauben, ohne Gesetz, ohne König«. Die historischen Dokumente aus Portugal belegen auch, daß die afrikanischen »heidnischen« Sklaven im Durchschnitt »besser« behandelt wurden als die muslimischen Sklaven, die sich meist weigerten, den christlichen Glauben anzunehmen. »Schwarze Sklaven« erhielten im allgemeinen mildere Strafen, und es wurde ihnen eher vertraut als den Muslimen.

Portugal war wohl das erste europäische Land, das einen höheren Anteil an dunkelhäutigen Sklaven aufwies (Schätzungen besagen, daß sich die Bevölkerung von Lissabon Mitte des 16. Jahrhunderts aus circa zehn Prozent Sklaven zusammensetzte). Sklaverei war in Portugal – so wie übrigens auch im muslimisch-arabischen Raum – ein vornehmlich städtisches Phänomen. Traditionellerweise war der Besitz von Sklaven Zeichen adeliger Herkunft: Das Halten von Sklaven symbolisierte Macht und Reichtum. Sklaven übten oft die Rolle von Begleitpersonen von Adeligen aus, konnten aber auch in einige Handwerksgilden aufgenommen werden. Der wichtigste Einsatzbereich von Sklaven war jedoch jener in häuslichen Diensten. Daneben wurden viele sozial geringgeschätzte Tätigkeiten – wie zum Beispiel Straßenreinigen, Lastentragen, Wäschewaschen – von Sklaven ausgeführt. In den Städten boten Leihsklaven ihre Arbeitskraft für temporäre Dienstleistungen an. Seltener fand man Sklaven in der Salzproduktion (Setúbal) und in der Landwirtschaft (Alentejo). Ein Herr verfügte meist nicht über mehr als ein bis fünf Sklaven. Nur einige wenige Adelige in ländlichen Gegenden brachten es manchmal auf den Besitz von bis zu 15 Sklaven. Es ist jedoch wichtig festzuhalten, daß es im Portugal des 15. und 16. Jahrhunderts keine Arbeit gab, die ausschließlich von Sklaven ausgeführt wurde. So arbeiteten in Lissabon und Évora immer auch Tagelöhner (Migranten aus Galicien und Beira) an der Seite von Sklaven.

Das Abhängigkeitsverhältnis vom Herrn bewirkte, daß Sklaven – in Konfliktfällen – oft gleichsam wie »Familienangehörige« agierten (so kam es vor, daß sich Sklaven befeindeter Herren auf den Straßen bekämpften). Andererseits konnte man in den portugiesischen Städten auch so etwas wie ein Solidaritätsgefühl unter der armen Bevölkerungsschicht feststellen, unabhängig von hautfarblichen Unterschieden. Es gab somit auch keine »schwarzen Ghettos«: Bei Musik und Tanz feierten »Schwarze« und »Weiße« gemeinsam. Auch war es damals üblich, daß arme Leute bei Besuch von Ihresgleichen ihr Bett mit dem Gast teilten – es ist überliefert, daß es auch bei der Ausübung dieses Brauches keine hautfarblichen Restriktionen gab (vgl. Saunders 1982: 132,146).

Das wesentliche Kriterium zur Bestimmung der eigenen Gruppe bzw. zur Definition und Ausgrenzung der »anderen« bildete lange Zeit die christliche Religion. Wir wissen aber auch, daß seit alters her in allen indo-europäischen Traditionen die Farben »weiß« und »schwarz« in eine symbolische Opposition gestellt wurden. In dieser Farbdichotomie bezeichnet die Farbe Weiß das Gute, das Schöne, das Göttliche, die Unschuld etc. –, wohingegen schwarz für den Tod, die Hölle, das Übel (moralisch Verwerfliche) steht. Es ist jedoch wichtig, nochmals darauf hinzuweisen, daß weder die alten Griechen noch die Römer jene Farbsymbolik auf ihre Feinde und Sklaven bezogen.

Es war vielmehr eine Reinterpretation einer Bibelstelle – jener Stelle im Alten Testament, bei der erstmals der Begriff »Sklave« verwendet wurde –, die einen folgenschweren Zusammenhang zwischen Sklaverei und Hautfarbe herstellen sollte. Die Geschichte (Genesis, Kap. 9) besagt, daß Ham, der Sohn Noahs, seinen Vater betrunken und nackt im Bett liegen sah. Ham erzählte seinen Brüdern Sem und Japhet, was er beobachtet hatte, und diese bedeckten daraufhin schamhaft ihren Vater. Als der Vater von dem Vorfall erfuhr, verdammte er den Sohn Hams, Canaan, zu ewiger Knechtschaft.

Exegetische rabbinische Schriften – Midrasch Rabba (wahrscheinlich aus dem 5.-6. Jahrhundert) – sollten erstmals eindeutig eine Beziehung zwischen schwarzer Hautfarbe, Immoralität, Schuld und Sklaverei herstellen. Möglicherweise könnte der etymologische Hintergrund des Wortes »ham« – das mit Hitze und dunkler Farbe zu tun hat – diese Projektion induziert haben

(Martin 1993: 288). Bald übernahmen auch die Araber diese Auslegungsweise des Alten Testaments, um vor allem die Versklavung jener Menschen zu rechtfertigen, die südlich der Sahara lebten und sich selbst bereits Muslime nannten. Letztlich sollten auch die iberischen Christen jahrhundertelang die »Noah-Legende« als ideologischen Rechtfertigungsdiskurs anwenden. Dennoch muß festgehalten werden, daß die schwarze Farbe noch über lange Zeit von religiösen Vorstellungen durchdrungen blieb, so daß auch Asiaten und amerikanische Eingeborene von portugiesischen Entdeckungsreisenden immer wieder als »Schwarze« betitelt wurden.

Solange die Indios in Brasilien als Sklaven eingesetzt wurden, wurden auch sie als »Schwarze« diskriminiert (vgl. beispielsweise die Briefe des Jesuiten Nóbrega, 16. Jahrhundert, in: Leite 1956). Anzumerken ist auch, daß in den Heiligen Schriften des Judentums, Islams und des Christentums die Sklaverei mit einer weitgehenden Natürlichkeit behandelt wird, da ja auch zu jener Zeit, als diese Religionen entstanden, Sklaverei ein allgemein weitverbreitetes Phänomen darstellte. Sklaverei wird im Alten Testament, aber auch im Koran mit Unterwürfigkeit und Demut assoziiert. Eine derartige Haltung kam letztlich jenem Verhältnis nahe, das vom Menschen in bezug auf die oberste Gottheit erwartet wurde – nicht zufällig nannten sich die Juden, Christen, Muslime – »Sklaven« ihres Hochgottes.

Das Halten von Sklaven wurde also zu Beginn der Neuzeit sicherlich gesellschaftlich noch anders empfunden als Ende des 18. Jahrunderts und im 19. Jahrhundert, als eine Opposition zwischen dem gesellschaftlichen Status der »Freiheit« und der »sklavischen Unfreiheit« konstruiert wurde. Mit dieser Feststellung sollen historische Ungleichheiten und Ausbeutungsverhältnisse nicht beschönigt werden; dennoch scheint es mir notwendig, nicht von unseren heutigen Vorstellungen bezüglich »Freiheit« und »Unfreiheit« bzw. »Gleichheit« und »Ungleichheit« auszugehen, wenn wir uns mit den Verhältnissen der frühen Kolonisation Brasiliens auseinandersetzen. Andernfalls wird weder der ideologische Diskurs der Machthaber noch das Agieren der Sklaven in jenem Kontext verständlich.

Die Geschichte der »afrikanischen Sklaverei« begann in Brasilien erst einige Jahrzehnte nach der »Entdeckung« des neuen Landes, als nämlich im Nordosten des Landes die Zuckerrohrproduktion zum ersten bedeutenden Wirtschaftsfaktor des Landes wurde. Der sogenannte *engenho* (Zuckerrohrplantage, wo auch das Zuckerrohr weiterverarbeitet wurde) stellte so etwas wie die »soziale Keimzelle« der neuen Kolonie dar. Neben dem Herrenhaus (*casa grande*) stand oft eine kleine Kapelle, in einigem Abstand dazu befanden sich die Sklavenhütten (*senzala*). Anders als in der Alten Welt wurden in Brasilien Sklaven anfangs vornehmlich in der landwirtschaftlichen Produktion eingesetzt; anders als in Portugal wurden die notwendigen Arbeiten nun ausschließlich von Sklaven verrichtet. Auch die Sklavenanzahl pro Sklavenherr lag weit über den portugiesischen Verhältnissen: auf einem *engenho* arbeiteten etwa 100, manchmal bis zu 300 Sklaven. Die Arbeits- bzw. Lebensbedingungen waren derart hart, daß man die durchschnittliche Überlebensdauer eines Sklaven im 17. und 18. Jahrhundert auf circa sieben Jahre schätzt (Mattoso 1990: 118).

Die Sklaven stellten allerdings – nicht nur auf Grund ihrer unterschiedlichen Herkunftsgebiete – keine einheitliche »soziale Klasse« dar. Auch die Lebensbedingungen der Sklavenbevölkerung wiesen nicht unbeträchtliche Unterschiede auf, so daß man sogar von einer Art »interner Sklavenhierarchie« sprechen kann. Der Alltag der Handwerkersklaven hob sich bereits von jenen extremen körperlichen Anstrengungen ab, die den Sklaven auf den Plantagen abverlangt wurden. Auf einem *engenho* galten die Haussklaven in vieler Hinsicht als die »Privilegiertesten«. Die in den Städten lebenden Leihsklaven (*negros de ganho*) hatten wiederum die relativ besten Chancen auf den Erhalt des Sklavenfreibriefs (*carta de alforria*).

Der Umstand, daß Aufsichtstätigkeiten, die Verabreichung von Strafmaßnahmen (*feitor*) sowie die Aufgabe, geflohene Sklaven wieder einzufangen (*capitão-do-mato*), oft von ehemaligen Sklaven ausgeführt wurden, dürfte ebenso hinderlich für mögliche Solidarisierungsprozesse auf der Basis eines Hautfarbenkriteriums gewesen sein. Außerdem war ein relativ großer Unterschied zwischen aus Afrika stammenden Sklaven und bereits in der Neuen Welt geborenen Sklaven, den sogenannten *crioulos*, spürbar. Die Historikerin Kátia Mattoso kam zum Schluß, daß Mitte des 19. Jahrhunderts in Salvador da Bahia die Mehrheit der *libertos* (befreiten Sklaven) das Ziel verfolgten, sich selbst einen Sklaven zu kaufen. Es gibt Hinweise dafür, daß sogar Sklaven andere Sklaven besaßen (Mattoso 1990: 132, 235).

Mit diesen Beschreibungen will ich zweierlei betonen: Erstens war es durchaus nicht selbstverständlich, daß sich die »schwarzen Sklaven« als einheitliche Gruppe gegenüber den »weißen Herren« fühlten und demnach trachteten, sich gegen die »Unterdrücker« und gegen das Sklavensystem zu organisieren. Zweitens darf man nicht vergessen, daß das Halten von Sklaven lange Zeit über – sowohl für »Weiße« als auch für »Schwarze« – ein Symbol für Reichtum darstellte und insofern als so etwas wie ein »sozialer Wert« galt. Das soll nicht heißen, daß es nicht auch Widerstandsversuche von Sklaven gegeben hätte. Im Grunde zielten sie aber alle auf punktuelle soziale Verbesserungen einer bestimmten Gruppe ab: So forderten einige Rebellen (vgl. z.B. die Malê-Revolte) den Sklavenfreibrief für die Sklaven aus ihrer Gruppe. Das System der Sklaverei an sich wurde allerdings weder von den *confrarias negras* (Schwarze Religiöse Bruderschaften), noch von den *quilombos* (brasilianische Maroons), noch von den »Afro-Religionen« (Vorläufer von *Candomblé, Umbanda*) in Frage gestellt (siehe Hofbauer 1995).

Auch die Frage der Erlangung des Sklavenfreibriefs zeigt, daß letztlich die »brasilianische Sklaverei« mehr als bloß ein ökonomisches System darstellte. Die Freilassung wurde die längste Zeit über als ein religiöser Akt des Erbarmens verstanden (ähnlich wie in der arabisch-muslimischen Welt). Oft wurde daher der Sklavenfreibrief erst nach jahrelangem Dienen gewährt, in vielen Fällen wurde die *carta de alforria* erst am Totenbett des Herrn ausgestellt. Die besten Chancen auf den Sklavenfreibrief hatten die Leihsklaven, die meist einen Teil des verdienten Geldes für sich behalten konnten und auf diese Weise Geld für den eigenen Sklavenfreikauf ansparen konnten. Dennoch war die Bezahlung einer bestimmten Geldsumme allein keine Garantie für die Erlangung der *carta de alforria*. Letztlich hing eine »Befreiung« immer von der Beziehung zwischen Herrn und Sklaven ab. Nur wenn der Sklave in gutem Einvernehmen mit dem Herrn lebte, wurden auch die notwendigen Bedingungen geschaffen, die einen langsamen Befreiungsprozeß ermöglichten.

Der Erhalt der *carta de alforria* bedeutete aber keineswegs, daß nun der Ex-Sklave vollkommen unabhängig von seinem Herrn war. In den meisten Sklavenfreibriefen waren einschränkende Klauseln eingefügt, die neben weiteren jahrelangen Dienstleistungen für die Familie des Herrn auch die Rückversklavung aus »Gründen der Undankbarkeit« (*ingratidão*) vorsahen (laut Mattoso 1990: 186: zwei Drittel aller in Salvador Mitte des 19. Jahrhunderts ausgestellten Sklavenfreibriefe). Der Ex-Sklave war meist seinerseits auf die Unterstützung seines Ex-Herrn angewiesen, wollte er als *liberto* überleben und sich eventuell die Möglichkeit für einen langsamen sozialen Aufstieg eröffnen. Die Kulturanthropologin Manuela Carneiro da Cunha (1986: 139) zeigte auf, daß der Großteil der Ex-Sklaven im 19. Jahrhundert weiterhin im Umkreis ihrer Ex-Herren lebten – meist offenbar aus Furcht, daß sie in einer anderen Region des Landes, wo sie keinen Schutzherrn hatten, neuerlich versklavt werden könnten.

Der *liberto* war also kein »freier Bürger« nach unserem heutigen Verständnis, das letztlich auf Idealvorstellungen der Aufklärung zurückzuführen ist. Er stellte folglich nicht das soziologische Gegenstück zum Sklaven dar, sondern war vielmehr bloß ein kleiner Schritt in Richtung mehr »Unabhängigkeit« und weniger »Ausbeutung« innerhalb einer Gesellschaft, die noch nicht die Idee von »freien, einem modernen Rechtsstaat verantwortlichen Individuen« propagierte.

Auch die Perzeption der Hautfarbe war stark beeinflußt von den damaligen gesellschaftlichen Machtkonzeptionen und letztlich von einer Weltanschauung, wonach die sozialen Gegebenheiten als Ausdruck des göttlichen Willens interpretiert wurden. Europäische Forschungsreisende des 19. Jahrhunderts, die bereits an »essentialistischere« (biologisch definierte) Rassenkonzeptionen gewöhnt waren, zeigten sich verblüfft über die stark vom gesellschaftlichen Kontext abhängigen Hautfarbenbezeichnungen. So fragte der Engländer Koster einen brasilianischen Diener, ob ein gewisser Miliz-Oberkommandant »Mulatte« wäre. Der Gefragte antwortete: »Er war es, ist es aber nicht mehr.« Kosters Nachfrage wurde mit einer rhetorischen Gegenfrage beantwortet:

»Aber mein Herr, wie sollte ein ›capitão-mór‹ Mulatte sein?« (Koster 1942: 480).

Die ideologische Grundlage für eine derartige Hautfarbensichtweise, die die Umformung von »schwarz« in Richtung »weiß« ermöglichte, wurde in Brasilien zunächst von den Jesuiten gelegt. Wie bereits eingangs angesprochen, setzte zu jener Zeit das religiös dominierte Weltbild die Farbe »weiß« mit dem Göttlichen gleich, wohingegen »schwarz« mit dem »Sünhaften«, mit »Schuld« und »Sklaverei« verknüpft war. Die Vorstellung von Farbverwandlungen von »schwarz« in »weiß« als Ausdruck einer religiösen Sinneswandlung kann nicht nur in der iberischen Welt nachgewiesen werden (zum Beispiel in Theaterstücken von Gil Vincente /1465-1535/ und Inquisitionsberichten), sondern stellte auch in der mittelalterlichen muslimischen Welt keine Seltenheit dar (u.a. in *Tausend und einer Nacht*).

Der Transport von »schwarzen Sklaven« aus dem »heidnischen Afrika« in die Neue Christliche Welt wurde von den Jesuiten als *resgate* (Erlösung, Rettung) propagiert. Für Antonio Vieira, den bedeutendsten Jesuiten-Prediger des 17. Jahrhunderts, waren die Sklaven bloß »körperlich Gefangene«; ihre Seelen jedoch konnten gerettet werden. Voraussetzung dafür war, daß die Sklaven untertänig arbeiteten und Gott und dem Sklavenherrn gehorchten. Eine Gleichstellung auf Erden blieb den afrikanischen Sklaven verwehrt – aber anders als später beim klassischen biologisierten Rassendiskurs gab es laut jesuitischem Weltbild noch prinzipiell die Möglichkeit, die Ungleichheit zu überwinden. Diese mögliche Gleichstellung, verstanden als seelische Reinwaschung, wurde allerdings ins Jenseits, nach dem Tod, verlegt.

Im brasilianischen Alltag agierten die Geistlichen oft als Beschwichtiger von Konflikten zwischen Sklaven und *senhores*. Das Anrecht auf Sklavenbesitz wurde weder von der *Companhia de Jesus*, noch von anderen Kircheninstitutionen in Frage gestellt. Es ist bekannt, daß noch bis kurz vor Abschaffung der Sklaverei auf vielen Ordensgütern Sklaven eingesetzt wurden (im Jahr 1871 verfügte der Orden der Benediktiner noch über circa 4.000 Sklaven – vgl. Piritininga Júnior 1991: 44). Die Jesuiten setzten sich für einen »freien Sonntag« ein, um den Sklaven den Besuch der Meßfeiern zu ermöglichen. Daneben kritisierten sie sadistische Strafpraktiken und sprachen sich gleichzeitig dafür aus, die Peitsche als einzig legitime Strafmethode zu »institutionalisieren«: Hierbei sollte das Maß von 40 Peitschenhieben pro Tag nicht überschritten werden (vgl. Benci 1977: 163f.).

Im Lauf der Geschichte des Okzidents sollten die symbolträchtigen Farben »schwarz« und »weiß«, die lange Zeit vornehmlich für moralisch-religiöse Werte standen, in neue paradigmatische Weltauffassungen und Konzeptionen von Menschsein projiziert werden. Jene ab dem 18. Jahrhundert entwickelten Rassentheorien lösten sich bald immer mehr von religiösen Dogmen, indem sie den Menschen als einen Teil der Natur verstanden und ihn demnach auch nach »physischen« (d.h. »natürlichen«) Kriterien und Methoden zu analysieren begannen. Dennoch muß festgehalten werden, daß frühe Rassenkonzeptionen, wie zum Beispiel jene von Buffon und Blumenbach (Ende des 18. Jahrhunderts), noch mit der Möglichkeit von Farbänderungen innerhalb einer »Rasse« rechneten. Buffon vertrat die Auffassung, daß dunkelhäutige Menschen – so sie in ein »milderes« (d.h. »christliches«) Klima verpflanzt würden – innerhalb weniger Generationen (acht bis zwölf) eine weiße Hautfarbe annähmen.

Mit der Aufklärung wurde das Göttliche langsam immer mehr in den Hintergrund gedrängt. Nicht mehr die vom Willen Gottes geschaffene Moralität, sondern die menschliche Vernunft sollte zum Maß aller Dinge werden. Nicht nur die eigene Gesellschaft, sondern auch die »anderen« sollten nach »rationalen« Kriterien bemessen und eingeteilt werden. Der parallel entwickelte dogmatische Glaube an den Fortschritt in der Geschichte der Menschheit war ein weiterer Faktor dafür, daß nun die Grenzlinien zwischen »rassisch inferioren« und »rassisch höher stehenden« Völkern immer undurchlässiger wurden. Gegen Ende des 19. Jahrhunderts konnte man sich eine Farbmetamorphose von »schwarzer Rasse« in »weiße Rasse« in Europa nicht mehr vorstellen. Im Gegenteil – anders als noch im 18. Jahrhundert – wurde meist vor Rassenmischungen gewarnt, da man im allgemeinen die daraus hervorgehenden Kreuzungsprodukte als Entartungen (Dekadenzerscheinungen) verstand. Gesellschaftlicher Hintergrund für die Entwicklung von aufklärerischen Ideen, aber auch von evolutionistischen Thesen und biologistisch definierten Rassenkonzeptionen war eine weitgehende Säkularisierung und Bürokratisierung der sozialen Verhältnisse in den westlichen Nationalstaaten.

Brasilien hingegen »sträubte sich« fast 400 Jahre lang gegen eine Bürokratisierung der sozialen Beziehungen: Eine wesentliche soziale Grundlage des brasilianischen Sklavensystems war der relativ große – von übergeordneten staatlichen Institutionen weitgehend unabhängige – Spielraum für persönliche Machtausübung, der alle sozialen Beziehungen prägt. Wie in vielen anderen Sklavengesellschaften hing auch in Brasilien der Faktor Macht direkt mit der Manipulation von Abhängigkeitsnetzen, Schutz- und Ausbeutungsverhältnissen, Privilegien etc. zusammen. Vieles deutet darauf hin, daß der »Widerstand« gegen eine Formalisierung von sozialen Pflichten und Rechten in Brasilien dafür verantwortlich war, daß sich die sogenannte *Branqueamento*-(»Weiß-werden«) Haltung bis Mitte des 20. Jahrhunderts als hegemoniale Ideologie aufrechterhielt.

Die Abschaffung der Sklaverei war in Brasilien ein langwieriger Prozeß, der sich beinahe über ein ganzes Jahrhundert hinzog. Die Debatte begann eigentlich erst mit dem politischen Druck Englands, das die Anerkennung der brasilianischen Unabhängigkeit (1822) an die Durchsetzung der Abschaffung der Sklaverei in Brasilien knüpfte. Hintergrund für diese politischen Interventionen war damals schon das Interesse englischer Kapitalisten, Brasilien für den Weltmarkt zu öffnen. In diesem Zusammenhang wurden einige Abkommen unterzeichnet, die aber von brasilianischer Seite lange Zeit nicht in die Realität umgesetzt wurden. Erst im Jahr 1850 konnte der Import von Sklaven effektiv verboten werden (Eusébio Matoso). In der Folge sollte eine Reihe von Gesetzen erlassen werden, die langsam die Beendigung des Sklavensystems einleiteten (Ventre Livre, 1871; Saraiva-Cotegipe-Gesetz, 1885). Am 13. Mai 1888 wurde schließlich das überfällige »Goldene Gesetz« unterschrieben (Prinzessin Isabel), das praktisch nur noch eine bereits weitgehend »vollzogene soziale Realität« bestätigen sollte (500.000 Sklaven – das entsprach 5,6 Prozent der Gesamtbevölkerung – wurden durch diesen Akt in »Freiheit« entlassen).

Ab der ersten Hälfte des 19. Jahrhunderts wurden in Brasilien vereinzelte Stimmen hörbar, die das Halten von Sklaven als einen Verstoß gegen die christliche Religion und die menschliche Vernunft kritisierten. Dieselben Kritiker argumentierten, daß Sklaverei den Fortschritt des Landes bremse, da sie nämlich den menschlichen Erfindungsgeist, die technologische Entwicklung und somit die ersehnte Modernisierung hemme. Industrialisierung und Sklaverei wurden somit als unvereinbare Gegensätze empfunden (siehe z.B. Nabuco 1988: 179, der im Jahr 1880 die bedeutendste Abolitionisten-Bewegung Brasiliens – die *Sociedade Brasileira Contra a Escravidão* – gründete).

Interessanterweise knüpften alle politischen Projekte, die auf die Abschaffung der Sklaverei abzielten, den Akt der *Abolição* an die Idee des Imports von europäischen (»weißen«) Arbeitskräften. Ausgehend von einer nun bereits naturalisierteren Sichtweise von »schwarz« und »weiß« waren die »fortschrittlichen Geister« jener Zeit überzeugt, daß »weiße Arbeitskraft« auch »produktiver« wäre als »schwarze Arbeitskraft«. »Weiß« stand also nun weniger für »religiös-moralisch« anzustrebende Qualitäten als vielmehr für die Fortschrittsidee. Teile der brasilianischen Elite sollten sich folglich persönlich in Kampagnen zur Förderung der europäischen Immigration engagieren (Nabuco warb z.B. auf der Weltausstellung in Paris, 1889, um europäische Arbeitskräfte).

Im Zeitraum von 1871 bis 1920 ließen sich mehr als drei Millionen Europäer in Brasilien nieder (vor allem im Südosten des Landes). In der Praxis bedeutete dies, daß die Arbeiten vieler Sklaven von »weißen freien Arbeitern« übernommen wurden. Insbesondere am Arbeitsmarkt der brasilianischen Städte, in den neuen industriellen Betrieben (z.B. Textilindustrie), hatten die Ex-Sklaven kaum eine Chance gegen die »ausländische Konkurrenz«. Da die Projekte der Abolitionisten keinerlei Maßnahmen für eine mögliche Integration ehemaliger Sklaven vorsahen, wurden diese buchstäblich von den Fazendas auf die Straßen bzw. in die nun immer mehr anwachsenden Slums (*favelas*) der entstehenden Großstädte geworfen.

Die Diskurse der einflußreichsten brasilianischen Wissenschaftler und Politiker sollten auch noch nach der Jahrhundertwende die »These« von der Umwandelbarkeit von »schwarz« in »weiß« beibehalten. So bekräftigte der Mediziner und Anthropologe João Baptista Lacerda am Ersten Universalen Rassenkongreß in London (1911), daß sich die brasilianische Gesellschaft – auch auf Grund der europäischen Immigrationswelle – auf dem Weg der »rassischen Aufhellung« befinde. Für ihn war die Auslöschung der »schwarzen Rasse« in Brasilien bloß eine Frage der Zeit, genauer gesagt von drei Generationen (Lacerda 1911: 18f.).

Diese Sichtweise stärkte auch jene Idee, wonach es in Brasilien keine Diskriminierung, keine Konflikte zwischen »schwarz« und »weiß« gebe (bereits im 19. Jahrhundert vertraten einige Intellektuelle, wie Nabuco, derartige Positionen). Es war dann aber insbesondere der Soziologe Gilberto Freyre, der mit seinem Klassiker *Herrenhaus und Sklavenhütte* (1933) jenen Mythos verfestigte, der bis heute weithin das Selbstverständnis der Brasilianer bestimmt: Freyre argumentiert, daß in Brasilien die Beziehungen zwischen Herren und Sklaven relativ »harmonisch« waren. Grund dafür soll vor allem der iberische Katholizismus und die »Plastizität des portugiesischen Nationalcharakters« gewesen sein (diese Interpretationsweise von Freyre wurde später unter der Bezeichnung *democracia racial* bekannt). Ausgehend von jener Geschichtsinterpretation negierte Freyre die Existenz von Rassenkonflikten in Brasilien und kritisierte noch Ende der 70er Jahre vehement die Bildung einer »Schwarzen Bewegung«. Lange Zeit hielt das offizielle Brasilien nicht nur die Branqueamento-Idee hoch, sondern brüstete sich auch damit, daß die brasilianische Gesellschaft keine Rassendiskriminierung kenne.

Erst in den 50er Jahren sollte, ausgehend von einer großangelegten Unesco-Studie, der Mythos der Rassendemokratie langsam entlarvt werden. Soziologische Studien im Großraum von São Paulo (unter der Leitung von Roger Bastide und Florestan Fernandes), aber auch Untersuchungen im Landesinnern (in Kooperation mit US-amerikanischen Forschern) zeigten auf, daß die Lebensbedingungen der »Schwarzen« nach mehr als 60 Jahren nach Abschaffung der Sklaverei weitaus schlechter als jene der »Weißen« waren. Fernandes umschrieb die Problematik des »brasilianischen Rassismus« mit folgenden pointierten Worten: »In Brasilien herrscht das Vorurteil vor, daß es kein (Rassen-) Vorurteil gibt.« Jene Studien, die darauf abzielten, Unterschiede zwischen »schwarz« und »weiß« zu thematisieren, sollten nun auch essentialistischere bzw. biologisch (genetisch) definierte Sichtweisen von »schwarz« und »weiß« in die brasilianische Wissenschaftswelt einführen.

Dennoch kann man feststellen, daß der Branqueamento-Glauben auch heute noch in Brasilien sehr stark verwurzelt ist. Das führt dazu, daß »weißes Aussehen« und »weißes Verhalten« weiterhin als das sozial anzustrebende Ziel gilt – und das nicht nur für hellhäutige Menschen. Bei dunkelhäutigen Menschen rufen derartige Wertvorstellungen oft Minderwertigkeitsgefühle hervor. Die Sehnsucht, heller zu sein, bringt viele Frauen dazu, ihre Haare zu glätten. In einem Interview erzählte mir einmal die erste »schwarze Senatorin« des Landes, Benedita da Silva, daß sie sich als Kind stundenlang badete, um zu sehen, ob nicht ein wenig von ihrer schwarzen Hautfarbe abgespült werden könnte.

In den letzten drei, vier Jahren kann in Brasilien vielleicht erstmals eine leichte Trendwende bemerkt werden, die sicherlich von den politischen Aktivitäten der Schwarzen Bewegung (eventuell auch vom Engagement einiger Wissenschaftler) mitbeeinflußt wurde. Eine erst im Entstehen begriffene »schwarze Mittelschicht« entwickelt so etwas wie einen *afro-look*, um mit dieser positiv empfundenen Symbolik ihre Andersartigkeit zu demonstrieren. Auch die Wirtschaft scheint langsam zu erkennen, daß es einen »Markt« für »schwarze Haarprodukte« und »schwarze Modezeitschriften« gibt. Der Alltag der meisten Brasilianer wird jedoch meines Erachtens weiterhin vornehmlich von der Branqueamento-Ideologie und vom Glauben an die »Rassendemokratie« beherrscht, was dazu führt, daß es keine klaren Trennlinien zwischen »schwarz« und »weiß« gibt. Im Grunde kommt es bei jedem sozialen Kontakt zu diesbezüglichen Abgrenzungsprozessen; diese finden allerdings nicht im ideologiefreien Raum statt, sondern vor dem Hintergrund einer jahrhundertealten Ideengeschichte bezüglich »schwarz« und »weiß«.

Das erste Gesetz in der brasilianischen Geschichte, das Rassismus als ein strafbares Delikt definierte, stammt aus dem Jahr 1951 (nach seinem Autor Alfonso Arinos benannt). Seit 1989 gilt Rassendiskriminierung – nach dem Gesetz Caó Nr. 7.716 – als ein Verbrechen, das nicht mehr durch eine einfache Kautionszahlung abgegolten werden kann. Seither wurden auch diverse »Rassismus«- Kommissionen eingesetzt (so richtete man z.B. 1995 in São Paulo ein eigenes Amt ein, die *Delegacia de Crimes Raciais de São Paulo*). Im ganzen Land kam es bisher dennoch erst zu drei Verurteilungen aufgrund rassistischer Handlungen (vgl. Folha de São Paulo, 23.8.1998). Die Ursache dafür dürfte unter anderem auch in der Schwierigkeit liegen, die angeklagten Handlungen eindeutig als »rassistische Akte« zu entlarven. Abgrenzungen zu Ehrenbeleidigung, übler Nachrede, Verleumdung etc. sind in der Praxis oft kaum möglich.

Wenngleich die reformierte Gesetzeslage historisch entstandene Ungleichheiten und Benachteiligungen nicht einfach »verbieten« oder »abschaffen« kann, so dürfte damit doch eine erste Basis gelegt sein, um das Thema Diskrimierung öffentlich zu artikulieren. Da – wie ich in diesem Artikel aufzuzeigen versuchte – soziale Ein- und Ausgrenzungsprozesse auch mit Politik, Wirtschaft und mit Weltanschauungen zu tun haben, ist es notwendig, verschiedene Strategien, nicht nur im legalen Bereich, sondern in vielen Teilbereichen des sozialen Lebens zu entwickeln.

Literatur

Bastide, Roger/Fernandes, Florestan (1971): *Brancos e negros em São Paulo.* São Paulo

Benci, Jorge S.I. (1977): *Economia cristã dos senhores no governo dos escravos.* São Paulo

Cunha, Manuela Carneiro da (1986): *Antropologia do Brasil.* São Paulo

Fernández, Emilio Mitre (1992): *Textos y documentos de época medieval.* Barcelona

Freyre, Gilberto (1992): *Casa grande e senzala.* Rio de Janeiro

Hofbauer, Andreas (1995): *Afro-Brasilien: vom weißen Konzept zur schwarzen Realität.* Wien

Koster, Henry (1942): *Viagens ao nordeste do Brasil.* São Paulo/ Rio de Janeiro/Recife/Porto Alegre

Lacerda, João Baptista (1911): *Sur les métis au Brésil.* Paris

Leite, Serafim (1956): *Cartas dos primeiros jesuítas do Brasil I (1538-1553).* Coimbra

Lovejoy, Paul E. (1981): *The ideology of slavery in Africa.* London

Martin, Peter (1993): *Schwarze Teufel, edle Mohren.* Hamburg

Mattoso, Kátia de Queirós (1990): *Ser escravo no Brasil.* São Paulo

Miers, Suzanne/Kopytoff, Igor (1977): *Slavery in Africa.* Madison

Nabuco, Joaquim (1988): *O abolicionismo.* Recife

Piritininga Júnior, Luiz Gonzaga (1991): *Dietário dos escravos de São Bento.* São Paulo/São Caetano

Saunders, A.C. de C.M. (1982): *A social history of black slaves and feedmen in Portugal (1441-1555).* Cambridge

Turra, Cleusa/Venturia, Gustavo. Hg. (1995): *Racismo cordial.* São Paulo

Verlinden, Charles (1955): *L'esclavage dans l'Europe médieval/tome premier: Península Ibérique-France.* Bruxelas

Walther L. Bernecker
Europäische Auswanderung nach Lateinamerika: das 19. und frühe 20. Jahrhundert

Die ethnische Bevölkerungsstruktur des heutigen Lateinamerika, die zwischen den verschiedenen Ländern große Unterschiede aufweist, ist das Ergebnis eines jahrhundertelangen Prozesses, der mit der Eroberung des Subkontinents durch die Europäer einsetzte und bis in die Gegenwart reicht. Einzelne Gebiete haben heute einen hohen Anteil von Bevölkerung afrikanischer Herkunft. Während in einigen Ländern Lateinamerikas – etwa den La-Plata-Staaten, Chile, Venezuela – die autochthone Bevölkerung völlig überprägt wurde, beträgt der Anteil der indigenen Bevölkerung in deren traditionellen andinen Siedlungsgebieten des heutigen Peru und Bolivien sowie in Guatemala zwischen 45 und 55 Prozent. Am stärksten europäisch geprägt ist die Bevölkerung in Argentinien, Uruguay, Chile und Brasilien. Etwa fünf Millionen Menschen, davon drei Millionen allein in Brasilien, sind deutschstämmig; Brasilien besitzt auch circa eine Million Einwohner japanischer Abstammung. In Lateinamerika insgesamt sind vielfältige Rassenmischungen anzutreffen; die Gesellschaften sind somit, als Folge eines jahrhundertelangen Vermischungsprozesses, multiethnisch und multirassisch.

Rückblick: Ureinwohner und spanische Eroberung

Wie war die Ausgangssituation, als die Europäer 1492 in Amerika landeten? Die »Neue Welt« war damals keineswegs herrenloses Land. Die Menschen, die das damalige Amerika bewohnten und die von den Europäern »Indianer« genannt wurden, boten rassisch, sprachlich und kulturell ein buntes Bild, in dem mongolide und europide Rassenmerkmale in vielerlei Varianten auftraten, in dem kleine Horden von Jägern und Sammlern ebenso anzutreffen waren wie etwa die Hochkulturvölker der Maya und Inka mit ihren großartigen wissenschaftlichen und künstlerischen Leistungen. Diese straff organisierten Hochkulturen des Andenraums und Mexikos, die gleichzeitig die höchste Bevölkerungsdichte aufwiesen, fielen dem europäischen Vordringen schneller zum Opfer als die in Stämmen organisierten *indios* der Karibik und des südamerikanischen Tieflandes (vgl. Reinhard 1985: 32-68; Sánchez-Albornoz 1977).

Die *conquistadores*, die Eroberer, durften spanischem Recht zufolge zu

Feindseligkeiten gegen *indios* erst dann übergehen, wenn diese Bekehrung und Unterwerfung verweigert hatten. Während Kolumbus in der Versklavung und dem Verkauf von *indios* noch eine Möglichkeit gesehen hatte, Gewinn aus seinen Unternehmungen zu ziehen, wurde im Jahr 1500 bereits die Versklavung von *indios* endgültig verboten; in der Praxis setzte sich das Verbot allerdings lange Zeit nicht durch, Sklavenfangexpeditionen kamen weiterhin häufig vor. Vor allem in Grenz- und Kriegsgebieten hielt sich die Indiosklaverei noch lange. Neben dieser krassesten Form von Arbeitszwang bestand seit 1503 das System der *indio*-Zuteilungen, der *repartimientos*, bzw. später der sogenannten Schutzaufträge auf Zeit, der *encomiendas*, bei denen einzelnen Weißen eine bestimmte Zahl von *indios* zur Verrichtung von Arbeiten zugewiesen wurde. In der Praxis wurde die *encomienda* zu einem System von derart hemmungsloser Ausbeutung der *indios* unter Einsatz von brutalem Terror, daß 1512 bereits die Krone die ersten Schutzgesetze, die *Leyes de Burgos*, erlassen mußte, die allerdings weitgehend wirkungslos blieben.

Zu jenem Zeitpunkt hatte unter den Einheimischen bereits eine demographische Katastrophe nie gekannten Ausmaßes stattgefunden (Borah/Cook 1996; dies. 1971-1979). Auf Haiti soll 1492 eine runde Million Eingeborene gelebt haben, 1520 waren es angeblich nur noch 16.000. Die Demographieforscher Borah und Cook haben für Zentralmexiko, das Hochtal von Anahuac, geschätzt, daß die Bevölkerung von 25,2 Millionen im Jahr 1519 auf nur mehr eine Million im Jahr 1605 zurückging. Andere Schätzungen sprechen zwar von einem geringeren Rückgang; an der in die Millionen gehenden ebenso schnellen wie katastrophalen Dezimierung der einheimischen Bevölkerung besteht allerdings kein Zweifel. Einer Studie Cooks zufolge (Cook 1982) sank die einheimische Bevölkerung Perus von neun Millionen im Jahr 1520 auf 670.000 im Jahr 1620. Sollten diese Zahlen zutreffen, dann betrug der Bevölkerungsverlust in nur einem Jahrhundert 93 Prozent. Auf den Westindischen Inseln gibt es heute keine Nachkommen der früheren einheimischen Bevölkerung mehr, die dort lebenden Schwarzen sind Nachkommen später importierter Sklaven. Der Hauptgrund für den massiven Bevölkerungsrückgang dürfte nicht nur in den direkten und indirekten Folgen der spanischen Greueltaten, sondern mehr noch in der fehlenden Immunität gegen die Bakterien- und Virusinfektionen zu suchen sein, die die Europäer aus der Alten Welt einschleppten (Pieper 1994; Newson 1986).

Trotz der 1542 erlassenen indianerfreundlichen »Neuen Gesetze«, der *Leyes Nuevas*, die vor allem auf den Dominikaner Bartolomé de Las Casas und andere Kritiker zurückgingen, konnte das *encomienda*-System nicht vollständig abgeschafft werden. In einigen Gebieten, etwa in Paraguay, wurden bis ins 18. Jahrhundert die vorgeschriebenen Tributzahlungen der *indios* trotz eines generellen Verbots als Arbeitsleistungen erbracht. Auch auf andere Weise wurde die Ausbeutung indianischer Arbeitskraft fortgesetzt, in Peru etwa durch die fortbestehende Staatsfron der Inka, die *mita*, die später vor allem der Ausbeutung der Edelmetallbergwerke diente. Schätzungen sprechen davon, daß in den Silbergruben von Potosí in anderthalb Jahrhunderten acht Millionen Indianer ums Leben gekommen sind. Selbst wenn diese Zahlen gröblich überhöht sein sollten, ist eine allgemeine Tendenz zur Ausbeutung und Verelendung der *indios* im spanischen Reich unverkennbar (Stern 1982).

Europäische Einwanderung in der Kolonialzeit

Seit der Entdeckung und Eroberung Lateinamerikas spielte die europäische Einwanderung eine nicht zu unterschätzende Rolle; die europäische Einwanderungsgesellschaft wurde der eingeborenen Bevölkerung gewissermaßen »übergestülpt« oder ersetzte diese gar. Von Anfang an regulierte die Krone die Auswanderung in die Neue Welt. Im Prinzip durften nur die »reinblütigen« Spanier auswandern; in der Praxis gelangten aber auch viele andere nach Amerika, nicht zuletzt deshalb, weil der finanzschwache spanische Staat sich die Ausnahmegenehmigungen bezahlen ließ. Auch im Falle Portugals war um das Jahr 1600 eine Genehmigung zur Auswanderung nach Brasilien erforderlich, wohin ursprünglich verbannte Kriminelle gesandt worden waren. Trotz bestehender Verbote wurde die Einwanderung von Nicht-Portugiesen nach Brasilien allerdings geduldet. Diese Situation änderte sich zu Beginn des 18. Jahrhunderts, als bekannt wurde, daß in Minas Gerais Gold gefunden worden war und die Einwanderung von Ausländern alarmierende Ausmaße annahm. Die damals erlassenen restriktiven Einwanderergesetze wurden Mitte des 18. Jahrhunderts wieder gelockert (Mörner/Sims 1985: 6-20; Canny 1994).

Verbindliche Gesamtaussagen über die spanische Auswanderung nach Amerika sind zwar wegen der mangelhaften Quellenlage unmöglich; neueren Schätzungen zufolge dürften im 16. Jahrhundert jedoch an die 250.000 Personen von Spanien in die Neue Welt ausgewandert sein, bis Mitte des 17. Jahrhunderts waren es wohl circa 450.000. Für die nächsten anderthalb Jahrhunderte liegen keinerlei Schätzungen vor, wenn auch der Auswandererstrom sicherlich nicht abgerissen ist. Was die portugiesische Auswanderung betrifft, ist man noch mehr als im spanischen Fall auf vage Schätzungen angewiesen: Bis Mitte des 17. Jahrhunderts könnten knapp 600.000 Portugiesen ihr Land verlassen haben und zum größeren Teil nach Brasilien ausgewandert sein; in der ersten Hälfte des 18. Jahrhunderts, nach der Entdeckung von Gold in Brasilien, soll die Auswanderung weitere 600.000 Personen oder durchschnittlich 0,4 Prozent der Gesamtbevölkerung betragen haben und dann erst rückläufig geworden sein.

Im Gegensatz zu früheren Annahmen kann man heute sagen, daß bereits im 16. Jahrhundert eine Überseewanderung kein ausschließlich männliches

Phänomen war. In der zweiten Hälfte des Jahrhunderts betrug der weibliche Anteil zwischen einem Viertel und einem Drittel der Auswanderer (Boyd-Bowman 1973). Keine Zahlen liegen für die Rückwanderung vor, wenn auch andererseits bekannt ist, daß es von Anfang an auch Rückwanderer, die sogenannten *indianos,* gab.

Trotz all seiner Lückenhaftigkeit deutet das demographische Bild der Kolonialära auf eine ständige und nicht unbeträchtliche Einwanderung nach Lateinamerika hin. Briefe spanischer Auswanderer lassen deutlich werden, daß die Hoffnung, den Lebensstandard zu erhöhen, die wichtigste Antriebskraft für die Auswanderung war. Diese Individualmotivation blieb über die Jahrhunderte hinweg die gleiche. In den Aufnahmeländern bildete die Wanderungsbewegung die Grundlage für den Aufbau einer Gesellschaft europäischen Typs. Zugleich nahmen die Spannungen zwischen der zunehmenden Zahl der in Amerika geborenen Weißen, den Kreolen, und den aus Spanien stammenden Weißen zu, die je nach Region mit Schimpfnamen wie *gachupines* oder *chapetones* bedacht wurden. Hintergrund dieser Spannungen war ein Grundsatz absolutistischer Herrschaftstechnik, demzufolge die Krone Führungspositionen in Staat und Kirche mit Europäern und nicht mit Kreolen besetzte, da sie Beamte prinzipiell nicht der Bevölkerung ihres Amtsbezirks entnahm.

Sklaven und Kontraktarbeiter

Schon die ersten aus Europa auswandernden Weißen hatten schwarze Sklaven nach Amerika mitgebracht; zu größeren Importen afrikanischer Sklaven kam es sodann infolge des massiven Ausfallens der *indios* als Arbeitskräfte. Neueren Berechnungen zufolge dürften bis Ende des 19. Jahrhunderts gute 1,5 Millionen Schwarze nach Spanisch-Amerika importiert worden sein, das sind knapp 16 Prozent der insgesamt nach Amerika gebrachten Sklaven. Im 17. und 18. Jahrhundert spielten die spanischen Gebiete neben Brasilien und Westindien als Empfängerländer von Sklaven keine große Rolle mehr. In Brasilien jedoch, wo zwischen 1700 und 1820 die Bevölkerung von einer Million auf vier Millionen stieg, war diese demographische Explosion weniger auf die weiße Zuwanderung in der Prosperitätsphase als vielmehr auf die Zunahme der Schwarzen in diesem Zeitraum von 100.000 auf fast zwei Millionen zurückzuführen; entsprechend nahmen die Mischlinge zu (vgl. Binder 1993; Conrad 1977).

Als sich in der ersten Hälfte des 19. Jahrhunderts der afrikanische Sklavenhandel zunehmenden Schwierigkeiten ausgesetzt sah und die zwei Hauptmärkte, Brasilien und Kuba, den Import von Sklaven allmählich einstellten, bot sich den Plantagenbesitzern eine andere Lösung des Arbeitskräfteproblems: die Einfuhr sogenannter freier Kontraktarbeiter, die sich solange zur Arbeit bei ihren neuen Herren verpflichten mußten, bis sie den vorgestreckten Betrag für die lange Anreise zurückerstatten konnten. Es waren vor allem Chinesen, die sich zu diesem Arbeitssystem verpflichteten. Zwischen 1847 und 1874 kamen in kubanischen Häfen 142.000 Kontraktarbeiter von Shanghai und Kanton an, die auf den Zuckerplantagen bald dezimiert wurden; im gleichen Zeitraum landeten 75.000 Chinesen in Peru, die in den Küstenplantagen und im Guanoabbau tätig waren. Die Kontraktarbeiter auf den britischen Karibikinseln kamen größtenteils aus Indien, andere aus Indonesien. In vielerlei Hinsicht ähnelte das System der Kontraktarbeit dem der Sklaverei; einige der Kontraktarbeiter konnten im Laufe der Jahre allerdings in die urbane Mittelschicht aufsteigen (Oostindie 1992; Gonzales 1989).

Einzelwanderungen und Kolonisationsprojekte im 19. Jahrhundert

Im 19. Jahrhundert sollte die europäische Einwanderung nach Lateinamerika für die Alte wie für die Neue Welt von größter Bedeutung werden. Die unabhängigen Nationalregierungen legten in Lateinamerika gegenüber der Frage nichtiberischer Einwanderung eine radikal andere Haltung als die ehemaligen Mutterländer Spanien und Portugal an den Tag. Jetzt ging es darum, Einwanderer aus sogenannten »entwickelteren« Ländern anzuziehen, um dadurch selbst möglichst rasch auf dem Wege des Fortschritts voranschreiten zu können. Einwandererfreundliche Gesetze wurden erlassen, in den Vereinigten Provinzen des Rio de la Plata etwa bereits 1812, in Kuba 1817 – dort vor allem, um ein weißes Gegengewicht zur »Afrikanisierung« der Insel zu schaffen, die auf die Zunahme schwarzer Sklaven in der expandierenden Plantagenwirtschaft zurückging. Die einzige durchgängig feststellbare Bedingung für Einwanderer war die römisch-katholische Religion; als liberale Parteien an die Macht kamen, wurde aber in vielen Fällen selbst dieses Erfordernis abgeschafft.

Die ersten europäischen Einwanderer, die sich nach der Unabhängigkeit in den lateinamerikanischen Ländern niederließen, kamen entweder einzeln oder waren an einem der zahlreichen Kolonisationsprojekte beteiligt. Bis Mitte des 19. Jahrhunderts wies die individuelle Einwanderung heterogene Formen auf. Hausierer, Handwerker und Seeleute ließen sich in den Provinz- und Hafenstädten nieder. Von den 4.000 Personen etwa, die zwischen 1810 und 1822 nachweislich nach Brasilien einwanderten, war mindestens ein Viertel Händler. Eine neuartige Einwanderergruppe waren Soldaten. In den Armeen Bolívars kämpften zum Beispiel an die 7.000 freiwillige Briten und Iren; ein Großteil der 1.000 Überlebenden blieb in Lateinamerika. Andere Einwanderer wurden aus politisch-ideologischen Gründen aus ihren europäischen Heimatländern vertrieben, etwa die exilierten italienischen Revolutionäre von 1820 oder Aufständische der revolutionären Bewegungen von 1848; in solchen Fällen handelte es sich aber zumeist um eine Wanderungsbewegung auf Zeit (La emigración europea 1979; Hasbrouck 1969).

Eine besonders hohe Einwandererkonzentration läßt sich in der ersten Hälfte des 19. Jahrhunderts für Uruguay feststellen (Duprey 1952; Oddone 1966); zwischen 1835 und 1842 wanderten circa 33.000 Ausländer, insbesondere Franzosen aus der Pyrenäengegend, ein. Viele von ihnen waren zuvor in Argentinien gewesen. 1843 waren nicht weniger als 60 Prozent der 31.000 Einwohner von Montevideo Ausländer; zu Beginn des 20. Jahrhunderts waren es noch rund 33 Prozent.

Neben Einzelwanderungen spielten im Migrationsgeschehen Kolonisationsprojekte eine Rolle, die zumeist aus der Profitgier einiger Unternehmer hervorgingen. Derartige Kolonisationsprojekte wurden in vielen lateinamerikanischen Ländern gestartet; die meisten scheiterten – sowohl aus Mangel an Geld als auch infolge organisatorischer Fehlplanungen und persönlichen Versagens der Leiter dieser Unternehmungen. Einige wurden allerdings große Erfolge, etwa die deutschen Kolonien im brasilianischen Rio Grande do Sul. Die bekannteste war die 1850 in der Provinz Santa Catarina gegründete Kolonie Blumenau. Um die Jahrhundertmitte starteten Deutsche auch in Süd-Chile, in den Wäldern von Valdivia und um den Llanquihue-See, ein Kolonisationsprojekt, das sehr erfolgreich war. In Argentinien erfolgten mehrere Versuche, Landwirtschaftskolonien mit Schweizern und Franzosen zu gründen (Harms-Baltzer 1970; Walter 1985; zusammenfassend Kellenbenz/ Schneider 1976).

Das Ausmaß dieser ersten europäischen Migrationsströme in das unabhängige Lateinamerika läßt sich nur grob schätzen. Zwischen 1816 und 1850 sollen rund 200.000 Europäer in die für Immigranten attraktivsten Länder Brasilien, Argentinien und Uruguay eingewandert sein (Humphreys 1946). Insgesamt blieb in diesem Zeitraum die Einwanderung sporadisch, sie umfaßte alles in allem nur relativ wenige Personen. Damit die Einwanderung zu einem Massenphänomen werden konnte, fehlte es noch an wichtigen Voraussetzungen: In den Herkunftsländern waren die sozioökonomischen »Push-Faktoren« noch nicht stark genug; die Überfahrt war zu teuer; die Aufnahmeländer wiederum litten unter chronischer politischer Instabilität, in einigen Ländern wie Brasilien verhinderte außerdem die Sklaverei die Höherbewertung der freien Arbeitskraft.

Die Einwanderung als Massenphänomen

Zu einem Massenphänomen wurde die Einwanderung nach Lateinamerika in dem Jahrhundert zwischen 1830 und 1930. In diesem Zeitraum emigrierten insgesamt über 50 Millionen Europäer, die weitaus meisten in die USA, aber immerhin rund elf Millionen oder über ein Fünftel aller transatlantischen Auswanderer nach Lateinamerika (Ferenczi/Willcox 1929; Vangelista 1997). Von den elf Millionen wiederum ließ sich die Hälfte, somit 5,5 Millionen in einem einzigen Land nieder, in Argentinien; rund vier Millionen emigrierten nach Brasilien, eine halbe Million in das kleine Uruguay. Die verbleibende Million Einwanderer verteilte sich auf alle übrigen lateinamerikanischen Länder. Den Höhepunkt erreichte die Migrationswelle in den drei Jahrzehnten vor dem Ersten Weltkrieg, als jährlich circa 250.000 Immigranten ankamen; die Weltwirtschaftskrise Ende der 20er Jahre unterbrach den Einwandererstrom sodann schlagartig (Scobie 1964).

Von den erwähnten elf Millionen Einwanderern waren 38 Prozent Italiener, 28 Prozent Spanier, elf Prozent Portugiesen. Als viel kleinere ethnische Gruppen folgten die Franzosen mit 2,8 Prozent, die Deutschen mit 2,7 Prozent und die sogenannten »Russen« mit 2,6 Prozent, die in vielen Fällen Wolgadeutsche oder osteuropäische Juden waren. Vier Jahrzehnte lang stellten die Italiener das stärkste Einwanderungskontingent; erst zu Beginn des 20. Jahrhunderts wurden sie von den Spaniern übertroffen. Die attraktivsten Einwanderungsländer waren für die Italiener Argentinien und Brasilien. Im letzten Viertel des 19. Jahrhunderts begaben sich 30 Prozent der gesamtitalienischen Auswanderung in diese beiden Länder, fast ein Drittel der Bevölkerung von Buenos Aires bestand damals aus Italienern (Fischer 2000; Agnelli 1987; Moya 1998).

Die Konzentration von über 90 Prozent der Gesamteinwanderung nach Lateinamerika auf nur drei Länder erklärt sich mit den relativ stabilen politischen Verhältnissen dieser Staaten, mit ihrer geringen Bevölkerungsdichte, dem gemäßigten Klima und dem wirtschaftlichen Fortschritt, der sich wiederum als Folge der Einwanderung einstellte. In Argentinien stellten in der zweiten Hälfte des 19. und dem ersten Viertel des 20. Jahrhunderts die Italiener circa 48 Prozent aller Einwanderer, während die Spanier 33 Prozent ausmachten. In Brasilien stellten die Italiener in diesem Zeitraum 37 Prozent der Einwanderer, gefolgt von den Portugiesen mit 30 Prozent und den Spaniern mit 14 Prozent. In Uruguay wiederum beliefen sich die Italiener auf 41 Prozent, die Spanier auf 30 Prozent der Immigranten. Im Falle Kuba stellten die Spanier mit 77 Prozent das weitaus größte Einwandererkontingent, selbst über die Unabhängigkeit der Insel hinaus. In Chile bildeten in den letzten beiden Jahrzehnten des 19. Jahrhunderts die Spanier, Franzosen und Italiener je 20 bis 30 Prozent, die Engländer und Deutschen je sechs bis sieben Prozent der Einwanderer. Die wachsende Zahl von Deutschen im Süden sowohl von

Chile als auch von Brasilien war mehr auf das natürliche Wachstum dieser Ausländerkolonien als auf einen ständigen Einwandererstrom zurückzuführen (Blancpain 1974; Ojeda-Ebert 1984; als Überblick Bernecker/Fischer 1993).

Anfangs ließ sich die Mehrzahl der Immigranten in ländlichen Regionen nieder. Ihrer eigenen sozialen Herkunft entsprechend wollten sie Bauern werden, was auch den Interessen der Aufnahmeländer entsprach; diese bezahlten häufig sogar die Überfahrt, wenn die Neuankömmlinge sich verpflichteten, in der Landwirtschaft tätig zu werden. Viele der in landwirtschaftlichen Betrieben tätigen Immigranten wanderten über die Jahre hinweg allerdings zurück oder in die Städte, so daß die Einwanderung nach Lateinamerika insgesamt einen eher urbanen Charakter aufweist. Gegen Ende des 19. Jahrhunderts etwa waren in Argentinien nur 16 Prozent der Einwanderer in der Landwirtschaft beschäftigt, während 17 Prozent Handwerker oder Facharbeiter waren und 14 Prozent in den Bereichen Handel und Transport arbeiteten.

Die Rückwanderung aus Lateinamerika war im Betrachtungszeitraum hoch, nahezu 50 Prozent. Zum Vergleich: Aus den USA re-emigrierte rund ein Drittel der Neuankömmlinge. Einzelne Regierungen waren über die Rückwanderungen derart ungehalten, daß sie Gegenmaßnahmen ergriffen. Die argentinische Regierung zwang zum Beispiel 1911 die Schiffahrtsgesellschaften, den Preis der Passagen nach Europa zu verdoppeln, um auf diese Weise die Abwanderung zu verhindern. Viele Gründe führten dazu, daß fast die Hälfte der europäischen Auswanderer den von ihnen gewählten Subkontinent wieder verließ: Probleme beim Erwerb von eigenem Grund und Boden, Anpassungsschwierigkeiten an die neue soziale und klimatische Umgebung, politische und rechtliche Unsicherheit, vielerlei Enttäuschungen (Sánchez-Albornoz 1974). Heiratete der Auswanderer im Aufnahmeland, so sank die Wahrscheinlichkeit der Wiederabwanderung allerdings beträchtlich.

Aus sprachlichen und kulturellen Gründen erfolgte die Assimilation von Spaniern, Portugiesen und Italienern zumeist schneller als die von Angehörigen aus anderen Staaten Europas (Bailey 1983; Klein 1983), wenn auch gerade auf diesem Gebiet Verallgemeinerungen besonders problematisch sind. Der Assimilationsprozeß hing nicht nur von den Aktivitäten der Einwanderer, sondern nicht weniger von der Haltung der Regierungen und der Bevölkerung in den Aufnahmeländern ab. Der wirtschaftliche Erfolg der Einwanderer führte häufig zu Mißtrauen und Neid unter den Einheimischen und in deren Gefolge zu nativistischen Bewegungen. 1919 kam es in Buenos Aires zu einem regelrechten Pogrom; in Mexiko waren während der Revolution von 1910 die chinesischen Einwanderer, aber auch die Spanier Ziele von Verfolgungen (Salazar Anaya 1996; González Loscertales 1977; Illades 1985; Lida 1994; Berninger 1974; Pla 1994).

Quantitative und qualitative Bedeutung der Einwanderung

Die Bedeutung der Einwanderung für die lateinamerikanischen Staaten läßt sich quantitativ und qualitativ bestimmen. Quantitative Aspekte spielen in einigen wenigen Ländern eine herausragende Rolle: In Argentinien etwa waren 1940 nicht weniger als 30 Prozent der Bevölkerung jenseits der Landesgrenzen geboren. Da die meisten Einwanderer relativ jung waren, ist ihr demographischer Beitrag zum außerordentlichen Wachstum der argentinischen Bevölkerung mit hohen 58 Prozent errechnet worden. In Brasilien insgesamt belief sich der Anteil der Einwanderer an der Gesamtbevölkerung zwar nur auf 19 Prozent; im Staat São Paulo stellten im Jahr 1934 Einwanderer und ihre Kinder jedoch über 50 Prozent der Bevölkerung dar. Die enorme Bedeutung der Masseneinwanderung läßt sich am dynamischen Bevölkerungswachstum dieser Länder ablesen. In der zweiten Hälfte des 19. Jahrhunderts wuchs die Bevölkerung Uruguays um das Dreizehnfache, die von Argentinien verzehnfachte, die von Brasilien verfünffachte sich. Ohne die europäische Masseneinwanderung sind diese Zahlen nicht zu erklären (Bourdé 1974).

Da die Einwanderer sich häufig auf einige wenige Berufsbranchen konzentrierten, war ihre Wirkung in diesen bestimmten Bereichen besonders groß. Im Jahr 1895 waren in Argentinien zum Beispiel 81 Prozent der Industrieunternehmer, 74 Prozent der Geschäftsinhaber und 60 Prozent der Industriearbeiter Ausländer. In der Textilindustrie von São Paulo waren 1911 fast 90 Prozent Ausländer, 60 Prozent davon Italiener. Obwohl im Jahr 1914 nur vier Prozent der Bevölkerung Chiles außerhalb der Landesgrenzen geboren waren, stellten Einwanderer 32 Prozent der Betriebseigentümer und 49 Prozent der Fabrikbesitzer. In der Dominikanischen Republik befand sich der gesamte Tabakexport in den Händen einer kleinen Gruppe deutscher Händler.

Einwanderer trugen entscheidend zum Landwirtschaftswachstum von Argentinien, Uruguay, Kuba und Südbrasilien bei; zum Industrialisierungsprozeß in Buenos Aires, São Paulo, Santiago de Chile und anderen Orten; zur Professionalisierung der Streitkräfte vieler lateinamerikanischer Staaten; zur Entwicklung von Handel, Wissenschaft, Kultur und Bildung. In einem weiteren Bereich läßt sich der innovatorische Beitrag der Einwanderer deutlich greifen: Sie organisierten die Arbeiterbewegung in Argentinien, Uruguay und Brasilien. Südeuropäer führten den Anarchismus der mediterranen Welt in Lateinamerika ein (Abad de Santillán 1973; Marotta 1960-1970; Alba 1964).

Das Einwanderungsphänomen weist aber auch eine andere Seite auf. In sozialpsychologischer Hinsicht etwa läßt sich auf die Entfremdung der Mittelschichten in den großen Städten am Rio de la Plata (und nicht nur dort) hinweisen; ökonomisch wurde das traditionelle Ungleichgewicht zwischen Land und Stadt noch verstärkt, da die meisten Einwanderer über kurz oder lang vom Land in die Städte abwanderten, damit zu einer übertriebenen Urbanisierung und einer monokulturellen Landwirtschaft beitrugen, die bald ihre Schwächen zeigen sollte. Auch auf die Rassenbeziehungen wirkte sich die Einwanderung aus. Wegen ihrer größeren Anzahl und ihrer zumeist höheren Bildung und besseren Ausbildung ersetzten europäische Einwanderer sehr schnell ehemalige schwarze Sklaven und Mulatten auf dem Arbeitsmarkt und verdrängten diese aus städtischen Beschäftigungen. Politisch ließ die Masseneinwanderung nationale und selbst regionale Machtstrukturen zumeist intakt. Obwohl viele Einwanderer in der Politik ihrer Aufnahmeländer eine große Rolle spielten und führende Positionen erreichten, verhielt sich die Masse der Immigranten politisch eher apathisch. In historischer Perspektive mag selbst der Beitrag der technokratischen und professionellen Elite unter den Einwanderern ambivalent erscheinen. War die von ihnen eingeführte Technologie letztlich nicht zu teuer, verstärkte sie nicht die Abhängigkeit von den Kenntnissen und Fähigkeiten des ausländischen Technikers, führte sie nicht zur heute überall in Lateinamerika anzutreffenden Fremd- und Außenorientierung?

Kulturdistanz und Akkulturation: Das Beispiel der Deutschen in Chile

Am Beispiel der deutschen Einwanderung nach Chile soll im folgenden exemplarisch aufgezeigt werden, wie Akkulturationsprozesse stattfinden konnten. Auf diesem Gebiet sind Verallgemeinerungen besonders gefährlich; vielfältige Differenzierungen nach ethnischer, nationaler oder landsmannschaftlicher Herkunft sowie nach geographischer Verteilung und beruflicher Orientierung sind erforderlich. Die folgenden Ausführungen stellen daher nur ein mehr oder minder willkürlich herausgegriffenes Beispiel einer komplexen Problematik dar.

Für Chile war die deutsche Einwanderung zweifellos bedeutsam (Converse 1979). Allein zwischen 1840 und 1914 wanderten rund 30.000 Deutsche in den vergessenen Süden Chiles ein. Die deutsche Einwanderung nach Llanquihue, Valdivia und Osorno ist im Zusammenhang mit der Verschiebung der Grenze nach Süden, der nationalen Expansion in eine wenig besiedelte Zone, zu sehen.

Die erste Einwanderungs-, d.h. die eigentliche Pionierphase begann um 1846 und dauerte bis 1875. In dieser Phase gelangten rund 5.500 Siedler nach Valdivia, Osorno und Llanquihue. Während die Siedler bei Llanquihue auf ein Siedlungsvakuum stießen, kam es unter den Einwanderern bei Osorno und Valdivia, bei denen sich viele Kleingewerbetreibende befanden, zu einer Sekundärmigration in die Städte der Umgebung. Eine zweite Phase läßt sich zwischen 1882 und 1890 ausmachen, als Deutsche aus den untersten Schichten, zusammen mit anderen Nationalitäten, bis an die *Frontera* vordrangen. Später ankommende Siedler ergänzten vorwiegend bestehende Siedlungen.

Im Unterschied zu Brasilien, wo der Staat zu Beginn die Einwanderung förderte und lenkte, wo auch die Integrationskräfte stärker waren, verfügten die deutschen Siedler in Chile wegen ihrer Abgeschiedenheit über eine Quasi-Autonomie. Die ersten Impulse zur Siedlungsbewegung in Chile gingen von der in Stuttgart niedergelassenen privaten Gesellschaft für nationale Auswanderung und für Colonisation aus, die 1845 in spekulativer Absicht riesige Ländereien, die sie von Indianern erworben hatte, zum Verkauf anbot. Erst danach griff der chilenische Staat durch Einsetzung eines kompetenteren Werbeagenten lenkend ein, um so mehr als Chile in der Beliebtheitsskala der Einwanderungsländer wegen der längeren und teureren Reise und der mangelnden Information noch hinter der La Plata-Region stand.

Teile der chilenischen Oberschicht versprachen sich von der Einwanderung – ähnlich wie die brasilianische Regierung – gewisse Modernisierungseffekte, da die Einwanderer über eine verhältnismäßig hohe Bildung, Genügsamkeit, Tatkraft und »sittliche Haltung« verfügten. Außerdem sollten sie als »Puffer« in den bis dahin nicht kultivierten Gebieten wirken. In den 1880er Jahren vollzog die chilenische Regierung einen Kurswechsel in ihrer Immigrationspolitik: Die Behörden gingen auf Druck der katholischen Agraroligarchie, deren Argumente auch konfessionell begründet wurden, dazu über, die multinationale Einwanderung und Siedlung – also vor allem auch die aus vornehmlich katholisch geprägten Ländern Europas – zu fördern, um keine protestantische Dominanz unter den Siedlern aufkommen zu lassen.

Die Siedler von Valdivia und Osorno waren Eigentümer des von ihnen kultivierten Bodens. Sie waren Selbstversorger, aber innerhalb von 30 Jahren entwickelte sich ein autochthoner Kapitalismus, der für seine gewerblichen und industriellen Produkte neu erschlossene Märkte fand. Charakteristisch für die Siedlerbewegung am Llanquihue-See war die starke Kohäsion der Familien, deren Haushalte zumeist durch Verwandte, Nachbarn und Dienstboten ergänzt wurden und die der Expansion eine kontrollierbare Entwicklungsrichtung gaben. Insgesamt verfügte die deutsche Siedlungsbewegung in Chile über einen hohen Grad an Autonomie, die zum Auf- und Ausbau einer selbstverwalteten Vereins-, Kirchen-, Schul- und Dorfstruktur ausgenützt wurde.

Verschiedenen Autoren, die sich mit der deutschen Auswanderung nach Lateinamerika beschäftigt haben, ist das über Generationen hinweg starke Beharrungsvermögen der Auswanderer in bezug auf Sitten und Gebräuche aufgefallen. Die Literatur (vgl. Waldmann 1982) verweist in diesem Zusammenhang auf das Phänomen der Gruppenwanderung und Gruppensiedlung, wodurch der Assimilationsdruck vermindert werden konnte. In diese Richtung wirkte auch, daß die Siedler sowohl in bezug auf ihre regionale Herkunft (zumeist aus Südwestdeutschland) als auch im Hinblick auf ihre Berufsqualifikation – sie waren vor allem Bauern und Handwerker – relativ homogen waren. Des weiteren war die Institution Familie ein Garant für Stabilität. Die gemeinsame Sprache in der fremden Welt fungierte dabei als Vehikel für die Tradierung von Werten über Generationen hinweg. Das den Siedlern gemeinsame Ziel der Verbesserung von Überlebenschancen und des sozialen Aufstiegs gab den Gruppen eine große Kohäsionskraft und ließ sie nach außen solidarisch auftreten.

Auf die deutschen Einwandererkolonien in Südchile läßt sich ein idealtypisches Fünfphasenschema anwenden, das die Entwicklung der Beziehungen deutscher Einwanderer zu Staat und Gesellschaft in Chile sowie zum Auswanderungsland kennzeichnet:

In einer ersten Phase, die sich von der Ankunft der ersten Siedler (in den 1820er Jahren) über mehrere Jahrzehnte hin erstreckte, verwerteten die Neuankömmlinge zwar die materiellen Ressourcen der Region geschickt und erfolgreich, schlossen sich jedoch fast hermetisch gegen soziale und kulturelle Einflußnahme durch die chilenische Gesellschaft ab. Sehr schnell entwickelten sich die Deutschen zu einer Art regionaler Wirtschaftselite, die aber zugleich Mentalität und Lebensstil der Einheimischen ablehnte. Sie versuchten vielmehr, die Gesellschaft, aus der sie stammten, so getreu wie möglich in verkleinerter Form wieder aufzubauen. Hierzu gehörten die Ausstattung der Häuser, Kleidungsstil und Alltagsgewohnheiten ebenso wie die Untergliederung der Kolonien in Landsmannschaften und Konfessionen oder die Einrichtung unzähliger deutscher Organisationen wie beispielsweise Schul- und Kirchengemeinschaften, Turn- und Schützenvereine.

Dieser Aufbau einer neuen Gesellschaft nach dem Muster des Auswanderungslandes leitet in die zweite Phase über, in der – nach der Überwindung der anfänglichen Subsistenzprobleme – die mehr oder minder systematische Konstruktion der »alten Heimat« stattfand. Sie war das Vorbild, das die Siedler, die in ein gesellschaftliches Vakuum vorstießen, ihrem Versuch zugrunde legten, den neuen Raum wirtschaftlich zu erschließen und sozial zu gliedern. Erleichtert wurde dies sicherlich dadurch, daß die Auswanderer gruppenweise nach Chile kamen, was nicht nur soziale Integration nach innen und Abgrenzung nach außen ermöglichte, sondern auch die Stabilität von Traditionen, Werthaltungen und Verhaltensweisen erklären hilft. Es fehlte – anders als etwa in Südbrasilien – jeglicher Akkulturationsdruck. Auch die verstärkte Einbindung der deutschen Siedlergemeinschaften in den chilenischen Nationalstaat in der zweiten Hälfte des 19. Jahrhunderts bedeutete keineswegs eine entsprechende Annäherung an die chilenische Gesellschaft. Nach wie vor blieben die Kulturen und Werthaltungen klar unterschieden – deutlich greifbar etwa in der praxisorientierten Arbeitsbereitschaft der überwiegend protestantischen Deutschen, die darin eine religiös verankerte Tugend sahen. Hinzu kam, daß die deutschen Einwanderer sich zumeist aus den mittleren sozialen Schichten rekrutierten, für die es im neuen Siedlungsgebiet kein gesellschaftliches »Äquivalent« gab, so daß es für sie ohnehin nahelag, sich an der eigenen Gruppe zu orientieren.

Für die ersten beiden Phasen der deutschen Einwanderung läßt sich somit von Anpassung ohne Assimilation sprechen. Der Bezug zum »Deutschtum« veränderte sich in der dritten Phase, da die Verhältnisse in der ehemaligen Heimat sich weiterentwickelten, während sich das Bekenntnis zum alten »Vaterland« auf Verhältnisse zum Zeitpunkt der Auswanderung bezog. Deshalb wurde das Gruppenidentität vermittelnde Deutschlandbild der Siedler stets realitätsfremder. Die Einbuße an konkretem Wissen über Deutschland führte zu ersten Ablösungs- und Entfremdungserscheinungen – bei gleichzeitig bekenntnishafter Identifizierung mit dem Deutschen Reich. Die nach wie vor beobachtbare Ablehnung alles »Chilenischen« wurde in dieser Phase Ausdruck einer spezifischen Bewußtseins- und Geisteshaltung. Eine Absorption durch die chilenische Gesellschaft kam nicht in Frage, und die Bindungen an Deutschland wurden intensiviert, etwa durch den Bezug von Zeitungen, die Pflege privater und wirtschaftlicher Kontakte, die Anstellung deutscher Lehrer und Pfarrer.

In einer vierten Phase schritt der reale Entfremdungsprozeß fort, die Beziehungen zu Deutschland unterlagen einer qualitativen Veränderung. Die Berufung auf das »Deutschtum« war weniger emotional und eher selektiv-instrumentell, da die Wirtschaftsbeziehungen zum Deutschen Reich materielle Vorteile mit sich brachten, was wiederum zur Beibehaltung der ökonomischen und sozialen Sonderstellung in der chilenischen Gesellschaft beitrug.

In einer letzten, fünften Phase wuchs allmählich die Assimilationskraft von Gesellschaft und Staat in Chile. Dieser lange, diskontinuierlich verlaufende Prozeß gewann vor allem nach dem Zweiten Weltkrieg an Bedeutung und ist bis heute nicht abgeschlossen. Sicher hat die Anpassung an die chilenische Gesellschaft in einzelnen Fällen schon früher eingesetzt. Der innere Zusammenhalt der deutschstämmigen Kolonien bröckelte ab, kulturelle Mischformen entstanden, Deutschland wurde zum Ausland. Die Verbindung zum deutschen Kulturkreis büßte weitgehend ihre frühe identitätsstiftende Funktion ein.

Dieses idealtypische Ablaufschema weist Parallelen zu den anderen Siedlungsprojekten im Cono Sur auf, wenngleich in Brasilien und Argentinien die Entwicklungsdynamik stärker als in Chile durch die Auseinandersetzung mit anderen Immigrationsgruppen, mit der traditionellen Agraroligarchie und dem Staat bestimmt wurde. Nicht zutreffen dürfte das Beharrungsvermögen für die seit den 1880er Jahren immer häufiger zu beobachtende Einzelwanderung. Auch auf die Elitenwanderung kann das Schema nur mit Einschränkungen angewandt werden. Zweifellos integrierten sich diese Migranten aufgrund ihrer anders gelagerten Interessen (individuelle Motivation, weniger Familien- und Gruppenzwänge, Marktorientierung, Wohnen in wirtschaftlichen Ballungszentren) sowie ihrer ausgeprägten sozialen und horizontalen Mobilität leichter in die lateinamerikanischen Gesellschaften. Freilich beschränkten sich ihre gesellschaftlichen Kontakte vorwiegend auf Mitglieder ihrer eigenen sozialen Schicht. Andererseits waren sie durch ihre Wirtschaftsinteressen auch vital mit dem »Mutterland« verbunden und verfolgten dessen Entwicklung mit großem Interesse.

Ausblick: Lateinamerika zwischen Einwanderungs- und Auswanderungskontinent

Die weltweite Depression von 1929/30 führte in Lateinamerika zwar nicht zu solch hohen Arbeitslosenzahlen wie in Europa, hatte jedoch eine neue Einwanderungspolitik der lateinamerikanischen Staaten zur Folge. Obwohl es von Land zu Land nicht unbeträchtliche Unterschiede gab, läßt sich allgemein sagen, daß die »Politik der Offenen Tür« zu Beginn der 30er Jahre ein Ende fand; zahlreiche Einwanderungsrestriktionen wurden erlassen. Eine relativ liberale Politik betrieb auch in diesen Jahren noch Brasilien, wohin damals vor allem Japaner auswanderten (Dorneich 1960; Prutsch 1996; Thistlethwaite 1960). Davor und im Zweiten Weltkrieg nahmen einige lateinamerikanische Länder wie die Dominikanische Republik, Paraguay und Argentinien europäische Juden auf, die vor der Verfolgung durch den Nationalsozialismus flohen. 1939 fanden Zehntausende von Spaniern, nach dem Bürgerkrieg, in Mexiko Asyl (El exilio 1982; Lida 1997).

Nach dem Zweiten Weltkrieg war Argentinien das Land, das erneut von den meisten Einwanderern aufgesucht wurde (Meding 1992; Schönwald 1998); zwischen 1946 und 1957 waren es über 600.000 Personen. Nach Brasilien wanderten in diesen zehn Jahren 442.000 Personen ein, von denen die Hälfte Portugiesen und 43.000 Japaner waren. Neben die traditionellen Einwanderungsländer Argentinien und Brasilien trat nach dem Zweiten Weltkrieg noch Venezuela, wo der Erdölboom zu massiver Landflucht geführt hatte. Innerhalb von zehn Jahren nahm das Land 374.000 Einwanderer auf, zwischen 1950 und 1960 wuchs die Gesamtbevölkerung des Landes um 50 Prozent, von fünf auf 7,5 Millionen. Nach wiederholten Schwankungen in der Ausländerpolitik hielt sich 1976 über eine Million Ausländer bei einer Gesamtbevölkerung von 13 Millionen in Venezuela auf (Velásquez 1979; Werz 1983).

Die eben genannten Länder bildeten jedoch Ausnahmen; angesichts der sozioökonomischen Krise, die in den 60er Jahren auch den Subkontinent erfaßte, betrieben die meisten Staaten keine aktive Einwanderungspolitik mehr; vielmehr machten sich die Probleme der Übervölkerung, der offenen und verdeckten Massenarbeitslosigkeit bemerkbar. Obwohl nach wie vor eine selektive Einwanderung nach Lateinamerika stattfindet, sind die Hauptmigrationsströme inzwischen anderer Art: Sie gehen von Lateinamerika aus bzw.

bewegen sich innerhalb des Subkontinents. Diese Großregion ist heute in einer Massenbewegung begriffen wie nie zuvor in ihrer Geschichte: In den 70er Jahren sollen sich schon über fünf Millionen Mexikaner, die sogenannten *chicanos*, im Südwesten der USA aufgehalten haben. Zum gleichen Zeitpunkt waren 720.000 Puertorikaner, rund ein Viertel der Gesamtbevölkerung Puerto Ricos, in und um New York konzentriert; nach Florida waren 600.000 Kubaner ausgewandert – ein Bevölkerungsstrom, der in den folgenden Jahren noch zunahm. Angaben von amnesty international zufolge flohen in den 70er Jahren Zehntausende von Chilenen vor der Diktatur Pinochets, vor allem nach Europa.

So beeindruckend diese Zahlen auch sein mögen, sie nehmen sich bescheiden aus im Vergleich zu dem wahrhaft gigantischen Phänomen der heutigen lateinamerikanischen Binnenwanderung; gemeint ist die Wanderungsbewegung von einem lateinamerikanischen Land ins andere, die interregionale Wanderungsbewegung innerhalb eines Landes und vor allem die Land-Stadt-Wanderung in ein und demselben Land mit der Folge rapider und völlig unkontrollierbarer Urbanisierung. Diese Wanderungsbewegungen erfolgen, soweit sie grenzüberschreitend sind, größtenteils illegal; sie umfassen viele Millionen Menschen. Da das Ziel all dieser Wanderungen immer wieder die größeren Städte und die entwickelteren Regionen sind, verschärfen sie – neben dem hohen Bevölkerungswachstum Lateinamerikas von 2,6 Prozent pro Jahr – die ohnehin schon enormen Probleme der lateinamerikanischen Metropolen weiter.

Wanderungsbewegungen charakterisieren somit mehr denn je die Demographie des Subkontinents; das Phänomen der Masseneinwanderung nach Lateinamerika scheint jedoch der Geschichte anzugehören. Heute muß man von Massenauswanderung und Binnenwanderung sprechen – Bevölkerungsbewegungen, die unkontrolliert und unkontrollierbar vor sich gehen. Wissenschaftler und Politiker aber stellen sie vor vorerst unlösbare Probleme (United Nations 1979; dies. 1982).

Literatur

Abad de Santillán, Diego (1973): *La FORA [Federación Obrera Regional Argentina]. Ideología y Trayectoria.* Buenos Aires

Agnelli, Fondazione Giovanni. Hg. (1987): *La popolazione di origine italiana in Argentina.* Torino

Alba, Victor (1964): *Historia del movimiento obrero en América Latina.* México

Baily, Samuel L. (1983): The Adjustment of Italian Immigrants in Buenos Aires and New York, 1870-1914. In: *American Historical Review* 88/1983: 281-305

Bernecker, Walther L./Fischer, Thomas (1993): Deutsche in Lateinamerika. In: *Deutsche im Ausland. Fremde in Deutschland*, Hg. Klaus J. Bade, München: 197-214

Berninger, Dieter D. (1974): *La inmigración en México, 1821-1857.* México

Binder, Wolfgang. Hg. (1993): *Slavery in the Americas.* Würzburg

Blancpain, Jean-Pierre (1974): *Les Allemands au Chili (1816-1945).* Köln

Borah, Woodraw/Cook, Sherburne F. (1963): *The Aboriginal Population of Central Mexico on the Eve of the Spanish Conquest.* Berkeley

Borah, Woodraw/Cook, Sherburne F. (1971-79): *Essays in Population History: Mexico and the Caribbean*, 3 Bde. Berkeley

Bourdé, Guy (1974): *Urbanisation et Immigration en Amérique Latine: Buenos Aires XIXe et XXe Siècles.* Paris

Boyd-Bowman, Peter (1973): *Patterns of Spanish Emigration to the New World (1493-1580).* Buffalo

Canny, N. Hg. (1994): *Europeans on the Move. Studies on European Migration, 1500-1800.* Oxford

Conrad, Robert E. (1977): *Brazilian slavery: an annotated research bibliography.* Boston

Converse, Christel (1979): Die Deutschen in Chile. In: *Die Deutschen in Lateinamerika. Schicksal und Leistung*, Hg. Hartmut Fröschle, Tübingen: 301-372

Cook, Noble D. (1982): *Demographic Collapse. Indian Peru, 1520-1620.* Cambridge

Dorneich, Klaus (1960): *Einwanderung in Brasilien unter besonderer Berücksichtigung ihrer Bedeutung für die Landwirtschaft zwischen 1930 und*

1960. Freiburg im Breisgau

Duprey, Jacques (1952): *Voyage aux origines françaises de l'Uruguay.* Montevideo

El exilio español en México 1939-1982 (1982). México

Ferenczi, Imre/Willcox, Walter F. Hg. (1929): *International Migrations.* 2 Bde, New York

Fischer, Thomas (2000, im Druck): Italienische Einwanderung und nationaler Wandel in Argentinien 1870-1930. In: *Migration, Ethnizität und Nationalismus in Lateinamerika,* Hg. Silke Hensel/Jürgen Müller, Stuttgart

Gonzales, Michael J. (1989): Chinese plantation workers and social conflict in the late nineteenth century. In: *Journal of Latin American Studies* 21/1989: 385-424

González Loscertales, Vicente (1977): La colonia española de México durante la revolución maderista, 1911-1913. In: *Revista de la Universidad Complutense (Madrid)* 107/1977

Harms-Baltzer, Käte (1970): *Die Nationalisierung der deutschen Einwanderer und ihrer Nachkommen in Brasilien als Problem der deutsch-brasilianischen Beziehungen.* Berlin

Hasbrouck, Alfred (1969, Reprint der Ausgabe von 1928): *Foreign Legionaires in the Liberation of Spanish South America.* New York

Humphreys, Robin A. (1946): *The Evolution of Modern Latin America.* London

Illades, Carlos. Hg. (1985): *México y España durante la Revolución mexicana.* México

Kellenbenz, Hermann/Schneider, Jürgen (1976): La emigración alemana a América Latina desde 1821 hasta 1930. In: *Jahrbuch für Geschichte von Staat, Wirtschaft und Gesellschaft Lateinamerikas* 13/1976: 386-392

Klein, Herbert S. (1983): The Integration of Italian Immigrants into the United States and Argentina: A Comparative Analysis. In: *American Historical Review* 88/1983: 306-323

La emigración europea (1979) *a la América Latina. Fuentes y estado de investigación. Informes presentados a la IV. Reunión de Historiadores Latinoamericanistas Europeos.* Berlin

Lida, Clara E. (1997): *Inmigración y exilio. Reflexiones sobre el caso español.* México

Lida, Clara E., Hg. (1994): *Una inmigración privilegiada. Comerciantes, empresarios y profesionales españoles en México en los siglos XIX y XX.* México

Marotta, S. (1960, 1961, 1970): *El movimiento sindical argentino. Su génesis y desarrollo.* 3 Bde. Buenos Aires

Meding, Holger M. (1992): *Flucht vor Nürnberg? Deutsche und österreichische Einwanderung in Argentinien, 1945-1955.* Köln

Mörner, Magnus/Sims, Harold (1985): *Adventurers and Proletarians. The Story of Migrants in Latin America.* Pittsburgh

Moya, José (1998): *Cousins and Strangers. Spanish Immigrants in Buenos Aires, 1850-1930.* Berkeley

Newson, Linda A. (1986): *The cost of conquest. Indian decline in Honduras under Spanish rule.* London

Oddone, Juan Antonio (1966): *La emigración europea al Río de la Plata. Motivaciones y proceso de incorporación.* Montevideo

Oostindie, Gert J. (1992): Die Karibik 1820-1900. In: *Lateinamerika von 1760 bis 1900*, Hg. Raymond Th. Buve/John R. Fisher, Stuttgart: 729-766

Pieper, Renate (1994): Die demographische Entwicklung. In: *Mittel-, Südamerika und die Karibik bis 1760*, Hg. Horst Pietschmann, Stuttgart: 313-328

Pla, Dolores u.a. (1994): *Extranjeros en México (1821-1990): Bibliografia.* México

Prutsch, Ursula (1996): *Das Geschäft mit der Hoffnung. Österreichische Auswanderung nach Brasilien 1918-1938.* Wien

Reinhard, Wolfgang (1985): *Geschichte der europäischen Expansion.* Bd. 2: Die Neue Welt. Stuttgart

Salazar Anaya, Delia (1996): *La población extranjera en México (1895-1990). Un recuento con base en los Censos Generales de Población.* México

Sánchez-Albornoz, Nicolás (1974): *The Population of Latin America: A History.* Berkeley

Sánchez-Albornoz, Nicolás (1977): *La población de América Latina. Desde los tiempos precolombinos al año 2000.* Madrid

Schönwald, Matthias (1998): *Deutschland und Argentinien nach dem Zweiten Weltkrieg. Politische und wirtschaftliche Beziehungen und deutsche Auswanderung 1945-1955.* Paderborn

Scobie, James R. (1964): *Revolution on the Pampas. A Social History of Argentine Wheat 1860-1910.* Austin

Stern, Steve J. (1982): *Perus Indian peoples and the challenge of Spanish conquest: Huamanga to 1640.* Madison

Thistlethwaite, Frank (1960): Migration from Europe Overseas in the Nineteenth and Twentieth Centuries. In: *XI. Congrès International des Sciences Historiques. Rapports. Uppsala* Bd. 5: 32-60

United Nations (1979): *Trends and Characteristics of International Migration since 1950.* New York

United Nations (1982): *International Migration Policies and Programmes: A World Survey.* New York

Vangelista, Chiara (1997): *Dal vecchio al nuovo Continente. L'immigrazione in America latina.* Torino

Velásquez, Ramón u.a. (1979): *Venezuela moderna: medio siglo de historia, 1926-1976.* Caracas

Waldmann, Peter (1982): Kulturkonflikt und Anpassungszwang. Ausgangslage und Entwicklung der deutschen Einwanderungskolonien in Südchile. In: *Aspekte der Kultursoziologie*, Hg. Justin Stagl. Berlin: 239-251

Walter, Rolf (1985): *Los alemanes en Venezuela.* Caracas

Werz, Nikolaus (1983): *Parteien, Staat und Entwicklung in Venezuela.* München

Francisco Lizcano Fernández
Subsistemas, sectores y estratos sociales en Iberoamérica

La mayoría de quienes han considerado que para una mejor comprensión de las sociedades iberoamericanas en las últimas décadas era conveniente otorgar un papel central a su común estructura social, en lo fundamental han integrado sus respectivas interpretaciones de tal estructura con un sólo tipo de componente. El procedimiento más usual ha sido dividirla en clases o estratos sociales, siguiendo las enseñanzas de Carlos Marx y Max Weber. Así han procedido, por ejemplo, los marxistas de las tendencias más diversas y los estructuralistas vinculados a la Comisión Económica para América Latina y el Caribe (CEPAL). En este sentido, Carlos Filgueira y Carlo Geneletti (1981) y CEPAL (1989) son quizá los intentos más sistemáticos de los emprendidos por esta institución para cuantificar la magnitud de los distintos estratos sociales de Iberoamérica en los últimos decenios. Más recientemente, la Organización Internacional del Trabajo (OIT), en especial a través del ya desaparecido Programa Regional del Empleo para América Latina y el Caribe (PREALC), viene dividiendo la estructura social iberoamericana en cuatro sectores principales: dos agrícolas (moderno y tradicional) y dos urbanos: formal e informal. Los resultados cuantitativos de esta división pueden consultarse en un libro (PREALC, 1982) y dos revistas: Informa e Informa. América Latina y el Caribe: Panorama Laboral.

    Bajo la suposición de que ello permite una mejor comprensión de la heterogénea estructura social iberoamericana en la segunda mitad del siglo XX, quizá también en relación con periodos anteriores, en estas páginas se ofrece una propuesta provisional al respecto, en donde se integran tres tipos de componentes: estrato, sector y subsistema. La pertenencia a un estrato social se determina por la posesión y el control de los medios de producción, la magnitud de los medios de producción poseídos o controlados, la dimensión de los recursos materiales obtenidos, el nivel de cualificación del trabajo desempeñado y las condiciones de trabajo (rural o urbano, manual o no manual, etcétera), pero también por el prestigio y el poder detentados. Los sectores sociales están conformados por unidades productivas similares, las cuales se componen de uno o más estratos. Para caracterizar y distinguir tales sectores, en este texto se utilizan una serie de variables. Según el ámbito en el que se desenvuelven, se dividen entre rurales, con actividades básicamente agropecuarias, y urbanos, dedicados a la industria, el comercio y los servicios. De acuerdo con su tamaño, se distinguen las unidades productivas familiares de las complejas, las empresas grandes y medianas. Según el tipo de propiedad, se dividen en privados, comunales y estatales. El nivel de la tecnología dura y suave empleada, asunto directamente vinculado con el origen temporal del sector en cuestión y que permite distinguir entre sectores tradicionales, modernos e informales, se encuentra ligado asimismo con distintos tipos de relaciones entre los componentes de las mismas unidades productivas: corporativas o individuales, autoritarias o democráticas, asalariadas o no asalariadas. Por su parte, los subsistemas aglutinan a los sectores que comparten el último conjunto de rasgos.

Estratos

Los diez estratos en que se propone dividir la estructura social prevaleciente en Iberoamérica durante la segunda mitad del siglo que está por terminar, se pueden aglutinar en tres conjuntos. El que domina y dirige a las naciones del área posee y controla los medios de producción más importantes y, por tanto, concentra tanto buena parte de los recursos materiales disponibles como el prestigio y el poder económico y político. Este primer conjunto se compone de tres estratos integrados respectivamente por latifundistas, grandes y medianos empresarios capitalistas, y altos funcionarios públicos. El estrato latifundista es eminentemente rural, en el sentido de que posee o controla grandes y medianas unidades productivas agropecuarias. Sin embargo, mantiene relaciones no estrictamente modernas con sus trabajadores subordinados, al contrario de lo sucedido con los otros dos estratos de este mismo conjunto. Los empresarios capitalistas están relacionados tanto con el ámbito rural como con el urbano. Por su parte, a través de sus cargos, los altos funcionarios públicos detentan un control económico y político difícil de minusvalorar, aunque sean asalariados, no necesariamente posean medios de producción significativos y puedan tener intereses distintos a los otros dos estratos poderosos. Si bien estos tres estratos, incluso en conjunto, representan una escuálida minoría en sus respectivas sociedades, controlan directamente las fuentes de trabajo de gran parte de la población, en concreto del conjunto de estratos que se menciona a continuación. Este primer conjunto de clases podría identificarse grosso modo con la categoría de »ocupación de empleadores«, en cualquiera de las ocupaciones, y con la ocupación de directores y funcionarios públicos superiores.

En efecto, éste está integrado por tres estratos que comparten la dependencia de sus ocupaciones con relación a las clases anteriores: el de los arrendatarios y dos estratos asalariados, el manual u obrero y el no manual. Los arrendatarios son la contraparte de los latifundistas, a quienes pagan una renta, preferentemente en especie o trabajo, por el usufructo de una parcela. Por tanto, este estrato, también eminentemente rural, no incluye a aquellos arrendatarios que controlan extensiones apreciables de tierra y que pagan su renta en dinero. El estrato obrero, que principalmente trabaja en actividades agropecuarias e industriales ligadas al sector privado, y el estrato asalariado no manual, ocupado de manera preponderante en el ámbito urbano, el sector público y el sector terciario de la economía, en general se distinguen entre sí, además de por los aspectos mencionados, por los niveles de ingreso, la cualificación laboral, las condiciones de trabajo y el prestigio. Este segundo conjunto de estratos podría identificarse, también grosso modo, con la categoría ocupacional de »asalariados« en cualquiera de las ocupaciones.

El tercer conjunto está compuesto de cuatro estratos, tres de los cuales campesinos, trabajadores informales urbanos y pequeña burguesía están integrados en lo fundamental por pequeños propietarios (en la terminología censal, incluye dos categorías ocupacionales, »trabajador por cuenta propia« y »trabajador familiar no remunerado«, respecto a todas las ocupaciones, salvo a la de directores y funcionarios públicos superiores). Más o menos identificables con los pequeños productores agropecuarios, los campesinos, a pesar de ser propietarios de sus medios de producción, poseen escasos recursos materiales y utilizan técnicas poco productivas de origen remoto. Los trabajadores informales comparten con los campesinos la escasez de recursos materiales y la baja productividad, pero se distinguen de ellos por el origen más reciente tanto de sus propias ocupaciones como de una parte importante de su tecnología, así como por su carácter eminentemente urbano. Como estos trabajadores informales, la pequeña burguesía desempeña actividades no agropecuarias, pero a diferencia de ellos poseen un nivel significativo de recursos materiales y prestigio. El cuarto estrato de este conjunto, el de los comuneros o cooperativistas (a los que en los censos de población sólo en ocasiones se les ubica dentro de una categoría ocupacional específica, la de »miembro de cooperativa de producción«), se distingue de los nueve estratos restantes por detentar de manera autogestionada sus medios de producción. Si bien en la mayoría de los casos se ubica en el campo, está compuesto por indígenas y emplea técnicas tradicionales, también se localiza en las urbes, ostenta niveles notables de productividad y está integrado por otros grupos étnico-culturales.

A partir de los comentarios que acompañan a la clasificación precedente, es fácil establecer los estratos predominantes en los ámbitos rural y urbano, así como distinguir los estrictamente modernos de los tradicionales y los resultantes de los efectos indeseables de la modernidad. De los diez estratos mencionados, dos se ubican tanto en el campo como en la ciudad empresarios capitalistas y obreros manuales, cuatro son típicamente rurales latifundistas, arrendatarios, campesinos y comuneros y los cuatro restantes, principalmente urbanos: altos funcionarios públicos, asalariados no manuales, pequeña burguesía y trabajadores informales. Por otra parte, latifundistas, arrendatarios, campesinos y comuneros conforman los estratos de más añeja consolidación; empresarios capitalistas, altos funcionarios públicos, obreros, asalariados no manuales y pequeña burguesía integran los estratos modernos; al tiempo que los trabajadores informales constituyen el resultado más patente de los efectos no previstos de la modernidad.

Antes de indicar la composición de los siete sectores integrantes de la estructura social iberoamericana, es conveniente subrayar el hecho de que la clasificación de estratos expuesta, como no podría ser de otra manera, es una simplificación de la realidad, pues la complejidad inherente a ésta nunca puede ser aprehendida por completo. Una clara manifestación de ello es la frecuente existencia de personas y grupos sociales que no se ajustan estrictamente a ninguno de los estratos señalados, bien por desarrollar de manera temporal pero cíclica actividades laborales propias de otro estrato bien porque su ocupación lleva consigo características o recompensas no consideradas como típicas. Algunas de las muchas expresiones rurales de estos problemas son expuestas en dos libros colectivos: Kenneth Duncan e Ian Rutledge (1987) y Antonio García (1981). Como es lógico, estas apreciaciones también son aplicables a las divisiones en sectores y subsistemas analizados a continuación.

Sectores

Estos diez estratos pueden agruparse en siete sectores, cuatro eminentemente rurales comunal, campesino, latifundista y capitalista y tres principalmente urbanos: estatal, capitalista e informal. Por otra parte, el comunal, el campesino y el informal están conformados por un solo estrato, en tanto que los cuatro restantes integran varios. Los sectores comunal, campesino y latifundista, a pesar de haber incorporado de manera bastante generalizada tecnologías modernas, como el uso de fertilizantes y plaguicidas, comparten la utilización de técnicas ancestrales. Las relaciones sociales de estos tres sectores tienen asimismo un origen secular, pero no son en absoluto homogéneas. En el sector latifundista priman las relaciones de explotación no estrictamente capitalista, en donde el minifundio desempeña un papel importante. Los campesinos conforman grupos relativamente independientes, en los que sigue siendo plausible un cierto nivel de autosubsistencia. En el sector comunal también están presentes estas características, pero se distingue del anterior, y de todos los otros sectores, tanto rurales como urbanos, por su forma de organización comunitaria, tanto en lo político (las formas de gobierno local mantienen características democráticas de viejo cuño) como en lo económico, en donde sobresale la propiedad colectiva de la tierra. Estas diferencias cobran su verdadera relevancia cuando se repara en el hecho de que, de todas las unidades productivas complejas consideradas, las de este sector son, con diferencia, las que tienen un funcionamiento más democrático. Sin embargo, en este sector autogestionado suelen coexistir distintas modalidades de usufructo privado, lo que, entre otras cuestiones, explica las notables diferencias de ingreso perceptibles al interior de sus comunidades. Por su parte, si se distingue al sector capitalista agrícola del urbano no es bajo la suposición de que haya diferencias en cuanto al carácter capitalista de uno y otro, sino por sus apreciables disparidades en el tipo de actividades laborales, el hábitat, las condiciones de trabajo e incluso el nivel de ingreso.

De los tres sectores urbanos los más similares son el capitalista, que incluye a la pequeña burguesía, y el estatal. En ambos, la gran mayoría de sus integrantes es asalariada, bien obreros bien trabajadores no manuales, al tiempo que comparten el uso de tecnologías y formas de organización modernas, lo que no está reñido con el habitual carácter autoritario de estas últimas. Sin embargo, las condiciones de trabajo los distancian a menudo, así como la posición social, la ideología y los intereses de sus respectivos directores. Desde luego, estas últimas diferencias fueron más notables durante las tres décadas, entre 1950 y 1980 aproximadamente, en las que se conjugaron el auge económico con el predominio de concepciones del sector público comprometidas con la expansión del estado de bienestar; posteriormente, tales diferencias se fueron difuminando, pero todavía siguen siendo perceptibles. Por su parte, el sector informal, conformado exclusivamente por el estrato homónimo, incluye unidades productivas muy diversas, pero que tienen en común su escaso tamaño y productividad. Por tanto, en general los ingresos de los trabajadores de este sector son también bajos, además de que no se suelen beneficiar de los logros obtenidos en la época de auge económico por los asalariados de los sectores estatal y capitalista urbano.

Subsistemas

Los siete sectores mencionados se han aglutinado en tres subsistemas: tradicional, moderno e informal, cuya coexistencia pone en evidencia el carácter heterogéneo de la estructura social iberoamericana, así como, por otra parte, de su sistema productivo. El primero es eminentemente rural, al contrario que el tercero, exclusivamente urbano, al tiempo que el moderno se despliega en ambos hábitats. El subsistema tradicional está integrado por tres sectores rurales comunal, latifundista y campesino y el subsistema informal, por un solo sector urbano, el no estructurado, pero el subsistema moderno incluye a los sectores capitalistas rural y urbano, así como al sector estatal, el cual mantiene una presencia no desdeñable en el campo, a pesar de ser principalmente urbano.

Tres cuestiones relativas al trabajo se constituyen en claves para distinguir los tres subsistemas: el papel del trabajo en la vida del trabajador, la mayor o menor diversidad de sus opciones laborales y el grado de control ejercido por el trabajador sobre su actividad laboral y el fruto de su trabajo. En las sociedades tradicionales agrarias, las actividades encaminadas a la obtención de recursos materiales, en contra de lo que comúnmente se afirma, ocupaban un tiempo relativamente reducido en la vida de las personas, pues estaban condicionadas por ciclos agrícolas estrictos. Esto se pone de manifiesto, entre otras cosas, en los abundantes días festivos de los que se disfrutaba anualmente. De manera simultánea, las opciones laborales eran escasas y no solían llevar consigo cambios importantes en el nivel de ingresos del trabajador. Además, éste obraba con cierta libertad en el proceso de producción, si bien entre los distintos sectores que componían estas sociedades agrarias existían diferencias notables en cuanto al control ejercido por el trabajador sobre el producto de su trabajo: en ocasiones era notable, en otras se veía obligado a desprenderse de buena parte de él. Cuando la pretérita sociedad agraria iberoamericana quedó inserta en una estructura social más compleja y de nuevo cuño (es decir, cuando se transformó en subsistema tradicional), algunas de esas características permanecieron, pero otras cambiaron. Por ejemplo, las opciones laborales de sus trabajadores se ampliaron al poder acceder, sobre todo a través de la emigración, a actividades propias de otros subsistemas.

Con la implantación del Estado benefactor que desde hace algunos quinquenios tantos y tan variados embates viene recibiendo, apareció una nueva forma de trabajo: el empleo, entendido éste como el acceso generalizado a posiciones laborales que proporcionan ingresos altos y constantes, que es seguro y que no implica mayores preocupaciones y desafíos, pues el empleado se reduce a llevar a cabo las acciones que le son ordenadas y para las cuales ya fue previamente capacitado. Antes de ese momento tal situación no existía, por lo menos de manera masiva. Sin embargo, en las nuevas circunstancias, el empleado se queda sin control sobre su actividad laboral y el fruto de su trabajo, el cual es ejercido por los empresarios y altos funcionarios públicos; concomitantemente, se ve impelido a dedicar un tiempo dilatado a solventar unas necesidades materiales cada vez más numerosas, pero logra poder circunscribir su actividad laboral a tiempos limitados y disfrutar de vacaciones sin preocupaciones económicas. Teóricamente, en esta sociedad las opciones de empleo son muy variadas, pero en la práctica se reducen por el carácter especializado de los trabajos y por el miedo a perder las ventajas derivadas de permanecer en la misma empresa. Estas características laborales están presentes en el subsistema moderno iberoamericano, con la diferencia de que en éste el empleo es menos generalizado, peor retribuido y más inseguro.

En el subsistema informal, el trabajador es más autónomo, pues tiene posibilidades relativamente amplias de decidir cómo trabajar y a quién vender sus productos, pero con frecuencia necesita dedicar un tiempo prolongado a obtener bienes materiales, porque de ello suele depender el volumen de sus ingresos. En ocasiones, esto se traduce en un trabajo físico más prolongado; en otras, en calibrar opciones laborales distintas o posibilidades de mejorar su microempresa. El trabajador informal no tiene un empleo, »se busca la vida«, según reza la conocida expresión popular, se las ingenia para encontrar, desde luego con desigual fortuna, los más adecuados medios de subsistencia en un mercado con opciones múltiples pero que le dificulta la acumulación de riqueza.

Por integrar unidades productivas distintas, los miembros de los diferentes subsistemas, como los de los sectores, no interactúan en las mismas instituciones laborales, pero de ello no se debe sacar la conclusión de que son mundos independientes, sin relaciones entre sí. Por el contrario, las relaciones son constantes tanto en lo económico como en lo social. En un grado notorio, actualmente los subsistemas tradicional e informal dependen económicamente del moderno, el más poderoso en este sentido, pues aquellos sectores le compran a éste insumos y bienes de consumo, al tiempo que le venden bienes y servicios de diverso tipo. Por ejemplo, el subsistema tradicional compra fertilizantes, plaguicidas y diversos bienes de consumo al subsistema moderno y le vende parte de su producción agropecuaria, para que la consuma o comercialice nacional o internacionalmente. De manera similar, el subsistema informal compra insumos y bienes de consumo al subsistema moderno y vende bienes y, sobre todo, servicios a las personas y empresas que lo componen. Pero si las relaciones económicas muestran que los vínculos entre los subsistemas tradicional e informal son más débiles que los que ambos mantienen con el subsistema moderno, en ciertos aspectos sociales y culturales eso no está tan claro, pues la relación entre los subsistemas no modernos es en ocasiones estrecha, aunque también en este sentido sus relaciones con el subsistema moderno son importantes, como en la salud y la educación.

Un poco de historia

En cuanto al origen y la consolidación de los tres subsistemas, el tradicional, en lo fundamental, adquirió sus características específicas durante la Colonia, pues, si bien ha incorporado en ocasiones rasgos prehispánicos, en general estos se transformaron profundamente al adecuarse a la nueva sociedad surgida después de la Conquista. La Independencia de la gran mayoría de los pueblos iberoamericanos en las primeras décadas del siglo XIX no se tradujo en transformaciones sustanciales de sus respectivas estructuras sociales. Sin embargo, algunos de los cambios ocurridos en los 50 años inmediatamente posteriores a la Independencia anticiparían la gran transformación provocada por la implantación de la reforma liberal, que comienza su apogeo en torno al decenio de 1870. Me refiero principalmente al fortalecimiento del poder económico y político de los terratenientes, que se manifestó, entre otras cuestiones, en un mayor control sobre la mano de obra y en la correlativa pérdida de autonomía de ciertos conjuntos de trabajadores, como los llaneros venezolanos y los gauchos argentinos (Lynch 1988: 143-145).

Existe un notable consenso acerca de que en la década de 1870 comenzó un nuevo periodo en la historia de Iberoamérica, pero las opiniones son muy dispares con relación a cuándo se le debe dar por concluido. El marxista Agustín Cueva (1990: 144-145), que lo denomina »modalidad oligárquico-dependiente de desarrollo del capitalismo latinoamericano«, ubica el comienzo de su final a lo largo de más de 60 años, entre la Revolución mexicana de 1910 y la década de 1970 en Ecuador. La Comisión Económica para América Latina y el Caribe (CEPAL) sostiene que fue en el lapso transcurrido entre las dos guerras mundiales, entre 1914 y 1950 aproximadamente, cuando se produjo un cambio en el modelo de crecimiento económico, que consistió en el tránsito de un desarrollo hacia fuera, basado en la exportación de bienes primarios, agropecuarios y mineros, a un desarrollo hacia adentro, basado en la industrialización inducida por la sustitución de importaciones (Rodríguez 1980: 33; Sunkel y Paz 1970: 344-361). De manera necesariamente puntual, en la magna obra sobre la historia de América Latina dirigida por Leslie Bethel (1990-1992), el periodo que ahora nos ocupa se encuentra delimitado por las fechas de 1870 y 1930. Por mi parte, considero oportuno que, de acuerdo con la dinámica socioeconómica de Iberoamérica, el final del susodicho periodo se extienda, de manera aproximada, desde los inicios hasta la mitad del siglo XX, pues es a lo largo de estos años cuando las sociedades iberoamericanas comienzan, sucesivamente, procesos relativamente sostenidos e intensos de industrialización y urbanización, aspectos claves para diferenciar al periodo más reciente de la historia de la región del que le precedió.

En efecto, alrededor de 1900, la población que residía en ciudades con más de 20.000 habitantes no alcanzaba a representar el 10 por ciento de la nacional en ninguno de los países de la región salvo en cuatro, (Argentina, Uruguay, Chile y Cuba) en los que oscilaba entre el 20 y 30 por ciento (Sánchez-Albornoz 1994: 152-153). Cinco décadas más tarde, al mediar el siglo XX, dicho porcentaje sólo era inferior al 10 por ciento en Honduras; en nueve países (Paraguay, Bolivia, Perú, Ecuador, Costa Rica, Nicaragua, El Salvador, Guatemala y República Dominicana) se situaba entre el 10 y 20 por ciento; en otros cuatro (Brasil, Colombia, Panamá y México) oscilaba entre el 20 y 30 por ciento; en dos más, Cuba y Venezuela, se ubicaba en torno al 35 por ciento; y en los tres restantes – Argentina, Uruguay y Chile – había ascendido a entre el 48 y 65 por ciento. Al comenzar la década de 1980, en ningún país iberoamericano la proporción de habitantes en ciudades de más de 20.000 habitantes era inferior a los 20 puntos: en siete (Paraguay, Bolivia, Costa Rica, Nicaragua, Honduras, El Salvador y Guatemala) oscilaba entre el 20 y 35 por ciento; en ocho más (Brasil, Perú, Ecuador, Colombia, Panamá, México, República Dominicana y Cuba), entre el 40 y 55 por ciento; y en los cuatro restantes – Argentina, Uruguay, Chile y Venezuela – se situaba en torno al 70 por ciento (CEPAL 1991: 7). De forma similar, la población económicamente activa (PEA) urbana, la ocupada en los sectores secundario y terciario, ascendió notablemente entre 1950 y 1980. En la primera de estas fechas sólo representaba un porcentaje claramente superior a 40 puntos en cinco repúblicas: Argentina (el 72 por ciento), Uruguay (el 78 por ciento), Chile (el 63 por ciento), Venezuela (el 51 por ciento), y Panamá (el 47 por ciento); pero en 1980 en ninguna era inferior al 40 por ciento y en nueve era superior al 60 por ciento: Argentina (el 84 por ciento), Uruguay (el 82 por ciento), Chile (el 74 por ciento), Venezuela (el 79 por ciento), Brasil (el 62 por ciento), Colombia (el 65 por ciento), Panamá (el 66 por ciento), Costa Rica (el 65 por ciento) y México (el 62 por ciento) (PREALC 1982).

Sin embargo, el periodo transcurrido entre la década de 1870 y la primera mitad del siglo XX, no sólo se caracterizó porque en él se inició el proceso de urbanización que habría de consolidarse en el periodo siguiente, lo cual condujo a su vez al fortalecimiento de los sectores estatal y capitalista urbano. También se caracterizó por transformaciones notables en todos los ámbitos de la realidad, incluido, por supuesto, el político. Entre ellas, no deben soslayarse algunas referidas al campo socioeconómico que ahora nos ocupa. El sector latifundista se robusteció sobremanera, generando efectos contrapuestos. En lo económico, esto potenció la acumulación de capital y el crecimiento que servirían de fundamento al desarrollo posterior. En lo social, sus consecuencias fueron predominantemente negativas, al margen de que en ciertos casos diese lugar al nacimiento del sector capitalista rural.

La expansión del sector latifundista supuso, además, un ataque frontal al sector comunal, al embestir contra sus dos pilares principales, la propiedad colectiva de la tierra y el sistema de autogobierno local. Los terratenientes consiguieron así un doble propósito: aumentar las extensiones de sus tierras y obligar a los excomuneros a que trabajaran para ellos. Pero no fue ésta la única forma empleada para obtener mano de obra forzada. A tal mecanismo se sumaron otros, como los derivados de la puesta en práctica de las leyes contra la »vagancia«. Si los terratenientes necesitaron de este tipo de coerciones para conseguir trabajadores fue porque las condiciones laborales que impusieron en sus propiedades fueron draconianas, según se pone de relieve en los ingresos bajos, en las largas jornadas de trabajo, en las autoritarias relaciones establecidas al interior de las unidades productivas de este sector y en un generalizado sistema de crédito, impuesto por los propios latifundistas, con intereses desmedidos y cuyas deudas se transmitían de generación en generación. Como es lógico, el resultado de todo ello fue el notorio incremento de la pobreza y la explotación en el campo iberoamericano (Cueva 1990: 134-141; Favre 1998: 32-35). Por tales razones, lo acontecido en este periodo tiene una singular importancia para explicar las importancias relativas que tienen en la actualidad los distintos sectores sociales del subsistema tradicional.

Magnitud actual de los subsistemas

Las cifras relativas a la evolución de la urbanización y de la PEA no agrícola a lo largo del siglo XX, sirvieron para demostrar que en la segunda mitad de esta centuria se consolidó la estructura social imperante en la Iberoamérica actual, al generalizarse intensos incrementos de la población urbana y de la ocupación no agrícola, los cuales han tenido como trasfondo la progresiva importancia de la producción industrial y la ampliación del sector público, debido a la implantación, aunque sea parcial, del Estado benefactor, con una progresiva incidencia, por lo menos hasta la década de 1970, en la economía y el bienestar social nacionales. Veamos a continuación cómo evolucionaron los subsistemas durante el medio siglo mencionado. En efecto, aunque el modelo de estructura social esbozado en los primeros apartados se considera válido para, por lo menos, la segunda mitad del siglo XX, ello no significa que las sociedades iberoamericanas hayan permanecido sin experimentar cambios profundos a lo largo de tales décadas. Por el contrario, en este periodo han tenido lugar transformaciones importantes, como lo muestran, por ejemplo, las propias variaciones cuantitativas de los tres subsistemas establecidos en este trabajo.

Para cuantificar estas variaciones, y pese a que los resultados de tal proceder no puedan tenerse sino como una aproximación, se adjudicaron los porcentajes relativos a ciertos sectores delimitados por el PREALC (1982) a los subsistemas diferenciados en este texto. En este sentido, el subsistema moderno se identificó con el sector formal urbano, compuesto por empleadores y asalariados no agrícolas, con la excepción de los trabajadores del servicio doméstico, así como, pero sólo en el caso de los administrativos, profesionales y técnicos, por trabajadores por cuenta propia y familiares no remunerados. El subsistema informal se identificó con el sector informal urbano, integrado por los trabajadores no agrícolas por cuenta propia y familiares no remunerados (en ambos casos excepto entre los administrativos, profesionales y técnicos), así como el servicio doméstico. Al subsistema tradicional, por último, se le adjudicaron los porcentajes del sector tradicional agrario, conformado por trabajadores agropecuarios por cuenta propia y familiares no remunerados, siempre y cuando no sean profesionales y técnicos. De los otros dos sectores establecidos por el PREALC, al sector minero, que sólo excepcionalmente ha llegado a representar el 5 por ciento de la mano de obra nacional, se le excluye cuando aparece independizado; también se excluye al llamado sector moderno agrícola (configurado por el grueso de los patrones y asalariados agropecuarios), por no poderse distinguir a su interior entre el componente verdaderamente moderno y el que, según la propuesta defendida en el presente trabajo, pertenecería al sector latifundista y, por tanto, al subsistema tradicional.

De acuerdo con las importancias relativas de los tres subsistemas, se clasifica a los países iberoamericanos en tres tipos: En el primero, el subsistema moderno es mayoritario y claramente superior al informal, por lo que su estructura social es considerada como predominantemente moderna. El segundo tipo, tenido por intermedio, está conformado por países que conjugan características propias de los otros dos. El tercer tipo aglutina a los países cuyas estructuras sociales son mayoritariamente no modernas, pues en ellos la mano de obra ocupada en los subsistemas tradicional e informal supera, por lo menos si se la considera de manera conjunta, a la empleada en un sistema moderno que, en este caso, nunca es mucho más numeroso que el informal (Lizcano Fernández, en prensa a).

Pues bien, según la importancia relativa de cada subsistema en 1950, se pueden distinguir tres tipos de países en Iberoamérica. El primero estaba conformado por Argentina, Uruguay y, con ciertas reservas, Chile, los únicos que entonces podían catalogarse como predominantemente modernos. En los tres, el subsistema tradicional representaba menos del 10 por ciento de la fuerza laboral, pero mientras en Argentina y Uruguay el subsistema moderno era claramente mayoritario y varias veces superior al informal, en Chile el subsistema moderno no alcanzaría a englobar a la mitad de la PEA nacional ni duplicaría a un subsistema informal que, por otra parte, parece demasiado abultado para esa fecha. El segundo grupo de países estaba compuesto por Brasil, Venezuela, Panamá Costa Rica, y se caracterizaba por una magnitud intermedia del subsistema moderno (entre el 29 y 35 por ciento) y porque éste duplicaba al informal. Sin embargo, en estos países el tamaño del subsistema tradicional era dispar: en Venezuela y Costa Rica era de nivel intermedio (el 20 y 23 por ciento respectivamente), pero en Brasil y Panamá era elevado (el 38 y 47 por ciento). En los otros 11 países de la región, el subsistema moderno, además de no alcanzar a duplicar al informal, oscilaba entre el 9 y 24 por ciento, en tanto que el tradicional representaba entre el 33 y 58 por ciento, salvo en Nicaragua, donde era algo inferior.

En las décadas posteriores a 1950, hubo cambios significativos en la importancia relativa de los subsistemas. Las tendencias generales al respecto fueron las siguientes: incremento notable del subsistema moderno (salvo en Argentina y Uruguay, los países que lo tenían más abultado inicialmente) e informal (con la única excepción de Chile, lo que refuerza la sospecha de que la estimación de su tamaño en 1950 es exagerada), así como la correlativa y también notoria disminución del subsistema tradicional, salvo en los países en los que ya era muy reducido al mediar el siglo. En efecto, entre 1950 y 1990, los subsistemas moderno e informal aumentaron sus importancias relativas, de la misma forma que la población urbana en su conjunto, al tiempo que descendía la del subsistema tradicional, como sucedió también con la población rural. A lo largo de estos 40 años, y en relación con la PEA total iberoamericana, el subsistema moderno empleado en actividades no agrícolas pasó del 30 al 51 por ciento, el subsistema informal ascendió del 13 al 23 por ciento y el subsistema tradicional descendió del 33 a menos de 20 por ciento. Debido a estas transformaciones en la estructura social iberoamericana que lógicamente se presentaron con diferente intensidad entre los países de la región, en 1990 la situación era distinta a la de 40 años atrás. Al finalizar el siglo XX, el número de repúblicas con una estructura social mayoritariamente moderna se eleva a siete: Argentina, Uruguay, Chile, Brasil, Venezuela, Panamá y Costa Rica. En estos países, la mano de obra empleada en el subsistema moderno representa cuanto menos a la mitad de la PEA nacional correspondiente y duplica a la ocupada en el informal. Sin embargo, el subsistema tradicional se sitúa en torno al 5 por ciento en Argentina, Uruguay y Chile, al 10 por ciento en Venezuela y Costa Rica, y al 20 por ciento en Brasil y Panamá. En el mismo año de 1990, los países en los que predominaban las estructuras sociales no estrictamente modernas eran Bolivia, Perú, Ecuador, Paraguay, Nicaragua, Honduras, El Salvador y Guatemala. En estos ocho países, el subsistema moderno oscilaba entre el 28 y 39 por ciento, salvo en Ecuador donde era más alto. No obstante, en todos ellos la suma de los porcentajes de los subsistemas informal y tradicional era superior al del moderno. Aunque en este grupo, como en el anterior, el subsistema moderno era más voluminoso que el informal, distaba mucho de duplicarlo. Por su parte, el subsistema tradicional seguía teniendo una importancia notable en este grupo, pues en general oscilaba entre el 19 y 29 por ciento de la PEA nacional, porcentaje que incluso era mayor en Bolivia y probablemente en Paraguay. En una posición intermedia entre los dos grupos anteriores se encontraban Colombia, México y República Dominicana. El subsistema moderno de estas tres naciones oscilaba entre el 46 y 50 por ciento »es decir, no representaba la mayoría de la PEA nacional en ninguno de ellos«, pero era superior, y en esto se distingue de los integrantes del grupo anterior, a la suma de los subsistemas informal y tradicional.

Antes de dar por concluido este texto, quisiera mencionar, aunque sea brevemente, cuál es en la actualidad la posición mundial de Iberoamérica, a partir de la importancia que cada uno de los subsistemas tienen en distintas regiones del planeta. Como en tantos otros aspectos, la posición intermedia de Iberoamérica en el contexto mundial (Bulmer-Thomas 1998: 13; y Lizcano Fernández, en prensa b, en especial, el primer capítulo) queda en evidencia al constatar las importancias relativas de los tres subsistemas. En los países desarrollados, la estructura social es hasta tal punto diferente a la de Iberoamérica que probablemente no les sea aplicable la división en tres subsistemas, pues en esos países el predominio de lo moderno es casi total, dada la virtual inexistencia de grupos sociales que en verdad merezcan el apelativo de tradicionales y la relativamente escasa magnitud de un sector informal que, además, presenta diferencias notables con el del Tercer Mundo. Estas sociedades se distinguirían así claramente de las del resto del planeta por la homogeneidad de su estructura social, que contrasta con la heterogeneidad de las estructuras sociales características del Sur, donde los tres subsistemas son relevantes. Esta diferencia entre el Norte y el Sur, así como la posición intermedia de Iberoamérica al respecto, se pone en evidencia al comparar algunos porcentajes referidos a la década de los ochenta, como son el del empleo asalariado no agrícola o urbano (que de manera aproximada representa al subsistema moderno e indirectamente a su contraparte urbana, el subsistema informal) con respecto a la población económicamente activa (PEA) no agrícola total, y el del empleo agrícola no asalariado con relación a la PEA total agrícola, que también de forma aproximada se le puede identificar con el subsistema tradicional.

Pues bien, en los países desarrollados el empleo urbano asalariado suele situarse por encima del 90 por ciento, en un contexto en el que la PEA agrícola no alcanza el 10 por ciento. En contraste, en Iberoamérica, con una PEA urbana promedio del 75 por ciento, la población asalariada no agrícola oscila entre el 50 y 80 por ciento, en tanto que la PEA rural no asalariada se sitúa entre el 40 y 70 por ciento. Pero estos porcentajes sobre Iberoamérica no sólo difieren de los de los países desarrollados sino también de los prevalecientes en otras regiones del Sur en las que el subsistema moderno es más reducido y el tradicional, más numeroso. Por ejemplo, en los países en vías de desarrollo con economías de mercado de Asia meridional y oriental, dentro de la PEA agrícola, que en promedio supera el 60 por ciento, el empleo no asalariado fluctúa entre el 50 y 90 por ciento. Por tanto, aunque en esta región el porcentaje del empleo asalariado sobre la PEA urbana sea similar al de Iberoamérica (entre el 40 y 80 por ciento), con relación a la PEA total su subsistema moderno es menos abultado y el tradicional mucho mayor. Las diferencias entre Iberoamérica y el Africa subsahariana son todavía más pronunciadas, pues en esta región el empleo no asalariado suele rebasar el 90 por ciento de una PEA agrícola que representa dos tercios del total, mientras que el empleo asalariado urbano oscila entre el 30 y 90 por ciento (los porcentajes de este último párrafo están basados en datos proporcionados por PNUD, 1993, y El Trabajo en el Mundo 1994, 1994).

Bibliografía

Bethel, Leslie. Hg. (1990-1992): *Historia de América Latina, 10 vols.* (quedan por publicarse seis más). Barcelona

Bulmer-Thomas, Victor (1998): *La historia económica de América Latina desde la Independencia.* México

CEPAL. Comisión Económica para América Latina y el Caribe (1989): *Transformación ocupacional y crisis social en América Latina.* Santiago de Chile

CEPAL (1991): *Anuario estadístico de América Latina y el Caribe 1990.* Santiago de Chile

Cueva, Agustín (1990): *El desarrollo del capitalismo en América Latina, 13^a.* ed. aum., México

Duncan, Kenneth/Rutledge, Ian. Comps. (1987): *La tierra y la mano de obra en América Latina.* México

El Trabajo en el Mundo 1994. (1994): núm. 7. Ginebra

Esteva, Gustavo (1992): Los marginales como cultura. *Opciones (suplemento encartado en el periódico El Nacional),* núm. 8, México

Favre, Henri (1998): *El indigenismo.* México

Filgueira, Carlos/Geneletti, Carlo (1981): *Estratificación y movilidad ocupacional en América Latina.* Santiago de Chile

García, Antonio. Comp. (1981): *Desarrollo agrario y la América Latina.* México

Giddens, Anthony (1991): *Sociología.* Madrid

Informa. Santiago de Chile. Varios números

Informa. América Latina y el Caribe. Panorama Laboral. Lima. Varios números

Lenski, Gerhard (1982): Antecedentes sobre la desigualdad social y su origen. En: *La desigualdad social,* vol. 1, comp. Claudio Stern, México

Littlejohn, James (1983): *La estratificación social,* 2^a. ed., Madrid

Lizcano Fernández, Francisco (1998): Hacia una percepción del desarrollo iberoamericano. En: *Cuadernos Americanos,* núm. 68, México

Lizcano Fernández, Francisco (en prensa a): Heterogeneidad socioeconómica y étnico-cultural de Iberoamérica en la segunda mitad del siglo XX. En: *Historia contemporánea de América Latina*. Tomo V, coord. Ignacio Sosa Álvarez, México

Lizcano Fernández, Francisco (en prensa: b): Desarrollo socioeconómico de América Central en la segunda mitad del siglo XX. Toluca/Madrid

Lynch, John (1988): La formación de los Estados nuevos. En: *Historia de Iberoamérica*. Tomo III. Historia contemporánea, coord. Manuel Lucena Salmoral, Madrid

Parkin, Frank (1988): Estratificación social. En: *Historia del análisis sociológico*, comps. Tom Bottomore/Robert Nisbet, Buenos Aires

PNUD. Programa de las Naciones Unidas para el Desarrollo (1993): *Informe sobre desarrollo humano 1993*. Madrid

PREALC. Programa Regional del Empleo para América Latina y el Caribe (1982): *Mercado de trabajo en cifras, 1950-1980*. Santiago de Chile

Rodríguez, Octavio (1980): *La teoría del subdesarrollo de la CEPAL*. México

Sánchez-Albornoz, Nicolás (1994): *La población de América Latina desde los tiempos precolombinos al año 2025*, 2ª. ed. corr. Madrid

Soto, Hernando de (1987): *El otro sendero*. México

Sunkel, Osvaldo/Paz, Pedro (1970): *El subdesarrollo latinoamericano y la teoría del desarrollo*. México

Peter Birle
Arbeitsbeziehungen in Südamerika: Zwischen Tradition und Reform

In Südamerika fanden in den vergangenen zwei Jahrzehnten grundlegende politische, ökonomische und soziale Transformationsprozesse statt. Vom Autoritarismus zur Demokratie, von der importsubstituierenden Industrialisierung zum Neoliberalismus – dies sind die groben Tendenzen, die die Richtung des Wandels andeuten. Auch die wechselseitigen Beziehungsmuster zwischen Staat, Gewerkschaften und Unternehmer(verbände)n blieben von diesen Veränderungen nicht unberührt. Die Rahmenbedingungen gewerkschaftlichen und unternehmerischen Handelns, aber auch die Rollenzuschreibungen, Zielsetzungen und Strategien der einzelnen Akteure sehen heute völlig anders aus als noch zu Beginn der 80er Jahre. Fast alle lateinamerikanischen Länder haben ihre Arbeitsgesetzgebung in den vergangenen Jahren reformiert. Trotz dieser Reformen und trotz ähnlicher politischer und wirtschaftlicher Herausforderungen bestehen jedoch nach wie vor zum Teil deutliche Unterschiede zwischen einzelnen Ländern. Im folgenden Beitrag werden die wichtigsten Reformtendenzen beschrieben und die Ursachen für regionale Gemeinsamkeiten und Unterschiede analysiert.

Historische Entwicklungslinien

Gewerkschaften und Arbeitsbeziehungen

Als im letzten Drittel des 19. Jahrhunderts in Ländern wie Argentinien, Chile und Brasilien erste Gewerkschaften entstanden – aufgrund der vielen Einwanderer innerhalb der Arbeiterschaft oft angelehnt an europäische Vorbilder und entsprechend geprägt von sozialistischen, anarchistischen und syndikalistischen Strömungen –, empfanden die herrschenden Eliten dies nicht als gesellschaftspolitische Herausforderung, sondern als »Gefahr für die Aufrechterhaltung der öffentlichen Ordnung«. In allen Ländern der Region reagierten die Machthaber mit Repression auf die Forderungen der Arbeiterbewegung, die für die Gewerkschaften relevante Gesetzgebung war äußerst restriktiv.

Etwa ab den 30er Jahren des 20. Jahrhunderts (in Uruguay bereits seit 1903, in Chile seit Mitte der 20er Jahre) änderte sich die Haltung der herrschenden Eliten gegenüber der Arbeiterbewegung. Die entwicklungsstrategische Neuorientierung im Zuge der Weltwirtschaftskrise, d.h. die Abkehr von der reinen Exportorientierung im Sinne des *desarrollo hacia afuera* und der Beginn einer binnenmarktorientierten, importsubstituierenden Industrialisierung (*desarrollo hacia adentro*) sowie die damit einhergehenden sozialstrukturellen Veränderungen (Migration, Urbanisierung, Wachstum der städtischen Industriearbeiterschaft) sorgten dafür, daß die Rekrutierungsbasis und das Konfliktpotential der Gewerkschaften zunahmen. Viele Regierungen standen der Arbeiterbewegung daher nicht mehr gänzlich ablehnend gegenüber, sondern bemühten sich um eine politische Einbindung der Arbeiter. Insbesondere in Brasilien (unter Vargas) und in Argentinien (unter Perón), aber in abgeschwächter Form auch in Venezuela, Kolumbien und einigen weiteren südamerikanischen Ländern versuchten die Regierungen, die Gewerkschaften im Rahmen populistischer Allianzen in die politischen Systeme einzubinden. Diese Prozesse liefen nach unterschiedlichen Mustern ab. Während in einigen Ländern der staatliche Rechts- und Verwaltungsapparat zur wichtigsten Inkorporationsagentur wurde (Brasilien, Chile), spielten in anderen Ländern politische Parteien oder Bewegungen dabei eine zentrale Rolle (vgl. Collier/Collier 1991). *Cum grano salis* können jedoch eine Reihe von Gemeinsamkeiten festgehalten werden:

- Die populistischen Regierungen bemühten sich um eine Stärkung der einheimischen Industrie und um den Auf- bzw. Ausbau der Binnenmärkte und flankierten diese Maßnahmen mit materiellen und rechtlichen Verbesserungen im Bereich der Arbeits- und Sozialpolitik. Dazu gehörte in vielen Ländern die erstmalige Einführung von Mindestlöhnen, von Arbeitszeit und Urlaubsregelungen, von Entschädigungen bei Entlassungen, von betrieblichen Sicherheitsstandards etc. Solche Maßnahmen dienten dazu, die Arbeiter in ihrer Rolle als Konsumenten zu stärken und als soziale Subjekte in die politischen Systeme zu integrieren. Die tatsächliche Wirksamkeit der Normen des individuellen Arbeitsrechts, die dem einzelnen Arbeiter Schutz vor unternehmerischer und staatlicher Willkür verschaffen sollten, war zeitlichen Schwankungen unterworfen. Immer jedoch verband sich damit die implizite Botschaft: Der Staat und nicht die Gewerkschaft ist der wirkliche Beschützer der Arbeiter (vgl. Bronstein 1997; Córdova 1984).

- In vielen Ländern wurden auch Normen des kollektiven Arbeitsrechts (z.B. Vereins-, Koalitions- und Streikrecht, Gewerkschaftsgesetze) erstmals gesetzlich verankert, nicht selten sogar mit Verfassungsrang. Damit erhielten die Gewerkschaften grundsätzlich einen legitimen öffentlichen Status. Staatliche Gewerkschaftspolitik zeichnete sich allerdings fast immer durch eine Mischung aus Unterstützung, Kontrolle und Repression aus. Viele Regierungen halfen beim Aufbau von Gewerkschaften, sorgten aber gleichzeitig für deren Einbindung in rechtliche, administrative und politische Kontrollstrukturen, beispielsweise indem die Tariffähigkeit einer Gewerkschaft von der Zustimmung staatlicher Instanzen abhing oder durch Kontrollrechte der Arbeitsministerien gegenüber innergewerkschaftlichen Angelegenheiten. Auch repressive Maßnahmen gegenüber regierungskritischen Gewerkschaften blieben ein weitverbreitetes Phänomen. Hinzu kam die finanzielle Abhängigkeit vieler Gewerkschaften vom Staat und die Kooptation von Gewerkschaftsführern in gouvernementale, staatliche und parteipolitische Führungsgremien. Die Behörden machten zwar von ihren Eingriffs- und Kontrollmöglichkeiten nicht immer Gebrauch. Die Gesetzgebung erlaubte es ihnen aber, nichtkonformes Verhalten oder gar eine Bedrohung der Spielregeln der politischen Systeme wirkungsvoll zu bekämpfen.

- Der Staat übernahm eine zentrale Rolle bei der Regulation und Administration der Arbeitsbeziehungen. Wachsende Verwaltungsapparate der öffentlichen Hand und große staatliche Industrie- und Dienstleistungsunternehmen ließen ihn in vielen Ländern zum wichtigsten Arbeitgeber werden. Hinzu kam ein Gesetz- und Verordnungswesen, das die Arbeitsbedingungen (Mindestlöhne, Überstunden, Krankheit, Entlassung, Rente, Sicherheitsstandards etc.) detailliert regelte und dazu führte, daß viele Konflikte zwischen Arbeit und Kapital vor staatlichen Arbeitsgerichten oder Schiedsstellen ausgetragen wurden oder einer staatlichen Zwangsschlichtung unterlagen (vgl. Córdova 1984; Waldmann 1983).

- Diese Rahmenbedingungen hatten zur Folge, daß die *politische* Einflußnahme auf den Staat zum wichtigsten Mittel der Interessenpolitik sowohl der Gewerkschaften als auch der Unternehmer und ihrer Verbände wurde. Kollektivverhandlungen zwischen mehr oder weniger autonomen Tarifpartnern (*collective bargaining*), wie sie sich in zahlreichen westeuropäischen Industrieländern im Laufe des 20. Jahrhunderts herausbildeten, blieben die Ausnahme. Vielmehr entstand eine Tradition des *political bargaining* (vgl. Cook 1998). Die Verbände entwickelten eine ausgeprägte Staatsfixierung, wobei insbesondere die Exekutive sowie die staatlichen und parastaatlichen Verwaltungsagenturen zu wichtigen Ansprechpartnern wurden. Ein Interessenausgleich fand vornehmlich im Rahmen klientelistisch und personalistisch geprägter Beziehungsmuster statt. Die Gewerkschaften versuchten, bessere Arbeitsbedingungen, höhere (Mindest-)Löhne oder mehr Freizeit und Urlaub nicht in direkter Konfrontation mit den Unternehmern durchzusetzen, sondern über den Umweg staatlicher Regulierung. Die Unternehmer ihrerseits bemühten sich darum, entsprechende Entwicklungen durch Einflußnahme auf staatliche Gremien zu verhindern, oder sie forderten von der jeweiligen Regierung eine Kompensation für entstehende Mehrkosten, beispielsweise in Form von höheren Subventionen oder mehr Schutz vor ausländischer Konkurrenz. Solche Mechanismen führten dazu, daß die Löhne und Arbeitsbedingungen nur begrenzt von der wirtschaftlichen Leistungskraft eines Unternehmens abhingen (vgl. Córdova 1984).

- Die Gewerkschaften selbst wurden durch die Art ihrer Inkorporation in die politischen Systeme der Region geprägt. Nur so ist ihre starke Politisierung und der weitverbreitete Etatismus zu erklären. Konflikte zwischen kämpferischen Basisgruppen und Spitzenfunktionären, deren Interesse vorrangig eigenen Privilegien, einer Teilhabe an der Macht und der Vermeidung von Konflikten galt, waren keine Seltenheit. Aufgrund des geringen gewerkschaftlichen Organisationsgrades wurde gegenüber der Arbeiterbewegung früh der Vorwurf einer »Arbeiteraristokratie« laut, die nur die Interessen ihrer vergleichsweise privilegierten Mitglieder im Auge habe.

- Einflußreiche Positionen konnten lateinamerikanische Gewerkschaften insbesondere in staatlichen Unternehmen, in der Verwaltung und im öffentlichen Dienstleistungssektor erkämpfen. Besonders problematisch war die Situation dagegen für Landarbeitergewerkschaften. In vielen Ländern stand einer relativ modernen Arbeits- und Sozialgesetzgebung für die städtischen Arbeitnehmer eine repressive Strategie gegenüber allen sozialemanzipatorischen Bestrebungen im »traditionellen« Sektor entgegen.

In keinem südamerikanischen Land wurden Bedingungen geschaffen, die die Herausbildung einer autonomen, mit gleichen politischen Rechten versehenen und als legitimer Akteur der Interessenvermittlung anerkannten Arbeiterbewegung erlaubt hätten. Andererseits war auch das Selbstverständnis der Gewerkschaften nur ansatzweise durch Vorstellungen pluralistischer Interessen- und Konfliktregulation geprägt.

Unternehmer und Unternehmerverbände

In den agrarisch geprägten lateinamerikanischen Volkswirtschaften des 19. und frühen 20. Jahrhunderts mit ihren außenorientierten Entwicklungsstrategien konnte von einer unternehmerischen Elite im modernen Sinne des Begriffes kaum die Rede sein. Kleine Agrar-, Bergbau-, Handels- und Finanzoligarchien waren die dominierenden gesellschaftlichen Akteure. Ansätze einer Industrieunternehmerschaft entwickelten sich seit dem letzten Drittel des 19. Jahrhunderts im Zusammenhang mit den von den Exportwirtschaften ausstrahlenden Industrialisierungseffekten. Die neuen Industriellen waren entweder Einwanderer, die nicht zur politischen Elite zählten, oder Mitglieder traditioneller Familien bzw. der alten Agrar-, Handels- und Finanzoligarchie, die sich um eine Diversifizierung ihrer wirtschaftlichen Aktivitäten bemühten. Die erstgenannte Gruppe war aufgrund ihrer politischen Bedeutungslosigkeit zu schwach, um eine an ihren Interessen ausgerichtete Industrialisierungspolitik durchzusetzen. Die zweite Gruppe war an staatlichen Industrialisierungsmaßnahmen nur solange interessiert, wie dies ihrem übrigen wirtschaftlichen Engagement nicht zuwiderlief (vgl. z.B. Schvarzer 1996).

Im Zuge der Weltwirtschaftskrise übernahm der Staat in den 30er Jahren in vielen Ländern eine aktive Rolle in der wirtschaftlichen Entwicklung. Die Bemühungen um den Aufbau nationaler Industrien blieben nicht ohne Erfolge, aber es gelang mittel- und langfristig nicht, international konkurrenzfähige Unternehmen aufzubauen, so daß das volkswirtschaftliche Gleichgewicht von Deviseneinkünften aus dem Agrar- und Rohstoffexport abhängig blieb. Seit den 50er Jahren stieß die importsubstituierende Industrialisierung, die sich zunächst weitgehend auf den Konsumgütermarkt beschränkt hatte, an ihre Grenzen. Es setzte ein verstärktes Werben um ausländisches Kapital ein, um fehlende interne Impulse für eine dynamische Industrialisierung (beispielsweise im Bereich der Schwerindustrie) zu kompensieren. Die Abschottung vom Weltmarkt wurde jedoch aufrechterhalten. Anders als in Japan oder in den südost- und ostasiatischen Schwellenländern verknüpfte der Staat im »assistierten südamerikanischen Kapitalismus« die Vergabe von Subventionen und Privilegien nicht mit konkreten Leistungsanforderungen an die Empfänger der Vergünstigungen (vgl. Ehrke 1992). Die staatliche Autonomie gegenüber gesellschaftlichen Partikularinteressen war in einigen Ländern so schwach, daß es zu einer regelrechten »Privatisierung des Staates« kam (vgl. O'Donnell 1978).

Zu einer besonders ausgeprägten Beteiligung des Staates am Industrialisierungsprozeß kam es in Brasilien. Unter Vargas wuchs eine durch korporatistische Repräsentationsmonopole politisch gegängelte Industriellenschicht heran. Auch in Argentinien, Chile und Uruguay entstanden auf ökonomischer Ebene enge Beziehungsgeflechte zwischen Unternehmern und Staat, aber die Unternehmerverbände erlangten in diesen Ländern eine eigenständigere Position (vgl. Birle/Imbusch/Wagner 1997). In den Andenländern konnte sich eine nationale Industrieunternehmerschaft erst wesentlich später konstituieren als im Cono Sur. So wurde in Ecuador zwar durch die Machtergreifung reformistischer Militärs in den 20er Jahren das politische Herrschaftsmonopol der Oligarchie in Frage gestellt, eine entwicklungsstrategische Umorientierung fand jedoch ebensowenig statt wie eine Reform der Besitzstrukturen, vielmehr hielt man auch nach der Weltwirtschaftskrise am überkommenen Agrarexportmodell fest. Wie in Peru blieb die politische Rolle von Unternehmerverbänden bis in die 60er und 70er Jahre gering. In Bolivien endete erst mit der Revolution von 1952 die Herrschaft der Zinnbarone und Großgrundbesitzer. Der Staat führte eine Agrarreform durch, nationalisierte die größten Minen und setzte in der Folgezeit auf eine staatszentrierte wirtschaftliche Entwicklung, in deren Rahmen das private Unternehmertum eine untergeordnete Rolle spielte. Seit Mitte der 60er Jahre erlangten dann aber moderne Agrarbetriebe und private Bergbauunternehmen wachsende Bedeutung (vgl. Conaghan/Malloy 1994).

Verbände und Arbeitsbeziehungen in den Jahren autoritärer Herrschaft

Die Stagnation der binnenmarktorientierten Industrialisierungsprojekte im Cono Sur seit Mitte der 60er Jahre führte zur Öffnung der Volkswirtschaften für transnationales Kapital und zu Bemühungen, günstige Rahmenbedingungen für ausländische Investoren zu schaffen. In diesem Zusammenhang galten die Gewerkschaften immer mehr als Störfaktor, der die Akkumulation einer schwachen und strukturell unvollständigen Industrie negativ beeinflussen konnte. Die Politik der seit Mitte der 60er Jahre an die Macht gelangten Militärdiktaturen zielte auf eine umfassende Demobilisierung der Arbeiterbewegung. Die Maßnahmen reichten von einer Verschärfung der Arbeits und Gewerkschaftsgesetzgebung über das Verbot von Streiks und Demonstrationen und die Auflösung von Dachverbänden bis zur Inhaftierung, Folter und Ermordung von Gewerkschaftlern. Der Grad der Repression, die verbleibenden Spielräume der Arbeiterbewegung und auch die Rolle, die die Gewerkschaften in der Endphase der autoritären Regimes und bei der Rückkehr zur Demokratie spielen konnten, wiesen allerdings von Land zu Land nicht unerhebliche Unterschiede auf. Am systematischsten im Hinblick auf eine autoritäre Neuordnung der Arbeitsbeziehungen gingen die Streitkräfte in Chile vor, wo die Pinochet-Diktatur die bereits nach dem Putsch von 1973 drastisch eingeschränkten Rechte der Arbeitnehmer mit dem *Plan Laboral* von 1979 auf eine neue gesetzliche Grundlage stellte, die die Handlungsspielräume der Arbeitnehmervertretungen auf ein Minimum reduzierte und den Interessen der Unternehmer weit entgegenkam. In Brasilien mußten die Streitkräfte gar keine neuen Gesetze erlassen, denn eine konsequente Anwendung der aus der Vargas-Zeit (1930-1945) stammenden autoritärkorporatistischen Regelungsmechanismen genügte, um die Arbeiterbewegung zu »befrieden«. In Argentinien (1976-1983) und Uruguay (1973-1984) setzten die Militärs die bestehenden Arbeitsgesetze außer Kraft, zu einer umfassenden gesetzlichen Neuregelung kam es jedoch nicht. In beiden Ländern wurden nach dem Ende der Diktaturen zunächst die »vordiktatorialen« Muster der Arbeitsgesetzgebung restauriert (vgl. Birle 1999a; Drake 1996; Ramalho 1985).

Die Unternehmer und ihre Interessenverbände waren in unterschiedlichem Ausmaß an der Etablierung der Militärregime beteiligt und spielten auch während der Diktaturen divergierende Rollen. Den aktivsten Part übernahmen sie in Chile und mit einigem Abstand in Argentinien, weniger noch in Uruguay. In Brasilien und in den Andenländern nahm die Bedeutung der

Unternehmerverbände als unabhängige politische Akteure erst im Verlauf der Diktaturen zu. In allen autoritären Regimes mit Ausnahme Chiles kam es mit wachsender Dauer der autoritären Herrschaft zu einer zunehmenden Distanzierung zwischen Unternehmern und Streitkräften, was viele Verbände der Privatwirtschaft dazu veranlaßte, eine aktive Rolle im Rahmen der zivilgesellschaftlichen Bemühungen um eine Rückkehr zur Demokratie zu übernehmen (vgl. Bartell/Payne 1995; Birle/Imbusch/Wagner 1997; Conaghan/Malloy 1994).

Demokratie und Neoliberalismus als neue Rahmenbedingungen

Die Gewerkschaften

Die Rückkehr zu demokratischen und rechtsstaatlichen Verhältnissen im Verlauf der 80er Jahre wirkte sich insofern positiv auf die Situation der Gewerkschaften aus, als es durch die Wiederherstellung der von den autoritären Regimes eingeschränkten oder vollständig beseitigten Meinungs-, Vereinigungs- und Versammlungsfreiheit wieder möglich wurde, ohne Gefahr für Leib und Leben gewerkschaftlich tätig zu werden. Der Abbau staatskorporatistischer Strukturen vergrößerte die Spielräume der Gewerkschaften. Andererseits brachte die Redemokratisierung für die Akteure der Zivilgesellschaft – und damit auch für die Gewerkschaften, die in der Endphase der autoritären Regime in vielen Ländern eine zentrale Rolle beim Kampf für eine Rückkehr zur Demokratie übernommen hatten – große Enttäuschungen mit sich. Die Hoffnungen auf eine dauerhafte Protagonistenrolle von Gewerkschaften und neuen sozialen Bewegungen erfüllten sich nicht. Das Ende der Repression und die Rückkehr zur Demokratie führten zu einer erneuten Kanalisierung politischer Aktivitäten über die zuvor verbotenen Parteien. Diese bemüh(t)en sich – von Ausnahmen wie der brasilianischen PT abgesehen – in der Regel nicht um eine gleichberechtigte Zusammenarbeit mit den zivilgesellschaftlichen Organisationen, sondern um deren Kontrolle (vgl. Birle 1999b; Bultmann et al. 1995).

Während die politischen Transformationsprozesse sich im allgemeinen positiv auf die Handlungsspielräume der Gewerkschaften auswirkten, kam es infolge der ökonomischen Krise der 80er Jahre und der entwicklungsstrategischen Wende von der Importsubstitution zum Neoliberalismus zu einer Schwächung des gewerkschaftlichen Handlungspotentials. In vielen Fällen fiel die Rückkehr zur Demokratie mit einer Wirtschaftskrise zusammen, weshalb die Wiederherstellung der politischen Rechte der Arbeiter nicht immer zu besseren materiellen Lebensumständen führte. Trotz der offensichtlichen Vorteile der Demokratie begannen die Gewerkschaften die neue politische Periode oft aus einer Position der Schwäche. Die Wirtschaftskrise und die Entlassungen im Zuge von Privatisierungs- und Rationalisierungsmaßnahmen führten zu wachsender Arbeitslosigkeit und Unterbeschäftigung und zu einer »Informalisierung« der Arbeitsmärkte. Viele Arbeitsplätze wurden in Bereichen abgebaut, in denen schlagkräftige Gewerkschaften existierten. Neue Arbeitsplätze entstanden oft in »gewerkschaftsfreien Räumen«. Das Potential gewerkschaftlich organisierbarer Arbeitnehmer verringerte sich drastisch. Sinkende Mitgliederzahlen führten zu einer weiteren Reduzierung des nie besonders hohen Organisationsgrades und damit auch zu einem Verlust an Repräsentativität. Aufgrund unterschiedlicher Ausgangsbedingungen gibt es allerdings nach wie vor große Unterschiede zwischen den einzelnen Ländern. Schätzungen zum Organisationsgrad der Gewerkschaften gehen für Argentinien von 25-30 Prozent, für Brasilien, Chile und Uruguay von 15-20 Prozent und für die Andenländer Bolivien, Ecuador und Peru von 10-15 Prozent aus. Dabei ist zu berücksichtigen, daß sich diese Angaben auf den Anteil von Gewerkschaftsmitgliedern an den Erwerbspersonen in einem formalisierten Beschäftigungsverhältnis beziehen. Mitte der 90er Jahre war in Lateinamerika jedoch mehr als die Hälfte der Beschäftigten im informellen Sektor tätig. Vor diesem Hintergrund drohen die Gewerkschaften insbesondere in den Andenländern zu einem marginalen Akteur zu werden, während andere zivilgesellschaftliche Organisationen an Bedeutung gewinnen. Dazu gehören etwa die zunehmend selbstbewußter auftretenden Verbände der indigenen Bevölkerungsgruppen, aber auch ein Phänomen wie die »Gewerkschaften« der bolivianischen Kokabauern. Wenn die klassischen Gewerkschaften in diesen Ländern überhaupt noch als relevanter politischer Einflußfaktor auf nationaler Ebene auftreten können, dann nur im Verbund mit anderen zivilgesellschaftlichen Organisationen (vgl. Köhler/Wannöffel 1995).

Zu den strukturell begründeten Schwierigkeiten gesellte sich bei vielen Gewerkschaften ein Mangel an konzeptionellen und strategischen Kapazitäten. Der Attraktivitätsverlust überkommener Leitbilder infolge der weltweiten Entwicklungen seit 1989 stürzte die Arbeiterbewegung in eine Ideenkrise. Vielerorts beschränkte sich die Auseinandersetzung mit den neoliberalen Entwicklungsstrategien zunächst auf eine rein defensive Abwehrhaltung. Die Abkehr von der traditionellen Staatsfixierung fiel den Gewerkschaften schwer. Innergewerkschaftliche Erneuerungs- und Demokratisierungsprozesse fanden nur in Ausnahmefällen statt. Die verbliebenen Gewerkschaftsmitglieder erwarten von ihren Organisationen verständlicherweise eine wirkungsvolle Interessenvertretung, d.h. zum Beispiel Widerstand gegen Reallohnverluste und Entlassungen sowie Bemühungen um mehr Beschäftigungssicherheit. Andererseits sind diejenigen, die über einen Arbeitsplatz verfügen, bereits in einer privilegierten Situation gegenüber den Arbeitslosen und im informellen Sektor Beschäftigten (vgl. Portella de Castro/ Wachendorfer 1995).

Die Unternehmerverbände

Mit Ausnahme Chiles verbanden sich für große Teile der südamerikanischen Privatwirtschaft mit den autoritären Regimes rückblickend einige unangenehme Erfahrungen. Sowohl in den Andenländern als auch in Brasilien, Argentinien und Uruguay erwiesen sich die Streitkräfte, deren Machtübernahme die Privatwirtschaft in den meisten Ländern begrüßt hatte, als unzuverlässige und schwer kalkulierbare Bündnispartner. Die Hoffnungen der Privatwirtschaft auf einen raschen Einflußgewinn unter demokratischer Herrschaft erwiesen sich jedoch zunächst ebenfalls als trügerisch. Die ersten demokratischen Regierungen bekannten sich zwar verbal zu einer Zusammenarbeit mit den Unternehmern, de facto bemühten sie sich jedoch um weitgehende Unabhängigkeit, so etwa die Regierung Alfonsín in Argentinien (1983-1989), die Regierung Silez Zuazo in Bolivien (1982-1985) oder die Regierung Hurtado in Ecuador (1981-1984). Dies veranlaßte die Privatwirtschaft nicht nur zu Protesten – so in Ecuador, wo die Unternehmer Staatspräsident Hurtado wegen seines »exzessiven Etatismus« als »Krypto-Marxist« diffamierten, oder in Argentinien, wo die Unternehmerdachverbände sogar ein gemeinsames Bündnis mit den Gewerkschaften gegen die Regierung Alfonsín abschlossen –, sondern auch zu einer Stärkung ihrer Kapazitäten für kollektives Handeln. Was insbesondere in den Andenländern und in Brasilien schon während der autoritären Herrschaft begonnen hatte, wurde jetzt forciert: die institutionelle und personelle Stärkung der traditionell nur schlecht ausgestatteten Verbände. Auf dieser Grundlage bemühten sich die Unternehmerverbände dann auch um eine stärkere Zusammenarbeit mit den politischen Parteien – die sich ihrerseits gegenüber den Interessen der Privatwirtschaft öffneten – und mischten sich offener als früher in politische Auseinandersetzungen ein. Hinzu kam der »Kampf um die Köpfe«: Intensiver und professioneller als je zuvor versuchte die Privatwirtschaft, das ideologische Klima in ihrem Sinne zu beeinflussen, das traditionell schlechte gesellschaftliche Image der Unternehmer zu verbessern und die Öffentlichkeit für Ideen wie die des »freien Unternehmertums als Stützpfeiler jeder funktionierenden Demokratie« zu gewinnen. Dazu wurden auch professionelle Public-Relations-Agenturen eingeschaltet. Die Überzeugungsarbeit vieler Verbände richtete sich im übrigen nicht nur an die öffentliche Meinung, sondern oft auch an die eigenen Mitglieder (vgl. Bartell/Payne 1995; Birle/Imbusch/ Wagner 1997; Conaghan/Malloy 1994).

Solche Anstrengungen haben dazu beigetragen, daß die »kulturelle Hegemonie« im Südamerika der 90er Jahre dem neoliberalen, anti-etatistischen Gedankengut gehörte – was selbstverständlich keinen Unternehmer davon abhielt, eigene Pfründe und Privilegien so gut wie möglich zu verteidigen. Das Image der Privatwirtschaft hat sich in vielen Ländern verbessert. Die Existenzberechtigung eines privaten Unternehmertums wird – anders als noch in den 60er und 70er Jahren – von keinem relevanten Akteur mehr grundsätzlich in Frage gestellt. Die traditionelle Geringschätzung wich einer unternehmerfreundlicheren Haltung. Parteien und Regierungen warben offensiv um eine Mitarbeit der Privatwirtschaft. Dies bedeutete nicht automatisch, daß sich die Möglichkeiten der Unternehmerverbände zur Mitgestaltung von Regierungspolitiken tatsächlich grundlegend verbesserten. Gerade die erste Welle der neoliberalen Reformpolitiken ließ relativ wenig Spielräume für eine konsensorientierte Politik, und in allen Ländern gab es auch unter den Unternehmern Gewinner und Verlierer dieser Politik. Während die Krise der Klein- und Mittelindustrie in vielen Ländern beängstigende Ausmaße annahm, konnten sich die großen Wirtschaftsgruppen relativ gut auf die neue Wettbewerbssituation einstellen. Sie waren es im übrigen auch, die von der Privatisierungspolitik am stärksten profitierten.

Reformen der Arbeitsbeziehungen

Im Zuge der ordnungspolitischen Wende wurde auch eine Reform der Arbeitsbeziehungen angestrebt, deren grundlegende Zielsetzungen in allen Ländern ähnlich waren. Es ging um eine Abkehr von den weiter oben skizzierten traditionellen Mustern, vor allem von der hochgradig detaillierten, regulierten und den einzelnen Arbeitnehmer schützenden individuellen Arbeitsgesetzgebung. Begründet wurde dies mit der Notwendigkeit, den Unternehmern ein flexibles Reagieren auf sich verändernde Produktionsanreize zu ermöglichen. Normen und Praktiken, die den Lohnabhängigen langfristige Arbeitsplatzsicherheit garantieren, galten aus dieser Perspektive als Produktions- und Beschäftigungshemmnisse. Angestrebt wurde auch eine massive Reduzierung der Arbeitskosten. Dazu sollten die Lohnnebenkosten gesenkt werden und Lohnerhöhungen auf ein die Produktivitätsentwicklung des jeweiligen Unternehmens nicht übersteigendes Niveau beschränkt bleiben. Die typischen Maßnahmen zur Verwirklichung dieser Ziele sehen folgendermaßen aus (vgl. Bronstein 1995 u. 1997; Cook 1998; Córdova 1996; Dombois et al. 1997; Wannöffel 1996).

– Abbau von rechtlichen Beschränkungen für die Ausgestaltung von Arbeitsverträgen, die dem Schutz der einzelnen Arbeitnehmer vor unternehmerischer Willkür dienen; Möglichkeit des Abschlusses zeitlich befristeter Arbeitsverträge; größere unternehmerische Spielräume bei der Regelung von Tages-, Wochen- und Jahresarbeitszeiten und bei der Gewährung von

Urlaub; Reduzierung des Kündigungsschutzes sowie der bei Entlassungen und Arbeitsunfällen zu leistenden Entschädigungszahlungen.

- Dezentralisierung der Arbeitsbeziehungen durch Verlagerung von Tarifverhandlungen auf Betriebsebene, auch in Ländern, in denen traditionell sektorale und großflächige Tarifvereinbarungen ausgehandelt wurden (z.B. Argentinien), durch Betriebsvereinbarungen, Haustarifverträge, Öffnungs- und Härteklauseln und ähnliche Regulierungsformen. Derartige Maßnahmen verschaffen den einzelnen Unternehmern größere Spielräume und schwächen die Aggregationsfunktionen der gewerkschaftlichen Dachverbände. Die Dezentralisierung der industriellen Beziehungen bietet zwar theoretisch auch Möglichkeiten, die Interessenvertretung der Beschäftigten stärker als früher an den Interessen der Basis zu orientieren, sie läuft in der Praxis allerdings eher auf eine Zersplitterung und damit Schwächung gewerkschaftlicher Vertretungsmacht hinaus.

- Senkung der Löhne und Lohnnebenkosten durch Koppelung von Lohnerhöhungen an die Produktivitätsentwicklung der jeweiligen Unternehmen sowie durch die Senkung der unternehmerischen Sozialbeiträge.

- Einschränkung des Streikrechts, Erleichterung der Entlassung streikender Arbeiter und der Einstellung von Streikbrechern.

Derartige Maßnahmen sind allerdings nicht in allen Ländern gleichermaßen realisiert worden. Um dies zu verdeutlichen, wird im folgenden in Anlehnung an Cook zwischen drei Typen von Reformen im Bereich der Arbeitsbeziehungen unterschieden:
1. Reformen, die den Arbeitsmarkt deregulieren, die Kosten der Arbeitgeber senken und den Unternehmern mehr Freiheit bei Vertragsabschlüssen und bei der Entlassung ihrer Arbeitskräfte lassen (Flexibilisierung);
2. Reformen, die die Autonomie der Gewerkschaften und der Unternehmerverbände gegenüber dem Staat stärken, die Pluralismus ermuntern, Repräsentationsmonopole aufbrechen und die Abhängigkeit vom Staat lockern (Liberalisierung);
3. Erlaß von Rechtsvorschriften, die dem Schutz der Arbeiter dienen und diesen nicht den Verhandlungen zwischen Gewerkschaften und Arbeitgebern überlassen, beispielsweise gesetzliche Überstundenbeschränkungen oder Maßnahmen zur Beschäftigungssicherheit (Schutzbestimmungen).

In Schaubild 1 sind für vier südamerikanische Länder (Argentinien, Brasilien, Chile, Venezuela) einige traditionelle Merkmale der Arbeitsbeziehungen sowie ausgewählte Reformen der 80er und 90er Jahre aufgelistet. Die Übersicht erhebt keinen Anspruch auf Vollständigkeit, sie soll lediglich verdeutlichen, daß wir es bei der Reform der Arbeitsbeziehungen in Lateinamerika nicht mit völlig einheitlichen Tendenzen zu tun haben. Warum aber gehen die Reformen der Arbeitsgesetzgebung teilweise in unterschiedliche Richtungen, obwohl die Ausrichtung der ökonomischen Reformen sehr ähnlich ist? Erklärungen dafür liefern in erster Linie Faktoren wie der Zeitpunkt der Reformen, der Charakter des Systems der Arbeitsbeziehungen vor der Reform sowie die Stärke und Orientierung der jeweiligen Gewerkschaften und Unternehmerverbände.

Reformen, die mit den Demokratisierungsprozessen einhergingen, haben meist zu Liberalisierungsmaßnahmen und zur Wiederherstellung von Schutzbestimmungen geführt, während Flexibilisierungsmaßnahmen in der Regel im Zuge einer neoliberalen Ausrichtung der Wirtschaftspolitik eingeleitet wurden. In einer ganzen Reihe von Ländern fanden inzwischen mehrere Reformrunden statt: zuerst Liberalisierungsmaßnahmen und Wiederherstellung von Schutzbestimmungen im Zuge der Redemokratisierung, später Flexibilisierung im Zuge der neoliberalen Wende. Ein nicht zu unterschätzender Faktor für die Erklärung fortbestehender Unterschiede im Bereich der Arbeitsbeziehungen sind die jeweiligen nationalen Entwicklungspfade und Traditionen. Dazu gehören beispielsweise die im Verlauf der historischen Entwicklung entstandenen landesspezifischen Besonderheiten des Systems von Arbeitsbeziehungen sowie der jeweilige gesellschaftlich-politische Status der Gewerkschaften. Sie können sich – wie der argentinische Fall besonders gut verdeutlicht – als erstaunlich »reformresistent« erweisen. So bedeuten beispielsweise Flexibilisierungsmaßnahmen in einem traditionell sehr protektiv ausgerichteten Land wie Argentinien, das zudem über eine der stärksten südamerikanischen Gewerkschaftsbewegungen verfügt, etwas ganz anderes als in Ländern wie Peru oder Ecuador, wo die Arbeiterbewegung auch vor Beginn der Reformen bereits sehr schwach war. Ähnliches gilt für die (Wieder-) Einführung und/oder Stärkung von Schutzbestimmungen: Für Brasilien oder Venezuela, wo die etatistische Ausrichtung der Arbeitsbeziehungen in der Vergangenheit allenfalls partiell angetastet wurde, bedeuten derartige Maßnahmen etwas ganz anderes als für Chile, wo die Arbeitsbeziehungen unter Pinochet radikal flexibilisiert und Arbeiter und Gewerkschaften fast vollständig des staatlichen Schutzes beraubt worden waren (vgl. Cook 1998).

Schaubild 1: Ausgewählte Merkmale der Arbeitsbeziehungen und beispielhafte Veränderungen der Arbeitsgesetzgebung in Argentinien, Brasilien, Chile und Venezuela (80er und 90er Jahre)

Land	traditionelle Merkmale des Systems industrieller Beziehungen	Veränderungen der Arbeitsgesetzgebung
ARGENTINIEN	– nationale und branchenspezifische Gewerkschaftsorganisationen; – Zulassung von Gewerkschaften durch die Regierung; – kein Ersatz Streikender durch Neueinstellungen möglich; – kein Abbau vertraglich vereinbarter Rechte durch neue Kollektivverträge möglich; – Lohnindexierung; – Gewerkschaftlich verwaltete Wohlfahrtseinrichtungen, die den Arbeitern Gesundheitsdienstleistungen zur Verfügung stellen	*Schutzbestimmungen:* – Maßnahmen zur Arbeitsplatzmobilität, zur Einführung neuer Technologien und zur Steigerung der Produktivität können nur durch tarifvertragliche Regelungen eingeführt werden; *Flexibilisierung:* – Zulassung von zeitlich befristeten Arbeitsverträgen mit reduzierten Lohnnebenkosten und geringerem Beschäftigungsschutz; – Koppelung von Lohnerhöhungen an Produktivitätsfortschritte; – Erleichterung dezentralisierter Verhandlungen; – Lockerung der Arbeitszeit- und Überstundenregelungen
BRASILIEN	– Gewerkschaftsorganisation auf der Basis von Berufskategorien und territorialen Einheiten; – freiwillige Gewerkschaftsmitgliedschaft, aber zwangsweise Entrichtung einer Gewerkschaftssteuer auch durch Nichtorganisierte; – Allgemeinverbindlichkeit von Verträgen für alle Arbeiter und Arbeitgeber einer Berufskategorie, unabhängig von Gewerkschaftsmitgliedschaft	*Liberalisierung*: – reduzierte Rolle des Staates bei der Zulassung von Gewerkschaften und bei der Entscheidung über die Legalität von Streiks; – ausgedehntere Organisationsrechte im öffentlichen Sektor; *Flexibilisierung:* – Abbau zuvor vertraglich zugestandener Rechte durch neue Verträge ermöglicht; – Erleichterung dezentralisierter Verhandlungen; *Schutzbestimmungen*: – Verkürzung der wöchentlichen Arbeitszeit; – Ausweitung der Bestimmungen zum Mutterschaftsurlaub;

		– Stärkung des Streikrechts
C H I L E	– Gewerkschaftsorganisation auf Unternehmensebene; – Freiwillige Gewerkschaftsmitgliedschaft; – Dezentralisierte Verhandlungen; – Für einige Gewerkschaften weder Recht auf Führung von Tarifverhandlungen noch Streikrecht; – keine Allgemeinverbindlichkeit abgeschlossener Verträge; – keine Kollektivverhandlungen in neuen und halböffentlichen Unternehmen; – Themen, die die Entscheidungsfreiheit der Unternehmensführung einschränken könnten, nicht Bestandteil von Verhandlungen; – keine Kollektivverhandlungen für Beschäftigte des öffentlichen Sektors; – Ersatz streikender Arbeiter durch Neueinstellungen sowie Aussperrung erlaubt	*Schutzbestimmungen:* – Erhöhung des Mindestlohnes; – Aufhebung der zeitlichen Beschränkung von Streiks; – Ausweitung der Bestimmungen zum Mutterschaftsurlaub; *Liberalisierung:* – Ausdehnung der Organisationsrechte im öffentlichen Sektor; – Ausweitung des Streikrechts in bestimmten staatlichen Unternehmen
V E N E Z U E L A	– Gewerkschaftsorganisation auf Branchen- und Unternehmensebene; – Zulassung von Gewerkschaften durch die Regierung; – Kollektivverhandlungsabgaben für Nichtorganisierte; – Staatsaufsicht über Kollektivverhandlungen; – Möglichkeit von Streiks im öffentlichen Sektor; – Gewerkschaftspluralismus	*Schutzbestimmungen:* – Erhöhung der Abfindungen bei Entlassungen; – Ausweitung des gesetzlichen Beschäftigungsschutzes; – Ausweitung der Bestimmungen zum Mutterschaftsurlaub; *Flexibilisierung:* – Einschränkung der gesetzlichen Lohnrichtlinien; – Abbau von Beschränkungen bezüglich Wochenarbeitszeit und Überstunden; – Abbau zuvor vertraglich zugestandener Rechte durch neue Verträge ermöglicht

Quelle: Cook 1998: 318f.

Fazit

Da eine detaillierte Auseinandersetzung mit einzelnen Ländern den Rahmen dieses Beitrages »sprengen« würde, möchte ich abschließend noch einmal auf fünf allgemeine Tendenzen hinweisen, die meines Erachtens für die Entwicklung der Arbeitsbeziehungen im Südamerika der 80er und 90er Jahre von zentraler Bedeutung waren:

1. In allen Ländern Südamerikas waren im Zuge der Transformationsprozesse der 80er und 90er Jahre zwei gegenläufige Tendenzen im Hinblick auf die Rahmenbedingungen für gewerkschaftliches Handeln zu beobachten: Die Demokratisierung eröffnete Handlungsspielräume, die während der diktatorialen Herrschaft unvorstellbar gewesen wären. Grundsätzlich bestanden Ende der 90er Jahre in der gesamten Region die formalen Voraussetzungen für ein freies und autonomes Gewerkschaftswesen. Gleichzeitig sanken allerdings die Handlungskapazitäten der Arbeiterbewegung, und diese Tendenz wird sich wahrscheinlich weiter fortsetzen: Im Zuge der ökonomischen und sozialen Transformationsprozesse gingen die Mitgliederzahlen und Organisationsgrade der Gewerkschaften stark zurück. Verantwortlich dafür waren unter anderem die nachlassende Bedeutung der traditionellen Industriearbeiterschaft, die Massenarbeitslosigkeit sowie Individualisierungsprozesse. Die Akzeptanz und Repräsentativität der Gewerkschaften ist insbesondere im privaten Sektor schwach. Die über Jahrzehnte vor allem im *political bargaining* geübten Gewerkschaften tun sich schwer mit den neuen Rahmenbedingungen. Wenn die Gewerkschaften in der Zukunft ihre Präsenz in der Privatwirtschaft ausbauen und eine größere Rolle bei der Gestaltung ökonomischer und sozialer Entwicklungen spielen wollen, müssen sie sich stärker als in der Vergangenheit auf Gebieten wie Aus- und Weiterbildung, Umschulung und betriebliche Mitbestimmung profilieren.

2. Bei den betrieblichen Arbeitsbeziehungen zeichnet sich eine wachsende Heterogenität der Zustände auf Unternehmensebene ab: In allen Ländern gibt es Unternehmen, die Tarifverhandlungen und Kollektivverträge respektieren, neben anderen, die solchen Institutionen und Normen bestenfalls eine untergeordnete Bedeutung einzuräumen gewillt sind, ganz zu schweigen von einer wachsenden Anzahl von Betrieben, die »gewerkschaftsfrei« sind und sich an keinerlei Kollektivvertrag gebunden fühlen. Da die Bedeutung von Produktivitäts- und Qualitätskriterien zugenommen hat, ist auch eine wachsende Differenzierung der Lohn- und Beschäftigungsgefüge zu beobachten. Diese orientieren sich zunehmend an den konkreten Funktionen und Leistungen der einzelnen Beschäftigten. Vor diesem Hintergrund erweist sich die Aufrechterhaltung überkommener klientelistischer Netzwerke als schwierig.

3. Seit der Demokratisierung kam es zu einer Reihe von tripartären Konzertierungsansätzen zwischen Regierungen, Gewerkschaften und Unternehmerverbänden. Im allgemeinen hat es sich als schwierig erwiesen, zu konkreten

Ergebnissen zu gelangen. Dies lag zum einen daran, daß einige Voraussetzungen auf der Ebene der Akteure (Handlungsfähigkeit, Repräsentativität, Verpflichtungsfähigkeit gegenüber den Mitgliedern) nicht in ausreichendem Maße gegeben waren. Zum anderen scheinen radikale Transformationsprozesse wenig geeignet zu sein für konsensorientierte Entscheidungsmodelle. Dies bedeutet allerdings nicht, daß alle Konzertierungsanstrengungen umsonst gewesen wären. Die tripartären Dialog- und Verhandlungsforen erleichterten die wechselseitige Anerkennung von Gewerkschaften und Unternehmerverbänden als legitime gesellschaftliche Akteure. Aus einer westeuropäischen Perspektive mag dies als selbstverständlich erscheinen, angesichts traditioneller Vorurteile und Animositäten sollten solche Lernprozesse jedoch nicht unterschätzt werden. Möglicherweise werden sich die entsprechenden Erfahrungen und Lernprozesse auszahlen, wenn sich in einer zweiten Phase der sozio-ökonomischen Modernisierung eine größere Notwendigkeit für die Herausbildung funktionaler Netzwerke auf der Mikro- und Mesoebene und substantiellerer Übereinkünfte zwischen Unternehmern, Gewerkschaften und Staat ergibt.

4. Im Zuge der entwicklungsstrategischen Wende von der Importsubstitutionsstrategie zum Neoliberalismus kam es zu einer Verschiebung der Kräfteverhältnisse zwischen den Interessenvertetungen von Arbeit und Kapital. Positiv mag daran sein, daß frühere Bedrohungsperzeptionen der Unternehmer dadurch an Bedeutung verloren haben, was wiederum deren Bereitschaft zur Akzeptanz demokratischer Regime erhöht hat. Problematisch ist jedoch die zunehmende gesellschaftspolitische Dominanz einer Unternehmerschaft, deren soziales Gewissen nur schwach ausgeprägt ist. Die Konsolidierung demokratischer Herrschaftsformen hängt zumindest langfristig auch davon ab, welche Wirkungen die mittels der demokratischen Regeln gemachten Politiken auf die unterschiedlichen gesellschaftlichen Gruppen haben. Die einseitige Dominanz der Kapitalseite verhindert nicht nur eine Entwicklung von formalen zu stärker egalitären Demokratieformen, sie trägt auch dazu bei, daß sich die politischen Systeme gegenüber den Bürgerinnen und Bürgern nur sehr eingeschränkt durch soziale (Distributions-) Leistungen legitimieren können.

5. Trotz ähnlicher Tendenzen sind Unterschiede zwischen einzelnen Ländern zu konstatieren, die zumindest partiell auf eine historische Pfadabhängigkeit zurückgeführt werden können. Am stärksten waren und sind die Gewerkschaften in denjenigen Ländern, die über eine für lateinamerikanische Verhältnisse breite industrielle Basis verfügen (Argentinien, Brasilien, Chile) und in denen sie relativ früh in populistische Bündnispolitiken eingebunden wurden. Insbesondere die argentinischen Gewerkschaften, die seit den 50er Jahren immer wieder als relativ autonomer politischer Akteur auftraten, sind bis heute ein Machtfaktor, über den weder Regierung noch Unternehmerverbände einfach hinweggehen können. So sind dort auch bislang alle Versu-

che einer vollständigen Liberalisierung der Arbeitsgesetzgebung am Widerstand der Gewerkschaften gescheitert. Andererseits ist im Hinblick auf Chile zu konstatieren, daß dort die einstmalige Stärke der Arbeiterbewegung durch die langjährige Diktatur und die in dieser Zeit durchgeführten radikalen ökonomischen und gesellschaftspolitischen Reformen dauerhaft gebrochen scheint. Die Andenländer, insbesondere Ecuador und Peru, haben nie über ähnlich starke zivilgesellschaftliche Organisationen verfügt wie die Staaten des Cono Sur. Gewerkschaften und Unternehmerverbände waren dort lange Zeit vergleichsweise unbedeutende Akteure. Seit den 80er Jahren ist in diesen Ländern eine partielle Stärkung des unternehmerischen Organisations- und Einflußpotentials bei gleichzeitiger Erosion der ohnehin schwachen gewerkschaftlichen Kampfkraft zu beobachten. Gerade hier droht aufgrund des privilegierten Status, den die Kapitalseite im Rahmen der neoliberalen Politiken genießt, eine dauerhafte Verfestigung asymmetrischer Strukturen in der Interessensvermittlung.

Literatur

Bartell, Ernest/Payne, Leigh A. Hg. (1995): *Business and democracy in Latin America*. Pittsburgh

Birle, Peter (1995): Sindicatos, empresarios y Estado en América Latina. In: *El Estado en América Latina*, Hg. Manfred Mols/Josef Thesing, Buenos Aires: 383-419

Birle, Peter (1997): Los empresarios y la democracia en la Argentina. Conflictos y coincidencias. Buenos Aires

Birle, Peter (1999a): Die südamerikanischen Gewerkschaften und Unternehmerverbände im Systemwechsel. Eine historisch-vergleichende Betrachtung. In: *Systemwechsel 4. Verbände und Industrielle Beziehungen*, Hg. Wolfgang Merkel/Eberhard Sandschneider, Opladen: 181-219

Birle, Peter (1999b): Zivilgesellschaft in Südamerika. Mythos und Realität, In: *Systemwechsel 5. Zivilgesellschaft im Transformationsprozeß*, Hg. Wolfgang Merkel et.al. Opladen (im Druck)

Birle, Peter/Imbusch, Peter/Wagner, Christoph (1997): Unternehmer und Politik im Cono Sur. Eine vergleichende Analyse. In: *Lateinamerika Jahrbuch 1997*, Hg. Klaus Bodemer/Heinrich-W. Krumwiede/Detlef Nolte/ Hartmut Sangmeister, Frankfurt a. Main: 58-85

Boris, Dieter (1990): *Arbeiterbewegung in Lateinamerika*. Marburg

Bronstein, Arturo (1995): Societal Change and Industrial Relations in Latin America: Trends and Prospects. In: *International Labour Review* 134/2: 163-186

Bronstein, Arturo (1997): Labour Law Reform in Latin America: Between State Protection and Flexibility. In: *International Labour Review* 136/1: 5-26

Bultmann, Ingo/Hellmann, Michaela/Meschkat, Klaus/Rojas, Jorge. Hg. (1995): Demokratie ohne soziale Bewegung? Gewerkschaften, Stadtteil- und Frauenbewegungen in Chile und Mexiko. Unkel a. Rhein/Bad Honnef

Collier, Ruth Berins/Collier, David (1991): Shaping the Political Arena. Critical Junctures, the Labor Movement, and Regime Dynamics in Latin America. Princeton, New Jersey

Collier, Ruth Berins/Mahoney, James (1997): Adding Collective Actors to Collective Outcomes. Labor and Recent Democratization in South America and Southern Europe. In: *Comparative Politics* 29: 285-303

Conaghan, Catherine/Malloy, James M.Hg. (1994): Unsettling Statecraft. Democracy and Neoliberalism in the Central Andes. Pittsburgh

Cook, Maria Lorena (1998): Toward Flexible Industrial Relations? Neo-Liberalism, Democracy, and Labor Reform in Latin America. In: *Industrial Relations* 37/3: 311-336

Córdova, Efrén. Hg. (1984): *Industrial Relations in Latin America*. New York

Córdova, Efrén (1996): The Challenge of Flexibility in Latin America. In: *Comparative Labor Law & Policy Journal* 17/2: 314-337

Dombois, Rainer/Imbusch, Peter/Lauth, Hans-Joachim/Thiery, Peter. Hg. (1997): *Neoliberalismus und Arbeitsbeziehungen in Lateinamerika*. Frankfurt a.M.

Drake, Paul W. (1996): Labor Movements and Dictatorships. The Southern Cone in Comparative Perspective. Baltimore/London

Ehrke, Michael (1992): Realer Kapitalismus und Marktwirtschaft. Was folgt aus dem Zusammenbruch des realen Sozialismus? In: *Conquista, Kapital und Chaos. Lateinamerika. Analysen und Berichte 15*, Hg. Dietmar Dirmoser et al., Münster/Hamburg: 55-76

Epstein, Edward (1989): *Labor Autonomy and the State in Latin America*. Boston

Grewe, Hartmut/Mols, Manfred. Hg. (1994): *Staat und Gewerkschaften in Lateinamerika*. Paderborn

Köhler, Holm-Detlev/Wannöffel, Manfred. Hg. (1995): *Gewerkschaften und Neoliberalismus in Lateinamerika*. Münster

O'Donnell, Guillermo (1978): Notas para el estudio de la burguesía local, con especial referencia a sus vinculaciones con el capital transnacional y el aparato estatal. In: *Estudios Sociales* CEDES 12. Buenos Aires

Portella de Castro, María Silvia/Wachendorfer, Achim. Hg. (1995): *Sindicalismo latinoamericano: entre la renovación y la resignación*. Caracas

Ramalho, Luiz. Hg. (1985): *Lateinamerikanische Gewerkschaften zwischen staatlicher Gängelung und Autonomie*. Saarbrücken/Fort Lauderdale

Schvarzer, Jorge (1996): *La industria que supimos conseguir. Una historia político-social de la industria argentina*. Buenos Aires

Waldmann, Peter (1983): Gewerkschaften in Lateinamerika. In: *Internationales Gewerkschaftshandbuch*, Hg. Siegfried Mielke, Opladen: 119-147

Wannöffel, Manfred. Hg. (1996): *Bruch der Arbeitsbeziehungen in Amerika*. Münster

Wolfgang Heinz
Kokaanbau und Drogenpolitik am Beispiel Boliviens und Kolumbiens

Mit illegalen Drogen werden gegenwärtig circa 500 Milliarden US$ Gewinne erwirtschaftet, rund acht Prozent des Welthandels. 99 Prozent des weltweit produzierten Kokains stammt nach dem Umfang der Anbaufläche aus Peru, Kolumbien und Bolivien. 1995 hat Kolumbien Bolivien in der Größe der Anbaufläche überholt, wahrscheinlich eine Folge der relativ erfolgreichen Vernichtung des Kokaanbaus in Peru. 75 Prozent des weltweit produzierten Kokains stammt aus Kolumbien, das Kokainbase aus Bolivien und Peru erhält. Weniger als ein Drittel der jährlichen Kokainproduktion wird beschlagnahmt (allgemeine Daten nach UNDCP 1997, 1998; US ONDCP 1997, 1998).

Im ersten Teil dieses Beitrages wird die multilaterale Zusammenarbeit bei der Drogenbekämpfung skizziert, gefolgt von einer Analyse der Entstehung und Entwicklung des Kokaanbaus in Bolivien und Kolumbien. Im dritten Teil werden die wichtigsten Konfliktelemente in den außenpolitischen Beziehungen beider Länder mit den USA behandelt und abschließend die wesentlichen Befunde diskutiert.

Multilaterale Zusammenarbeit in der Drogenbekämpfung

Bemühungen zur Kontrolle von Drogen haben im wesentlichen in diesem Jahrhundert begonnen. Unter den Vereinten Nationen wurde zuerst die Drogeneinheitskonvention von 1961 vereinbart. Diese benannte Substanzen und legte Kontrollmechanismen für den legalen Handel, sowie strafrechtliche Maßnahmen für den Fall von Verstößen fest. Die Signatarstaaten verpflichteten sich dazu, die Produktion sogenannter Drogenpflanzen innerhalb von 25 Jahren zu unterbinden; ausgenommen wurden Kontingente für legale Drogen. Es folgte die UN-Konvention zu psychotropen Drogen von 1971. 1988 kam es zur Verabschiedung der *UN – Convention against Illicit Traffic in Narcotic Drugs and Psychotropic Substances*, die unterdessen von allen Ländern Lateinamerikas unterschrieben wurde. Beim Miami-Gipfel der Staats- und Regierungschefs beschlossen 34 Länder ein Aktionsprogramm. 1996 beschloß die OAS eine Antidrogenstrategie für die Hemisphäre (OAS 1996). Sie hat auch *die Inter-American Drug Abuse Control Commission*

(CICAD) ins Leben gerufen. Im April 1998 hat der Interamerikanische Gipfel die OAS beauftragt, einen multilateralen Evaluationsmechanismus zu entwickeln.

Von 8. bis 10. Juni 1998 fand in New York eine UN-Sondergeneralversammlung zum Drogenproblem statt, an der 185 Länder teilnahmen. Es wurde eine Globale Initiative verabschiedet, die die Drogen bis zum Jahr 2008 weltweit eliminieren oder erheblich reduzieren soll. Der Aktionsplan für eine drogenfreie Welt besteht aus den Hauptelementen internationale Justizkooperation, Kontrolle von Vorläuferchemikalien, Geldwäsche, Reduzierung der Nachfrage nach illegalen Drogen und Vernichtung der sogenannten Drogenpflanzen Cannabis, Koka und Schlafmohn. Zentrale Instrumente sind Beschlagnahme, finanzielle Kontrolle, gegenseitige Rechtshilfe und Auslieferung von Drogenstraftätern. Immerhin soll die Vernichtung der sogenannten Drogenpflanzen nur bei Anerkennung der Menschenrechte, der Berücksichtigung der Umweltverträglichkeit und der Anerkennung der Legitimität traditioneller Konsumformen erfolgen. Zum Jahr 2003 sollen Strategien und Programme zur Senkung der Nachfrage nach Drogen entwickelt werden (nach Clarín, 11.6.1998 und Lessmann 1998: 76).

In der Präambel der Globalen Initiative wird die gemeinsame Verantwortung aller Staaten für den Kampf gegen den Drogenhandel beschworen. Es sollen Angebot und Nachfrage bekämpft werden, und die internationale Zusammenarbeit soll in beiden Bereichen ansetzen. Der Schwerpunkt der Initiative liegt unverkennbar auf dem polizeilich-juristischen Ansatz, womit sich die USA einmal wieder durchgesetzt haben (Lessmann 1998: 77). Gleichwohl werden alle wesentlichen Bereiche der Problematik – so etwa, wenn auch kurz, integrierte ländliche Entwicklung – zumindest genannt, und es bleibt abzuwarten, ob sich wieder, wie schon in der Vergangenheit, allein diejenigen Ansätze durchsetzen, die auf die Vernichtung des Anbaus abzielen. Der lateinamerikanische Ruf nach alternativer Entwicklung konnte sich in New York kaum durchsetzen. Entsprechende Projekte werden auch weiterhin mit Verbot und Strafverfolgung verknüpft, um eine spürbare Reduktion des Anbaus zu erreichen (Lessmann 1998: 83).

Die Entwicklung in Bolivien und Kolumbien

Das Gesamteinkommen der Andenländer durch Kokaanbau und -handel wird für Mitte der 90er Jahre auf acht bis zwölf Milliarden US$ geschätzt, wobei der Anbau der Koka nur wenige Prozent der Geschäftskosten ausmacht. Die entscheidende Wertsteigerung wird auf dem Weg zu den Märkten und dann auf der Straße erzielt. Der Verkauf auf der Straße in New York erbrachte beispielsweise 1993 zwischen 46 Milliarden und 75 Milliarden US$. Rund 50 Prozent des erworbenen Einkommens fließen in die Produktionsländer zurück (Vellinga 1998: 19). Der Beitrag zum Bruttosozialprodukt für Bolivien, Kolumbien und Peru wird auf ungefähr sieben Prozent veranschlagt (Clawson/Lee III 1996: 33). Nach groben Schätzungen hat der Drogensektor in Kolumbien 150.000, Peru 175.000 und Bolivien 75-80.000 Arbeitsplätze geschaffen (Vellinga 1998: 19; Ministerio de Gobierno 1998: 9).

Der folgende Überblick zeigt die Entwicklung des Kokaanbaus zwischen 1988 und 1997 nach den Angaben des US-Außenministeriums (Quelle: US Department of State 1991, 1998, zit. in Lessmann 1998: 73; für 1996 sind nur die Monate Jan.-März erfaßt). Zusätzlich wurde die Statistik des bolivianischen Amtes *Dirección de la Reconversión de la Coca* (DIRECO) aufgenommen, die das Verhältnis zwischen Anbau und Zerstörung deutlich macht (Vellinga 1998: 11; Datensätze zwischen den US- und bolivianischen Regierungsstellen stimmen nicht genau überein).

Kokaproduktion pro Hektar; brutto: 1988, 1994, 1995, 1996, 1997

	1988	*1994*	*1995*	*1996*	*1997*
Bolivien	50.400	49.200	54.093	55.612	52.800
- zerstört	1.474	2.132	5.436	1.215	?
Kolumbien	34.230	49.610	59.650	72.800	98.500
Peru	115.530	108.600	115.300	95.659	72.262
Total	200.160	207.410	229.043	224.071	223.562

Bolivien

Seit Jahrhunderten wird in Bolivien Koka für den Eigenverbrauch angebaut. Zur Zeit wird die Anbaufläche auf 48.100 Hektar geschätzt, von denen 12.000 Hektar für den traditionellen, legalen Anbau genutzt werden (Angaben der US-Regierung für 1997; die bolivianische Regierung spricht von 38.000 Hektar, vgl. Ministerio de Gobierno 1998: 3). In jüngster Zeit wird der Konsum zu einem zunehmenden Problem in den Städten, in denen nach einer Studie von 1997 knapp 11 Prozent der Befragten Kokain genommen haben (zit. in ONDCP 1997). Mit rund 215 Tonnen stellte das Land 1997 30 Prozent der Weltproduktion an Kokain bereit. 1998 berichtet ONDCP, daß der Kokaanbau um 40 Prozent zurückgegangen sei. Die Kokainproduktion machte Mitte der 90er Jahre weniger als fünf Prozent des Bruttosozialprodukts aus (Clawson/Lee 1996: 13). 1998 berichtete die Regierung von einem Jahreseinkommen in Cochabamba von zwei Milliarden US$ (Presencia, 27.3.1998).

Die Drogenbekämpfung beruht auf dem Gesetz 1.008 von 1988, das unter anderem

- den legalen Anbau auf die traditionellen Gebiete mit 12.000 Hektar beschränkt und damit die wichtige Unterscheidung zwischen traditionellem, legalem und illegalem Anbau festlegt;
- zum ersten Mal den Anbau von Koka außerhalb der traditionellen Gebiete verbietet;
- Schadenersatz durch den Staat als Voraussetzung für die Vernichtung von Anbauflächen vorschreibt;
- eine jährliche Zerstörung von Anbauflächen in einem Umfang mindestens 5.000 Hektar festlegt, soweit Ressourcen für Schadenersatz und alternative Entwicklung zur Verfügung stehen;
- die Anwendung von Pflanzenvernichtungsmitteln verbietet.

In der Hauptanbauregion Chapare wurde auf Druck der USA DIRECO eingerichtet sowie eine eigene Einheit von 1.000 Mann (Unidad Móvil de Patrullaje Rural/UMOPAR) aufgestellt; diese wird von der *US Drug Enforcement Agency* (DEA) und den *US Special Forces* ausgebildet und mit 10-15 Millionen US$ jährlich unterstützt. Die Beteiligung der bolivianischen Armee wurde 1992 nach starken Protesten in der Bevölkerung eingestellt. Marine und Luftwaffe sind an gemeinsamen Operationen mit UMOPAR beteiligt. Die internationale Finanzierung von Polizei und Militär zur Zerstörung von Anbauflächen und Kontrollen des Drogenhandels fällt sehr viel höher aus als Investitionen in die sogenannten alternativen Entwicklungsprogramme.

DIRECO war für die Umsetzung des Gesetzes 1.008 verantwortlich (dieser und die folgenden Abschnitte basieren auf Vellinga 1998). Pro zerstörtem Hektar Kokapflanzen wurden 2.000 US$ und weitere 500$ zur Investition in »sofort wirkende Infrastrukturmaßnahmen« gezahlt. Tatsächlich wurden nach Angaben des US-Außenministeriums zwischen 1986 und 1996 mehr als 34.000 Hektar zerstört, aber für jeden vernichteten Hektar wurden 1,5 neue Hektar angelegt (Vellinga 1998: 10; siehe auch Tabelle).

Seit Ende der 80er Jahre wird die sogenannte alternative Entwicklung zunehmend durch die internationale Entwicklungszusammenarbeit gefördert. USAID hat über zwei große Projekte diesen alternativen Entwicklungsansatz verfolgt. 1984 wurde mit dem *Chapare Regional Development Project* (CRDP) begonnen. Nachdem eine Evaluierungsstudie 1986 zahlreiche Mängel aufgedeckt hatte, wurde das Programm neu strukturiert. Beim *Cochabamba Regional Development Project* (CORDEP), das 1991 startete, sollten die Fehler von CRDP vermieden werden. Das Ziel war es hier, Kokasträucher durch die neuen Früchte Banane, Maracuja, Ananas, Palmherz und schwarzen Pfeffer zu ersetzen. Der Zugang zu Krediten wurde ermöglicht, und das Management der Projekte verbessert. Aber auch hier kam es zu erheblichen Problemen. Die vom Bolivianischen Institut für landwirtschaftliche Technologie vorgeschlagenen Früchte erwiesen sich entweder als nicht oder nur mit erheblichem Mehraufwand lebensfähig. Es fehlte an Markt, Transport und einem Einkommen in der Höhe des Kokaverdienstes. Vielfach wurden die neuen Früchte zwar angebaut, aber gleichzeitig auch neue Kokasträucher gepflanzt bzw. alte weiter gehegt. Die neugegründeten Pilotunternehmen erwiesen sich zum Teil als überdimensioniert.

Alternative Ansätze wurden auch durch das *United Nations International Drug Control Programme* (UNDCP) gefördert, zuerst 1985 in der Yungasregion mit 21 Millionen US$, ab 1988 auch in Chapare, in den Bereichen Infrastruktur, Landwirtschaft und Agroindustrie. UNDCP investierte 1988-94 31,6 Millionen US$, USAID und die bolivianische Regierung legten 186 Millionen US$ im Zeitraum 1983-94 an. Die UNDCP-Projekte wurden im Unterschied zu den USAID- und Regierungsprojekten nicht von einer Zerstörung der Anbauflächen abhängig gemacht.

Bolivianische Regierungen haben meist versucht, mit den Kokabauern und ihren Repräsentanten einvernehmliche Regelungen zur Zerstörung des Kokaanbaus zu treffen, wobei aber auch Repression eingesetzt wurde. So kam es immer wieder zu Menschenrechtsverletzungen, wenn die Regierung versuchte, den Widerstand von Kokabauern, wie z.B. im Jahr 1995, zu brechen. Die US-Menschenrechtsorganisation *Human Rights Watch* kritisierte exzessive Gewaltanwendung, willkürliche Festnahmen, Unterdrückung friedlicher Demonstrationen und auch einzelne Todesfälle in Chapare (Human Rights Watch 1996). Zwei Jahre später kam es dort nach der extralegalen Hinrichtung einer Mutter von sieben Kindern, Orellana García, durch einen UMOPAR-Angehörigen zu Unruhen. Die Polizei feuerte wahllos in die Menschenmenge und warf Tränengaskanister. Sechs Menschen, darunter ein UMOPAR-Mitglied, starben an den Vergiftungen (amnesty international 1998: 158). Zwischen 1987 und 1998 kamen bei den Auseinandersetzungen zwischen Regierung und Kokabauern 63 Menschen ums Leben und 235 wurden verletzt (Presencia, 12.4.1998).

Der Druck der USA auf die neu gewählte Regierung Banzer sollte zur Vernichtung von 7.000 Hektar Kokapflanzen führen, da sonst eine Zertifizierung nicht mehr in Frage käme. Davon sind nach Angaben der bolivianischen Regierung 2,365 Milliarden US$ Hilfe für die Jahre 1997-2002 abhängig. Es handelt sich um Kredite bzw. Beiträge der Weltbank, der Interamerikanischen Entwicklungsbank, der *US Agency for International Development* und der Initiative für Länder mit hoher Auslandsverschuldung (Ministerio de Gobierno 1998: 11). Sie übt Druck auf die Kokabauern in Chapare aus, ihre Kokafelder zu vernichten. Diese sind als Gemeinden organisiert und werden von *sindicatos* (Gewerkschaften) repräsentiert. Die organisierten Kokabauern versuchen ihrerseits, die eigenen Interessen zu vertreten. 607 *sindicatos* sind in 54 *centrales* (zentrale Zusammenschlüsse) organisiert. Gesellschaftspolitisch haben die *sindicatos* zunehmend die Rolle der an Einfluß verlierenden Bergbaugewerkschaften eingenommen und stellen eine wichtige Brücke zwischen gesellschaftlicher Basis und Staat dar. Dies ist besonders wichtig in einer Region, in der der Staat kaum vertreten ist. Die großen Föderationen stimmen einer Zerstörung der Kokafelder nur dann zu, wenn sie vollen Schadenersatz erhalten, die kleinen sind hingegen eher zu Konzessionen bereit.

Vellinga erkennt in dem sich hinhaltenden Widerstand der Bauern eine Haushaltsstrategie, die auf Überleben und begrenzten Wohlstand der Familie ausgerichtet ist. Die Familien würden meist auf einem Hektar Nahrungsmittel für die Familie und auf einem weiteren Hektar Koka oder ein anderes marktfähiges Produkt anpflanzen (Vellinga 1998: 14). Bauern seien bereit, Kokaanbau aufzugeben, schon weil sie dies von den ständigen Belästigungen der Sicherheitskräfte befreit, auch wenn sie für die neuen Anbaufrüchte mehr arbeiten müßten. Aufgrund des meist schlechten Bodens ist eine intensive Bewirtschaftung des Bodens jedoch meist nicht möglich. Dies gilt erst recht, wenn man sich verdeutlicht, daß eine ständige Fruchtrotation stattfinden muß. Die sich ständig verschlechternde Umweltsituation verringert den landwirtschaftlich nutzbaren Boden. Kokaanbau ist zu einer Lebensversicherung für die Bauernfamilien geworden und kann durch die bisher vorgeschlagenen Ersatzmaßnahmen kaum abgeschafft werden. Während ursprünglich nur Kokasträucher geerntet wurden, werden jetzt vor Ort zunehmend Kokabasispaste und Kokainbase hergestellt. Dies erhöht das Einkommen von jährlich 1.500 US$ pro Hektar (brutto) auf 2.300 US$.

Damit zeigen sich drei Grundprobleme im Chapare, die einer umfassenden, nachhaltigen Lösung entgegenstehen:

– die Regierungen verloren dadurch an Glaubwürdigkeit, daß sie einerseits eine Politik der Verständigung betrieben, aber parallel dazu immer wieder Repression einsetzten;

– wiederholte Versprechungen, über alternative Entwicklung die Lebensrisiken von Bauernfamilien abzusichern, erwiesen sich als nicht tragfähig, weil sich die ausgewählten landwirtschaftlichen Produkte als nicht lebensfähig erwiesen und Unterstützungsmaßnahmen unzureichend funktionierten;

– der Übergang von der währenddessen angeeigneten Lebensweise, zu der der Kokaanbau gehört, zu einer anderen landwirtschaftlichen Produktions- und Lebensweise hat sehr viel mehr Widerstände hervorgerufen als die Experten für die Bekämpfung des Drogenhandels vorausgesehen haben.

1998 verkündet die Regierung Banzer ihren Fünfjahresplan zur Drogenbekämpfung »Por la Dignidad« für den Zeitraum 1998-2002, in dem die Armut der Bevölkerung im Mittelpunkt steht (Ministerio de Gobierno 1998; zur innenpolitischen Entwicklung Goedeking 1998). Innerhalb von fünf Jahren soll die Überschußkoka beseitigt werden und Bolivien aus dem Geschäft Koka-Kokain ausscheren. Für den Plan sollen 952 Millionen US$ aufgewendet werden, 700 Millionen US$ für alternative Entwicklung, 108 Millionen US$ für die Zerstörung der Kokasträucher, 129 Millionen US$ für Beschlagnahme und 15 Millionen US$ für Prävention und Rehabilitation. Die Regierung will mindestens 15 Prozent der Kosten übernehmen und sucht weitere Geldgeber. Sie hat die Form der Auszahlung des Schadenersatzes für zerstörte Hektar verändert. Erhielt bisher der Kokabauer 2.500 US$ pro Hektar Kokasträucher, so bekommt er jetzt nur noch 1.650 US$; die restlichen 850 US$ gehen an die Gemeinde. Kokabauern haben bereits dagegen protestiert und eine Rückkehr zum alten System gefordert (La Razón, 9.5.1998).

Die USA sind seit 1972 in der Drogenbekämpfung aktiv und haben sich vor allem der Polizeiausbildung zur Bekämpfung von Anbau und Handel gewidmet. Im Laufe der Zeit nahm das Engagement zu. Jedes Jahr muß der US-Präsident gegenüber dem Kongreß bestätigen, daß Empfängerländer von US-Hilfsmaßnahmen wie Entwicklungs-, Wirtschafts-, Militärhilfe etc. bei der Drogenbekämpfung zusammenarbeiten (sogenannte *certification*). Die Nichtbestätigung führt dazu, daß alle Hilfsprogramme gestrichen und US-Vertreter in multilateralen Finanzinstitutionen angewiesen werden, gegen Kredite für das betreffende Land zu stimmen; eine Aussetzung dieser Folgen ist nur möglich, wenn der Präsident überragende Interessen der nationalen Sicherheit der USA anführt.

Kolumbien

In Kolumbien werden rund 600-700 Tonnen Kokainhydrochlorid produziert, vor allem in den Departamentos Cauca, Nariño, Huila, Putumayo, Guaviare, Caquetá, Amazonas, Vaupés, Guainia, Vichada, Casanare, Arauca und Boyacá. Die Anbaufläche für Koka wird auf 67.300 Hektar, für Schlafmohn auf 6.300 Hektar und für Cannabis auf 5.000 Hektar. geschätzt (US ONCDP 1997). 1994-96 nahm die Anbaufläche für Koka um 50 Prozent zu (US GAO 1998).

Drogenanbau und -handel begann Ende der 60er/Anfang der 70er Jahre mit Marihuana. Die ersten unsystematischen Kontrollversuche der Regierung waren nicht sehr erfolgreich. Doch der Druck der USA wurde bereits Ende der 70er Jahre stärker und immer mehr wurden Felder zerstört. Gleichzeitig verschob sich mit der Jugend- und Studentenbewegung der 60er Jahre auch der Anbau in die USA, die nun selbst zu einem Anbauland wurden.

Daraufhin wurde Ersatz gesucht, und es bot sich aus mehreren Gründen die Weiterverarbeitung der vor allem in Bolivien und Peru angebauten Koka an:

- Unter den drei Andenländern hat Kolumbien die besten Möglichkeiten, die notwendigen Chemikalien zur Herstellung der Kokapaste und ihrer Weiterverarbeitung zu Kokain zu produzieren.
- Geographisch liegt es ideal zwischen den Anbauländern und dem Konsumland USA. Es ist das Tor zur Karibik und nach Florida, ein weites Gebiet, das sich aufgrund seines hohen Verkehrsaufkommens und der kleinen, leicht korrumpierbaren Inselrepubliken besonders für den Transit eignet.
- Traditionell gibt es viele Gruppen in der Gesellschaft, die vielfältige Erfahrung mit der Illegalität haben, so beispielsweise Diamantensucher und Schmuggler, und leicht auf Kokain umsteigen können.
- Der kolumbianische Staat hat nie über ein effektives Gewaltmonopol verfügt, und es gab und gibt weite Teile des Landes, in denen er kaum vertreten ist und die von Guerillagruppen kontrolliert werden. Dort wurden die Felder angelegt und die häufig mobilen Labors zur Umwandlung der Paste in Kokain errichtet.

In der Gesellschaft in den 70er Jahren und am Anfang der 80er Jahre registriert man die Zunahme des Drogenhandels mit nur wenig Besorgnis. Es waren schließlich die Yankees, die Drogen konsumierten; und für Kolumbien selbst floß viel Geld, jährlich geschätzte circa 3,5-4 Milliarden US$, in das Land zurück, das zum Teil in Infrastruktur, wenn auch häufig in Luxusprojekte, investiert wurde und damit Arbeitsplätze schuf. Der Konsum war gering, die Aufstiegsmöglichkeiten für arme Bevölkerungsschichten waren sehr attraktiv. Zwar werden die »Drogen-Neureichen« von der traditionellen Elite sozial nicht anerkannt, aber je mehr sie in den besten Hotels und später auch Clubs auftauchten und mit Geld um sich warfen, desto stärker stieg ihre Attraktivität. Man ahnt, daß sie auch auf die Politik einwirken wollen.

Die offizielle Politik reagiert träge, aber der Druck der USA, Maßnahmen gegen den Drogenhandel zu ergreifen, nimmt zu. Kolumbianische Politik ist traditionell Konsenspolitik unter Eliten. Das bekannteste Beispiel ist die Nationale Front zwischen Liberaler und Konservativer Partei, die zwischen 1958 und 1974, unabhängig vom Wahlergebnis, den Wechsel der Präsidentschaft zwischen beiden Parteien, sowie die Aufteilung hoher Regierungsposten vorsah.

1984 trifft sich in Panama der Generalstaatsanwalt der Regierung Betancur mit führenden Drogenbossen, um über Lösungen zu sprechen. Das geheime Treffen wird bekannt und in den Medien und in der Politik kritisiert. Der Druck der USA steigt weiter. Die Regierung erklärt sich bereit, kolumbianische Drogenhändler an die USA auszuliefern (in Kolumbien können sie mit der Justiz nach dem Gesetz »Blei oder Geld« meist erfolgreich ihre Interessen durchsetzen). Als Betancurs Justizminister Lara Bonilla eine Antidrogenpolitik aktiv umsetzt, kommt es immer mehr zu Gewalttaten gegen den Staat. Als auch Lara Bonilla zum Opfer wird, schlägt der Staat zurück. Die Entscheidung der Regierung, mutmaßliche Drogenhändler in die USA auszuliefern, und ihre praktische Durchsetzung, nehmen diese zum Anlaß, dem Staat den Krieg zu erklären; dies zeigt eine Entwicklung, die es weder in Bolivien noch in Peru gab. Dabei ist unübersehbar, daß die Politik meist ihr Auskommen mit den Drogenkartellen sucht. In gewissem Umfang ist sie zu einer Zerstörung von Kokafeldern und Laboratorien bereit, aber nicht zu einer effektiven Strafverfolgung. Man weiß häufig, wo sich die gesuchten Drogenhändler befinden, aber offiziell weiß man es nicht. Umfangreiche Spenden für die Wahlkämpfe mehrerer Präsidentschaftskandidaten tragen das Ihre dazu bei.

Später, unter Präsident Barco, kommt es Ende der 80er und zu Beginn der 90er Jahre zum Narkoterrorismus. 1989 fällt der Präsidentschaftskandidat der Liberalen Partei, Luís Carlos Galán, ein entschiedener Gegner der Drogenhändler, einem Attentat zum Opfer. Fast 500 Polizisten und 40 Richter werden vor allem vom Medelliner Kartell unter Führung Pablo Escobars ermordet, Bomben in Supermärkten und Diskotheken gezündet (500 Tote) (Clawson/Lee III, 1996: 51f.). Sogar die Fassade des Hauptquartiers des Nationalen Geheimdienstes, *Departamento Administrativo de Seguridad* in Bogotá, wird durch eine schwere Bombe zerstört (100 Tote, 250 Verletzte). 1989 wird ein Verkehrsflugzeug in die Luft gesprengt (119 Tote). Zunehmend werden Zivilisten zur Zielscheibe. Man beginnt, von einer »Libanisierung« Kolumbiens zu sprechen.

In dieser extremen Situation wird aus der Gesellschaft, vor allem von studentischen Gruppen, gegenüber der traditionellen Politik ein Neuanfang gefordert. Es wird eine Verfassunggebende Versammlung am weiter existierenden Kongreß vorbei (unter dessen Protest) gewählt, der die neue kolumbianische Verfassung von 1991 ausarbeitet (Heinz 1997a). Darin wird die Auslieferung von Kolumbianern an das Ausland verboten.

Der Staat ist unterdessen mit diskreter Hilfe des Cali-Kartells gegen das Medellin-Kartell vorgegangen und dessen letzter Führer, Pablo Escobar, stirbt bei einem Gefecht, als er festgenommen werden soll. Dem Cali-Kartell wird die Übergabe durch strafmindernde Bedingungen erleichtert. Mit dem Ende der beiden großen Kartelle, die zahllose Hollywood-Filme stimulierten und die Aufmerksamkeit der US-amerikanischen Öffentlichkeit erregten, hört der Drogenhandel aber nicht auf. Kleine Kartelle stoßen in das Vakuum. Auch weiterhin kommen dreiviertel des in die USA eingeführten Kokains aus Kolumbien.

In ihren Programmen haben kolumbianische Regierungen immer stark auf die Zerstörung des Kokaanbaus, alternative Entwicklung und Kontrolle des

Handels gesetzt (vgl. beispielsweise Presidencia de la República 1995). In der Praxis war der erste Bereich jedoch immer am wichtigsten, wobei der politische Druck der USA hier sicher die entscheidende Rolle gespielt hat. Bei der Drogenbekämpfung kam es auch in Kolumbien immer wieder zu Menschenrechtsverletzungen. Eine schwere Auseinandersetzung fand im Juli und September 1996 statt, als Bauern in den *Departamentos Caquetá*, Putumayo und Guaviare Massendemonstrationen gegen die Vernichtung der Kokafelder veranstalteten. Nach amnesty international gingen die Sicherheitskräfte mit unverhältnismäßiger Gewalt gegen die Demonstranten vor, und zwölf nicht bewaffnete Zivilisten kamen bei den Protestbewegungen ums Leben, viele andere, darunter auch Journalisten, wurden schwer verletzt. Die Proteste wurden schließlich eingestellt, nachdem die Regierung einem Programm zugestimmt hatte, das die freiwillige Vernichtung der Kokapflanzen und eine Umstellung auf andere Anbauprodukte vorsah (amnesty international 1997: 308; allgemein zu Menschenrechtsverletzungen Heinz 1997b).

Die Rolle der USA

Seit Jahren bemühen sich die USA um eine Durchsetzung ihrer Strategie der Drogenbekämpfung, wozu besonders die Kooperation mit Polizei und Militärs gehört. Für den Zeitraum 1990-97 hat Kolumbien Polizei- und Militärhilfe in Höhe von rund 731 Millionen US$ erhalten (US GAO 1998). Allein 1997 stellten die USA 100 Millionen US$ für Polizei- und Militärhilfe bereit (McCaffrey 1998). Mit Präsident Samper (1994-98) verschlechterten sich die Beziehungen zwischen beiden Ländern. In gerichtlichen und parlamentarischen Verfahren wurde untersucht, ob und in welchem Umfang Gelder von Drogenhändlern in seinen Wahlkampf geflossen waren. Die Ergebnisse schienen den Präsidenten zu entlasten, überzeugten aber weder die kolumbianische Öffentlichkeit noch die US-Politik. 1996 und 1997 verweigerte Präsident Clinton die Bestätigung, daß Kolumbien in vollem Umfang mit den USA kooperiere (*decertification*). 1998 bestätigte er, die Zusammenarbeit sei zufriedenstellend.

In der militärischen Zusammenarbeit haben die USA im Rahmen des *Joined Combined Exchange Training* (JCET), das 1997 mit 101 Ländern durchgeführt wurde, auch mit Kolumbien kooperiert. Für 1998 berichtete ein Vertreter des US-Verteidigungsministeriums, es wäre der Besuch von 32 US-Militärs in Kolumbien geplant. JCET hätte zum Ziel, U.S. *Special Forces* so zu trainieren, daß sie für die USA und andere Länder nützlicher würden. Im Mittelpunkt stünden Terrorismusbekämpfung, im kolumbianischen Fall auch das Training für die Befreiung von Gefangenen, die entführt wurden. Man hätte aber keine Berater in Kolumbien, die das kolumbianische Militär in Aufstandsbekämpfung ausbildeten. 1998 wären darüber hinaus noch Arbeitsbesuche von 252 US-Beamten in Kolumbien geplant, die mit der Drogenbekämpfung befaßt sind (US DOD 1998).

Die Strategie der USA

Die Bedeutung der internationalen Kontrolle von Drogenschmuggel im US-Regierungshaushalt ist gering. Sie betrug nie mehr als sechs Prozent des US-ONDCP-Haushalts und belief sich für 1997 und 1998 auf zwei Prozent. 1989 verabschiedete der Kongreß den *National Defense Authorization Act*, der das US-Verteidigungsministerium (Department of Defense/DOD) als *lead agency* für die Beobachtung und die Entdeckung illegaler Drogeneinfuhr in die USA verantwortlich macht und erhebliche Ressourcen hierfür bereitstellt. Unter den Militärs war diese neue Aufgabe nicht unumstritten, denn sie wurde nicht als genuin militärisch angesehen (Heinz 1993: 209-211; Zirnite 1997).

In den USA ist der Drogenkonsum seit 1979 um 49 Prozent zurückgegangen, ist aber immer noch sehr viel höher als in den lateinamerikanischen Ländern. In Kolumbien lag der gelegentliche Drogengebrauch nach einer Studie von 1992 bei 4,1 Prozent der Bevölkerung, während er in den USA 31 Prozent erreichte; bei Kokain waren es ein Prozent (und ein Prozent bei Basuco) in der kolumbianischen Bevölkerung und 9,4 Prozent in den USA (nach Crawson/Lee III 1996: 199). Trotz des Rückgangs ist die Lage in den USA nach wie vor bedrückend: 1992 wurde eine Million Menschen im Zusammenhang mit drogenbezogenen Straftaten verhaftet, 1996 waren es bereits eineinhalb Millionen (US DOS 1998).

Seit Jahren üben die USA massiven politischen Druck auf Bolivien, Kolumbien und Peru aus, Kokaanbaugebiete zu identifizieren und zu zerstören, die Verantwortlichen strafrechtlich zu verfolgen und Drogenhändler in die USA auszuliefern. Hauptinstrument der US-Außenpolitik ist das bereits erwähnte, durch den *Foreign Assistance Act* 1961 in der aktuellen Form sowie den *Anti-Drug Abuse Act* 1986 und 1988 vorgeschriebene Zertifizierungsverfahren des Präsidenten gegenüber dem Kongreß. Zusammenarbeit zwischen den USA und Lateinamerika bedeutet die Übernahme und Umsetzung der spezifischen US-Strategie der Drogenbekämpfung.

Seit Präsident Nixons *Operation Intercept* von 1969 zur zeitweiligen Versiegelung der Grenzen zu Mexiko, um den Marihuanahandel zu unterbinden, besteht diese Strategie mit gewissen Variationen aus folgenden Elementen:

- Der Kampf – oder wie es immer wieder in den USA hieß – Krieg, gegen die Drogen wird bevorzugt in den Anbauländern geführt, seine gesellschaftlichen Folgeeffekte werden als zweit- und drittrangig betrachtet. Er wird überwiegend als Angebotsproblem definiert, nicht als Nachfrageproblem in den USA, dessen Lösung vor allem Aufklärung, Therapie und Kriminalitätsbekämpfung erfordert.

- Der Kampf soll auch mit Hilfe der Streitkräfte geführt werden, was meist von den gewählten Regierungen, aber auch von den Militärführungen aus Sorge vor Korruption und dem Bruch der Befehlskette skeptisch bis ablehnend betrachtet wird (Heinz 1993; WOLA 1993).

- Um den Kampf effektiv zu führen, bilden US *Army Special Forces* und *Drug Enforcement Agency* (DEA) die betreffenden Polizei- und Militäreinheiten aus. Auch der Geheimdienst CIA und das FBI sind involviert. Damit stellt sich nicht nur in der innerlateinamerikanischen Diskussion die Frage nach den politischen und militärischen Interessen der USA, sondern auch nach der Schließung der U.S. *Army School of the Americas* in Panama. Suchen und brauchen die USA neue Stützpunkte, zumindest Brückenköpfe? Wie sieht das Verhältnis zwischen den Zielen von Drogenbekämpfung und Guerillabekämpfung, etwa in Peru und Kolumbien, aus? Gerade nach den negativen Erfahrungen mit privilegierten Beziehungen zwischen US- und lateinamerikanischen Militärs während der Zeit der Diktaturen, ist dies ein Faktor des Mißtrauens in den außenpolitischen Beziehungen.

Die Andeninitiative von 1990 bestand in einer Vereinbarung zwischen den USA, Bolivien, Peru und Kolumbien, gemeinsam eine erhebliche Reduzierung des Kokaanbaus und -handels »an der Quelle«, d.h. in den Anbauländern, zu erreichen. Es sollte innerhalb von zwei Jahren eine Reduktion von 15 Prozent illegaler Drogenimporte erreicht werden, auf zehn Jahre weitere 60 Prozent (keines der beiden Ziele wurde erreicht). Hierzu stellten die USA 2,2 Milliarden US$ für einen Zeitraum von fünf Jahren für die Ausbildung von Polizei und Militär in den drei Ländern durch US-Armee und DEA zur Verfügung, ebenso Finanzmittel für Projekte der alternativen Entwicklung. Auch wurden für diese drei Länder und für Ecuador im Rahmen des *Andean Trade Preference Acts* von 1991 Handelserleichterungen mit den USA gewährt, deren Auswirkungen jedoch wirtschaftlich gering waren: sie lagen bei nur sechs Prozent der Exporte in die USA (Tokatlian 1994: 117f.). Die Initiative scheint trotz erheblichem finanziellen und organisatorischen Einsatz nur geringe Fortschritte bei der Zerstörung des Drogenanbaus und der Unterbrechung der Handelslinien in die USA bewirkt zu haben.

1994 hat Präsident Clinton die zeitweilige Schwerpunktsetzung auf Transitländer des Drogenhandels aufgehoben und ist zu dem traditionellen Ansatz zurückgekehrt, sich auf die Anbauländer zu konzentrieren. In den letzten Jahren haben die USA jedes Jahr rund 100 Millionen US$ für Polizei- und Militärhilfe eingesetzt. In die lateinamerikanischen Länder wurden sogenannte *Tactical Analysis Teams* (TATs) zur Beratung entsandt, die sich aus *U.S. Special Forces* und militärischen Geheimdienstexperten zusammensetzten.

In den USA ist in den 80er und 90er Jahren eine lebendige, sehr kontroverse Diskussion zwischen Weißem Haus, innerhalb des Kongresses, der Forschung, den Medien und den Nichtregierungsorganisationen (NROs) geführt worden, ob und in welchem Umfang die Hauptelemente der US-Strategie überhaupt eine Chance auf Erfolg oder gar auf dauerhafte Wirkungen haben können. Besonders Forscher und NROs haben immer wieder nachdrücklich Kritik geübt, konnten sich aber politisch mit ihren Vorstellungen nicht durchsetzen (vgl. hierzu Youngers 1995, 1997, Clawson/Lee 1996, Human Rights Watch 1996, Zirnite 1997).

Schlußfolgerungen

Als Auswege werden in der internationalen Diskussion die (teilweise) Entkriminalisierung und Legalisierung genannt, ein umfassendes Thema, auf das hier nicht eingegangen werden kann. Besonders der letztgenannte Ansatz ist kein Allheilmittel für die Bekämpfung der organisierten Kriminalität, die neben der hohen Nachfrage das Kernproblem des Drogenhandels darstellt.

Die zentralen Befunde lassen sich in den folgenden Punkten verdichten: Trotz des langjährigen erheblichen Engagements ist es bisher zu keiner spürbaren Verringerung der illegalen Drogenimporte in die USA und nach Europa gekommen. Zwar läßt sich argumentieren, daß diese ohne all die Bemühungen wahrscheinlich noch höher gewesen wären, aber es ist nicht erkennbar, daß mit einer Strategie des *more of the same* die Hauptprobleme gelöst hätten werden können.

Das in der Forschung immer wieder gezeichnete Bild eines Ballons für die Drogenbekämpfung ist auch weiterhin korrekt: Wird in einem Land die Anbaufläche zerstört, wird sie in einem anderen Land neu angelegt, um der weiter bestehenden großen Nachfrage und Kaufkraft zu entsprechen. Da die Bemühungen um Reduzierung der Nachfrage in den USA nur geringe Erfolge verzeichnen, bleibt ein Markt für Kokain von rund zehn Milliarden US$ weiter bestehen. Ist Drogenbekämpfung vorübergehend in einem Land erfolgreich, steigt der Preis und damit auch der Anreiz, anderswo zu produzieren. Der Ansatz, sich auf die Quellenländer zu konzentrieren, kann nach all den Jahren nur als weitgehend ineffektiv bezeichnet werden.

Der massive Druck der USA auf Länder wie Bolivien und Peru birgt gefährliche Risiken für die schwachen Demokratien dieser Länder, da das Militär durch Ressourcenzufluß und Funktionszuwachs in seiner politischen Rolle aufgewertet wurde; Militär- und Polizeiorganisationen konkurrierten miteinander um die erheblichen US-Ressourcen. Die von den USA seit Jahren betriebene Militarisierung der Drogenbekämpfung ist gefährlich. Sie war auch innerhalb der Militärinstitutionen nicht unumstritten, wie etwa die Diskussionen in Peru zeigten (Heinz 1993: 202). Man fürchtete vor allem, daß die Befehlskette durch das große Korruptionspotential in Frage gestellt würde und wünschte eine klare und notwendige Unterscheidung zwischen Militär- und Polizeifunktionen. Mit dem Ausschluß der Armee aus der Drogenbekämpfung ist Bolivien hier 1992 einen wichtigen Schritt vorangegangen.

Der starke *top-down* Ansatz der Drogenbekämpfung hat in den betreffenden Bevölkerungsgruppen unheilige Allianzen mit Guerillagruppen und paramilitärischen Gruppen gefördert. Führt verstärkter Drogenhandel ohnehin schon zu einem enormen und schnellen Zuwachs von Gewaltanwendung durch die zahllosen Kämpfe zwischen den entsprechenden Gruppen, so lassen die politischen Rahmenbedingungen wie in Kolumbien – in der Vergangenheit auch in Peru mit dem Leuchtenden Pfad – Umfang und Intensität von Gewaltkonflikten weiter steigen.

Lateinamerikanische Eliten und Gesellschaften haben lange Zeit selbst die strukturell negativen Auswirkungen eines rasch zunehmenden Drogenhandels auf die eigene Gesellschaft sträflich unterschätzt, auch wenn der Konsum im eigenen Land – über den es wenig repräsentative Daten gibt – noch gering ist. Das schnelle Geld war zu attraktiv für jedermann. Im Drogengeschäft aktive kriminelle Gruppen, unterstützt von Wirtschaft, Politik und auch einzelnen Militärs, haben durch Drohungen und Korruption die ohnehin eher rudimentären demokratischen Prozesse konsequent untergraben und ihnen weitere Glaubwürdigkeit entzogen. Besonders verheerend haben sie sich auf die Justiz und die Anstrengungen zu ihrer Reform ausgewirkt, weil die Drogeninteressen gewissermaßen »von der Seite« beginnende Prozesse zur Ausbildung von mehr Rechtsstaatlichkeit und einer unabhängigen Justiz nachhaltig unterminieren. Die Schwere dieser politischen und gesellschaftlichen Schäden würde die Bildung einer nationalen Gegenallianz erfordern, aber eine solche ist aufgrund der weitgehenden Zersplitterung gesellschaftlicher Interessen zumindest kurzfristig wenig wahrscheinlich.

Literatur

Anmerkung: Die meisten offiziellen Programme und US-NRO-Berichte sind über Internet unter Stichwörtern wie Drugs/Latin America oder dem Namen der entsprechenden Organisation zugänglich.

amnesty international (1997/1998): *Jahresbericht 1997*, 1998, Frankfurt a.M.

Arrieta, Carlos G./Orjuela, Luis J./Sarmiento, Eduardo/Tokatlian, Juan Gabriel (1990): *Narcotráfico en Colombia*. Bogotá

Clawson, Patrick L./Lee III, Renselaer W. (1996): *The Andean Cocaine Industry*. New York

Gamarra, Eduardo A. (1994): *Entre la droga y la democracia: La cooperación entre Estados Unidos – Bolivia y la lucha contra el narcotráfico*. La Paz

Goedeking, Ulrich (1998): Bolivien: die ersten 100 Tage der Regierung Banzer. In: *Lateinamerika. Analysen-Daten-Dokumentation* 15/37: 13-21

Heinz, Wolfgang S. (1992): Der Kampf um die Drogen. In: *Die Internationale Politik 1989-1990*, Hg. Wolfgang Wagner u.a., München: 397-408

Heinz, Wolfgang S. (1993): Drogenbekämpfung und nationale Sicherheit in Lateinamerika. Eine neue Rolle für die Streitkräfte in Bolivien, Kolumbien und Peru? In: *Regionalisierung der Sicherheitspolitik*, Hg. Christopher Daase u.a., Baden-Baden: 197-218

Heinz, Wolfgang S. (1997a): Verfassung und Verfassungsgebung. Kolumbien. In: *Kolumbien heute. Politik-Wirtschaft-Kultur*, Bibliotheca Ibero-Americana 62, Hg. Werner Altmann/Thomas Fischer/Klaus Zimmermann, Frankfurt a. M.: 137-147

Heinz, Wolfgang S. (1997b): Die Menschenrechtssituation in Kolumbien. In: *Kolumbien heute. Politik-Wirtschaft-Kultur*, Bibliotheca Ibero-Americana 62, Hg. Werner Altmann/Thomas Fischer/Klaus Zimmermann, Frankfurt a. M.: 199-212

Heinz, Wolfgang S./Frühling, Hugo (1999): *Gross human rights violations by state and state-sponsored actors in Brazil, Uruguay, Chile and Argentina. 1960-1990*. Den Haag

Human Rights Watch (1996): *Bolivia under Pressure. Human Rights Violations and Coca Eradication*. New York

Krauthausen, Ciro (1997): Ökonomische Illegalität in Kolumbien. In: *Kolumbien heute. Politik-Wirtschaft-Kultur*, Bibliotheca Ibero-Americana 62, Hg. Werner Altmann/Thomas Fischer/Klaus Zimmermann, Frankfurt a. M.: 301-329

Lessmann, Robert (1998): Alle Schlachten gewonnen, den Krieg verloren: Der Drogenkrieg der USA in Lateinamerika. In: *Antimilitarismus Information* 12: 69-85

McCaffrey, Barry (1998): Presseerklärung vom 9. April

Ministerio de Gobierno (1998): ¡Por la Dignidad! Estrategia boliviana de la lucha contra el narcotráfico. 1998-2002. La Paz

Organization of American States (OAS) (1996): *Anti-Drug Strategy in the Hemisphere.* Washington D.C.

Presidencia de la República (1995): *Política del gobierno colombiano para lu lucha contra las drogas.* Santafé de Bogotá

Tokatlian, Juan Gabriel (1994): Latin American Reaction to U.S. Policies on Drugs and Terrorism. In: *Security Democracy, and Development in U.S.-Latin American Relations*, Hg. Lars Schoultz/ William C. Smith/Augusto Varas, New Brunswick/London: 115-135

Tokatlian, Juan Gabriel/Bagley, Bruce M. Hg. (1990): *Economía y política del narcotráfico.* Bogotá

United Nations International Drug Control Programme (UNDCP) (1997): *World Drug Report 1997*, 1998. Wien

US Department of Defense (US DOD) (1998): News Briefing durch Kenneth H. Bacon, 26.5.1998

US General Accounting Office (US GAO) (1998): Drug Control: U.S. Counternarcotics Efforts in Colombia face Continuing Challenges. Report, Washington, D.C., 21. Februar (GAO/NSIAD-98-60)

US Office of National Drug Control Policy (US ONDCP) (1997, 1998): *International Narcotics Control Strategy Report* 1997, 1998, Washington D.C.

US Department of State (US DOS) (1998): *Fact sheet. Contending with Illegal Drugs at Home and Abroad.* Washington D.C.

Vellinga, Menno L. (1998): Alternative Development and Supply Side Control in the Drug Industry: the Bolivian Experience. In: *European Journal of Latin American and Caribbean Studies* 64: 7-26

Youngers, Coletta (1995): Fueling Failure: U.S. Drugs Controlling Efforts in the Andes. Washington D.C.: Washington Office on Latin America (WOLA)

Youngers, Coletta. Hg.. (1997): The only weve got: drug enforcement in Latin America. In: *NACLA* 31/1: 13-18

Zirnite, Peter (1997): Reluctant Recrutes: The U.S. Military and the War on Drugs. Washington D.C.: WOLA

Weiterführende Literatur

Ambos, Kai (1993): *Die Drogenkontrolle und ihre Probleme in Kolumbien, Perú und Bolivien.* Freiburg i. Br.

Ambos, Kai (1997): Drogenhandel in Kolumbien. In: *Kolumbien heute. Politik-Wirtschaft-Kultur*, Bibliotheca Ibero-Americana 62, Hg. Werner Altmann/Thomas Fischer/Klaus Zimmermann, Frankfurt a. M.: 331-353

Lessmann, Robert (1996): *Drogenökonomie und internationale Politik. Die Auswirkungen der Antidrogenpolitik der USA auf Bolivien und Kolumbien.* Frankfurt a. M.

Lessmann, Robert (1995): Militär und Drogen in den Anden. In: *Zeitschrift für Lateinamerika* 49: 35-52

Thoumi, Francisco E. (1995): *Political Economy and Illegal Drugs in Colombia.* Boulder, Co.

Thoumi, Francisco E./Guáqueta, Alexandra (1997): *El rompecabezas de las drogas ilegales en Estados Unidos.* Santafé de Bogotá

Thoumi, Francisco E. u.a. (1997): Drogas ilícitas en Colombia. Su Impacto económico, político y social. Santafé de Bogotá: Ariel Ciencia Política/PNUD/Ministerio de Justicia y del Desarrollo: Dirección Nacional de Estupefacientes

Tokatlian, Juan Gabriel (1997): *En el límite: la (torpe) norteamericanización de la guerra contra las drogas.* Santafé de Bogotá

Gerrit Köster
Partizipation als Machtinstrument

Problemstellung

Der Begriff »Partizipation« ist in den letzten Jahren unter dem Stichwort der »Armutsbekämpfung durch Selbsthilfe« besonders in der deutschen Entwicklungszusammenarbeit intensiv diskutiert worden. Dabei wurde unter »Selbsthilfe« immer auch Arbeit verstanden, oft sogar ausschließlich Arbeit. Arbeit der Ärmsten der Armen, die ohnedies schon dazu gezwungen sind, den ganzen Tag damit zu verbringen, Zufallsarbeiten zu verrichten oder aber eine solche zu suchen – und meist nicht zu finden.

Und dann auch noch arbeiten im Rahmen von Selbsthilfe? Wird dann Selbsthilfe nicht zur Selbstausbeutung? Oder könnte Selbsthilfe vielleicht auch anders verstanden werden? Und zwar so, daß die Selbsthilfe und damit die in Selbsthilfe verrichtete Arbeit zu einem Machtinstrument wird?

Auf diese Frage und die damit verbundenen Konsequenzen soll im folgenden eine Antwort gegeben und anhand eines konkreten Beispiels aus der Entwicklungszusammenarbeit veranschaulicht werden, wie dies funktionieren kann.

Der Untersuchungsraum

Als Beispiel dienen zwei Viertel der Stadt Córdoba in der argentinischen Pampa. Die Stadt befindet sich zwar in einer Trockenzone, liegt jedoch zu Füßen eines kleinen Gebirgszuges, der als »Regenfänger« dient. Hier wurde eine Reihe von Stauseen angelegt, von denen aus das Vorland und seine Siedlungen mit Wasser versorgt werden (Abb. 1).

Die Bewässerungskanäle haben aber auch eine große Bedeutung für die Ansiedlung ärmerer Bevölkerungsschichten. Denn ein jeweils 15m breiter Streifen rechts und links der Kanäle befindet sich in Staatseigentum und bietet deshalb günstige Voraussetzungen für eine »wilde« Landnahme: Hier haben die Siedler nicht mit einer unmittelbaren Vertreibung zu rechnen. So folgen auch die beiden Beispielviertel, Canal de las Cascadas und Los Cortaderos, als lineare Siedlungen zwei dieser Kanäle.

Los Cortaderos verdankt seine Entstehung einer Ziegelbrennerei, einem Wirtschaftsbereich, in dem auch heute noch zwei Drittel der Bewohner des Viertels tätig sind (Abb. 2). Typisch sind die vielen Rundbecken, in denen

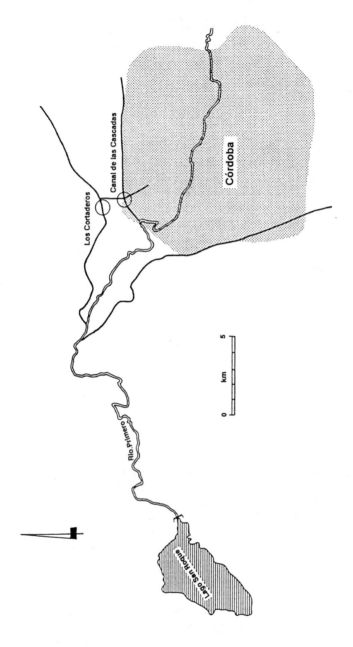

Abb. 1: Bewässerungssystem in der Region Córdoba

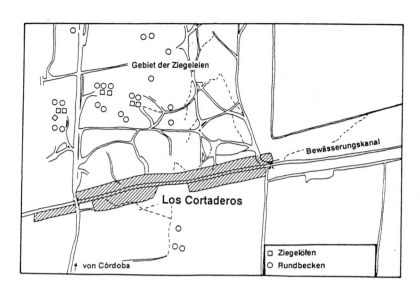

Abb. 2: Die Siedlung Los Cortaderos

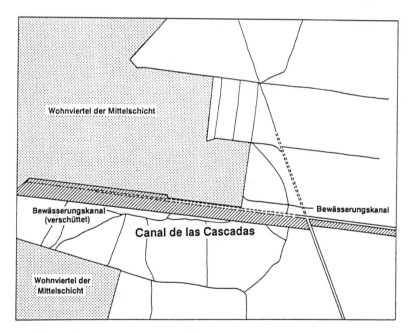

Abb. 3: Die Siedlung Canal de las Cascadas

der Ton geknetet und für das Brennen vorbereitet wird. Der ehemalige Großgrundbesitz ist inzwischen aufgelöst, und die Brennöfen gehören einzelnen Familien oder Familiengruppen, die sie dann gemeinsam betreiben. Von dieser Tätigkeit und der peripheren Lage zur Stadt her macht das Viertel einen fast ländlichen Eindruck.

Dagegen ist Canal de las Cascadas besonders bezüglich seiner Bevölkerungsstruktur eine eher städtische Siedlung (Abb. 3). Das Viertel ist inzwischen von Wohngebieten der Mittelschicht umgeben. Die Bewohner sind vorrangig als Gelegenheitsarbeiter (Maurer, Elektriker, Klempner, Gärtner u.ä.) tätig. Durch den direkten Kontakt mit der Stadt und den notwendigen Überlebensstrategien verfügen sie bereits über eine längere Tradition der Selbst-Organisation.

Selbsthilfe und Partizipation

Wie kann Selbsthilfe anstelle der Selbstausbeutung zu einem Machtinstrument werden? Dazu zunächst eine Definition:

Unter Selbsthilfe wird die Fähigkeit und Möglichkeit der Zielgruppe verstanden, die eigenen Probleme zu erkennen, sie zu beurteilen und zu entscheiden, welche Faktoren (eigene und fremde Ressourcen) zu ihrer Lösung notwendig sind, und diese Lösung möglichst in eigener Regie in die Tat umzusetzen.

In diesem Sinne hat Selbsthilfe nichts mit körperlicher Arbeit zu tun. Vielmehr geht die Definition in erster Linie von der (nichtkörperlichen) Kompetenz der Bewohner aus. Deshalb sollte unter diesem Verständnis – anstatt von Selbsthilfe – von Partizipation und folglich von einem partizipativen Ansatz in der Stadtviertelentwicklung gesprochen werden.

Ablauf eines partizipativ orientierten Projektes

Beschreibung eines Projektes

Der Ablauf eines partizipativ orientierten Projektes läßt sich am Beispiel der Trinkwasserversorgung in Los Cortaderos deutlich veranschaulichen.

Die Bewohner von Los Cortaderos haben lange Zeit ihr Trinkwasser dem Bewässerungskanal entnommen, der ihre Siedlung begleitet. Im Jahre 1983 erkrankte plötzlich eine Vielzahl von Kindern an schweren Infektionen des Magen-Darm-Traktes, die in manchen Fällen den Tod der Kinder zur Folge hatten. In dieser Notlage wandten sich die Bewohner an eine nichtstaatliche

Hilfsorganisation in Córdoba. Zusammen mit den Sozialarbeitern dieser Institution wurde Ursachenforschung betrieben und letztlich die Trinkwasserversorgung als ein wichtiger Ursachenfaktor erkannt. Damit hatte sich der Erhalt von gesundem Trinkwasser zu einem »empfundenen Bedürfnis« der Bewohner entwickelt.

Um nach Lösungsmöglichkeiten für das Problem suchen zu können, wurde eine Arbeitsgruppe aus Bewohnern des Viertels und einem Mitarbeiter der Hilfsorganisation zur Beratung gebildet. Sie sollten die Wünsche der Bewohner bezüglich eines Versorgungssystems einholen und den Bedarf ermitteln. Dazu führten die Mitglieder der Gruppe eine Befragung in jedem Haushalt durch. Der »Fragebogen« bestand lediglich aus zwei Punkten:

1. Wieviele Personen wohnen in Ihrem Haushalt?
2. Wie möchten Sie mit Trinkwasser versorgt werden?

Es stellte sich heraus, daß die Bewohner ein Leitungsnetz wünschten, das an das städtische Netz angeschlossen ist. In einer ersten Phase sollte es je eine Zapfstelle für zwei benachbarte Familien bieten. Für die Zukunft erhoffte man sich dann Individualanschlüsse für jedes Haus mit einem Dachtank (Abb. 4).

Zwei Jahre lang gab es dann umfangreiche Verhandlungen zwischen dem städtischen Wasserversorgungsunternehmen und den Vertretern des Viertels – ohne großen Erfolg. Die abweisende Haltung der zuständigen Stellen – begründet mit dem Hinweis auf den zu geringen Wasserdruck an der Kopfstelle des bestehenden Netzes – bewirkte, über alternative Formen der Wasserversorgung nachzudenken: So erwog man, selbst ein Netz mit Hilfe von Gartenschläuchen zu bauen und dieses von einer Zisterne aus zu versorgen (Abb. 5). Ein Tanklastwagen der Stadtverwaltung sollte die Zisterne über einen eigens dafür angelegten Zufahrtsweg beliefern. Aber auch diese Überlegungen führten nicht zum Ziel, da die Verwaltung sich weigerte, das Wasser per Tankwagen auszufahren.

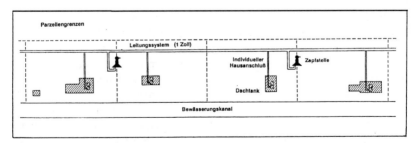

Abb. 4: Von den Bewohnern favorisiertes Versorgungssystem.

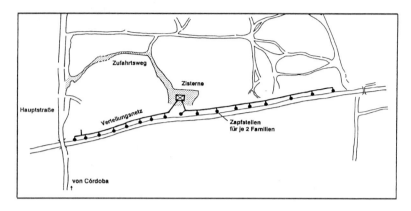

Abb. 5: Alternatives Trinkwasser-Versorgungssystem mit Zisterne

Eine veränderte Haltung stellte sich erst ein, als einem Bewohner, der in einem Pumpwerk des benachbarten Stadtviertels arbeitete, der Nachweis gelang, daß der Wasserdruck zur Versorgung des Gebietes ausreichen würde. Daraufhin wurde ein mündliches Abkommen zwischen dem Wasserversorgungsunternehmen und der Bewohnerschaft getroffen. Es sah folgendes vor:

1. Das Unternehmen übernimmt die technische Beratung und liefert später kostenlos das Trinkwasser.
2. Die Bewohner kümmern sich um das notwendige Material und stellen die Arbeitskraft zur Verfügung.

Zur Realisierung des Projektes mußten eine 500m lange Hauptleitung entlang der Zufahrtsstraße und ein rund 1.000m umfassendes Verteilungsnetz verlegt werden (Abb. 6). Beim Verteilungsnetz einigte man sich mit 3/4 Zoll auf einen relativ geringen Rohrquerschnitt und die ausschließliche Installierung öffentlicher Zapfstellen. Dem Wunsch der Bewohner nach einem größeren Durchmesser der Leitungen, der später die Einrichtung von Individualanschlüssen ermöglicht hätte, wurde nicht stattgegeben. Das hätte nämlich einen erhöhten Wasserbedarf bedeutet.

Parallel dazu wurde nach Wegen gesucht, um das notwendige Material (Rohre, Wasserkräne usw.) zu finanzieren. Da eigene Mittel fehlten und mit städtischen Zuschüssen nicht zu rechnen war, schaltete man über die lokale Hilfsorganisation internationale Geldgeber ein und erreichte, daß in diesem Fall MISEREOR (Bischöfliches Hilfswerk; Träger der katholischen Entwicklungszusammenarbeit in der BRD) die notwendigen Gelder zur Verfügung stellte. Die Vertreter der Bewohnerschaft stellten nun selbst Preisvergleiche an und fanden einen Händler, dessen Preis so günstig ausfiel, daß mit einem Teil des zugesagten Geldes ein kleiner Fond angelegt werden konnte.

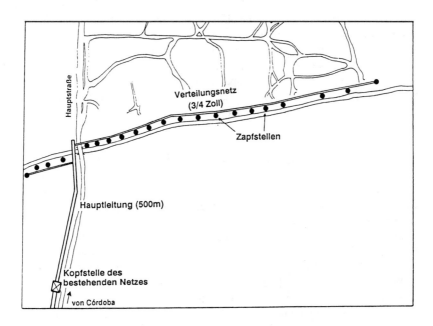

Abb. 6: Leitungsnetz zur Trinkwasserversorgung von Los Cortaderos

Unter Anleitung eines Technikers wurden nun die notwendigen Gräben ausgehoben. Dabei kamen nach Diskussion in der Bewohnerschaft zwei Systeme zur Anwendung:

1. Da die Arbeiten für die Hauptleitung körperlich besonders schwer waren, entschied man sich hier für die Zusammensetzung eines Bautrupps. Dieser bestand aus Mitgliedern der Bewohnergemeinschaft und wurde auch von ihr bezahlt. Die notwendigen Gelder stammten aus dem oben erwähnten Fond, den man durch den besonders günstigen Rohrkauf hatte anlegen können.
2. Die Gräben für das Verteilungsnetz legten alle Bewohner in Nachbarschaftshilfe an. Die Frauen wurden insofern in die Arbeiten eingebunden, als sie die Geräte holten und fortschafften, für die Verpflegung sorgten oder die Kinder beaufsichtigten.

Sowohl die Organisation dieser Arbeiten als auch die Kontrolle der erbrachten Leistungen erfolgte durch die Angehörigen der Bewohnerschaft selbst. Dazu wurden in gegenseitiger Absprache und unter Anleitung der Hilfsorganisation Arbeitsregeln sowie ein Sanktionenkatalog aufgestellt.

Arbeiter des städtischen Unternehmens verlegten dann die Wasserrohre. Gleichzeitig unterrichteten sie einige Bewohner in der Handhabung des Systems. Von Vorteil erwies sich dabei, daß man sich beim Kauf nicht für die billigste Lösung, sondern für eine teurere Variante entschieden hatte, die aber einfacher zu handhaben ist. Das hatte entscheidende Bedeutung für Betrieb und Wartung des Netzes. So haben bisher alle anfallenden Reparaturen selbst ausgeführt werden können. Das sparte nicht nur Geld, sondern vor allem auch Zeit. Denn es ist nicht sicher, daß bei auftretenden Mängeln von seiten der Stadt überhaupt eine Reaktion zu erwarten gewesen wäre.

Vergleich zu einem »normalen« Projekt

Was bedeutet dieser Projektablauf für die Frage eines »partizipativen« Ansatzes in der Entwicklungszusammenarbeit? Wo liegen die Unterschiede zu einem »traditionellen« Vorhaben?

Die Unterschiede beginnen bereits bei der Kontaktaufnahme (Übersicht 1). Während bei einem traditionellen Projekt der Impuls oft von außen kommt, sind es im Fall von Los Cortaderos die Bewohner selbst, die um Hilfe bitten.

Wichtig ist dabei, daß die Bewohner ein Problem als solches selbst erkennen und verstehen, seine Lösung also zu einem »empfundenen Bedürfnis« geworden ist. Die Bedeutung gerade dieser beiden Aspekte läßt sich an einem Projekt ablesen, das einige Jahre zuvor ebenfalls in Los Cortaderos gestartet wurde, sich aber zu einem völligen Mißerfolg entwickelte. Dabei ging es ebenfalls um ein Trinkwasserprogramm. Hier war geplant, zwar das Wasser weiterhin dem Kanal zu entnehmen, dieses dann aber aufzubereiten. Dazu sollte jeder Haushalt einen Wasserfilter erhalten (Abb. 7). Dieses System wurde von der Bevölkerung jedoch nicht angenommen, und zwar aus zwei Gründen:

1. Das System war den Bewohnern aus dem ländlichen Raum bekannt. Durch die Zuwanderung nach Córdoba, selbst an die äußerste Peripherie der Stadt, fühlten sie sich aber als »städtische« Bevölkerung – und eine städtische Bevölkerung wird durch ein Leitungsnetz versorgt.
2. Das Projekt wurde nicht als ein Trinkwasser-, sondern als ein Gesundheitsprojekt deklariert. Fragen der Gesundheit wurden zum damaligen Zeitpunkt aber nicht als ein Problem empfunden. Der Zusammenhang zwischen Trinkwasserversorgung und Gesundheitswesen war den Bewohnern bei der Durchführung des Projektes noch nicht einsichtig. Zudem verstanden sie unter einem Gesundheitsprojekt die Errichtung eines Sanitätspostens und die Betreuung durch einen Arzt, nicht aber den Bau von Wasserfiltern.

Es fehlte insgesamt an einer eingehenden Vorbereitung.

Übersicht 1

Beteiligung der Basisgemeinschaft am Projekt »Trinkwasser für Los Cortaderos« und in einem traditionell konzipierten Projekt

Projektphase	Beteiligungsform
Kontaktaufnahme	1. Kontaktaufnahme – Stadtviertelbewohner bitten um Hilfe
Diagnose	2. Problemanalyse (zusammen mit den Sozialarbeitern) – Zusammhang Trinkwasser – Gesundheit wird erkannt – Trinkwasserversorgung als »empfundenes Bedürfnis« 3. Bedarfsanalyse – Zählung der zukünftigen Nutzer
Planung	4. Diskussion der technischen Auslegung – Festlegung der Standards (Zapfstellen, später Individualanschlüsse) 5. Verhandlungen mit dem Wasserunternehmen – Gründung einer informellen Territorialgemeinschaft (comisión vecinal) – Verhandlungen mit den Behörden (zu geringer Wasserdruck?) – Diskussion alternativer Lösungen (Zisterne) 6. Nachweis der technischen Realisierbarkeit – Wasserdruck reicht aus *7. Abkommen mit dem Wasserunternehmen* * *– Unternehmen: Technische Beratung (Modifizierung des Standards)* *Lieferung des Wassers (gratis)* *– Basisgruppe: Stellung der Arbeitskraft* *Beschaffung des Materials*
Durchführung	8. Kauf des Materials – Preisvergleiche – Kauf der Materialien (teurer aber einfache Handhabung) – Anlage eines Fonds *9. Bau des Netzes* * *– Unternehmen: Festlegung der Trasse* *Fortbildung der Basisgruppe (Montage)* *– Basisgruppe: Organisation der Arbeit* *Ausheben und Verfüllen der Gräben*
Betrieb	10. Betrieb und Wartung des Netzes – Festlegung von Tarifen, Modalitäten des Gebühreneinzugs – Schaffung eines Fonds zur Wartung des Netzes – Ausführung von Reparaturarbeiten

* *Beteiligung der Basisgruppe auch an einem »traditionellen« Projekt*

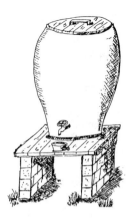 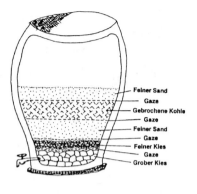

Abb. 7: Trinkwasser-Aufbereitung mit einem individuellen Wasserfilter in ländlichen Gebieten von Córdoba

Die Einbindung der Bewohner innerhalb des Projektverlaufes erstreckt sich darüber hinaus auf die meisten der anderen Aspekte:

- die Erhebung der Planungsdaten (Befragung)
- die Erstellung der Planungskonzepte (diese werden normalerweise von externen Planern entworfen; die Partizipation der Bewohnerschaft beschränkt sich dann auf die Genehmigung der Vorgaben)
- der Kauf des Baumaterials (er wird normalerweise von den Projektträgern vor Ort übernommen, weil man der Zielgruppe die Kompetenz abspricht, Finanzmittel verwalten oder bessere Angebote aushandeln zu können).

Der Bau des Versorgungsnetzes ist der einzige Teil des Projektes, in dem Selbsthilfe traditionell im Sinne körperlicher Arbeit gefragt ist. Aber auch hier ist wichtig, daß über die eigentliche körperliche Arbeit hinaus

- die Bewohner die Arbeitseinsätze selbst organisieren,
- selbst die Kontrolle der Arbeitseinsätze überwachen und
- die Möglichkeit erhalten, sich über ihre körperlichen Arbeiten weiterzuqualifizieren, d.h. einen Nutzen davontragen, der ihnen auch in späteren Zeiten von Vorteil sein kann.

Diese Selbstbestimmung setzt sich schließlich in der Betriebs- und Wartungsphase fort. Auch hier geht es darum,

- selbst Tarife festzulegen, über die ein Fond zur Wartung des Systems geschaffen werden kann,
- selbst den Gebühreneinzug zu regeln, der dann von seinen Modalitäten eher an die Gewohnheiten und Möglichkeiten der Bewohner angepaßt ist. Denn was nutzt ein monatlicher Gebühreneinzug, wenn z.B. die Einnahmen der Siedlergemeinschaft saisonal abhängig sind?

Wie diese Gegenüberstellung zeigt, ergeben sich sehr vielfältige Möglichkeiten, die Kompetenzen der Bewohner zur Stadtviertelentwicklung zu nutzen und diese im Sinne einer Selbstbestimmung zu fördern.

Die Wirkungen der Projekte: Das Problem der Erfolgskontrolle

Soll dem Gedanken der Partizipation ein so hoher Stellenwert in Projekten der Entwicklungszusammenarbeit beigemessen oder sogar zu einem Ziel der Projektförderung deklariert werden, ergibt sich für die Geberinstitutionen ein Problem. Denn bisher erfolgt eine Erfolgskontrolle in erster Linie anhand dinglicher Kriterien: So ist ein Wohnungsbauprojekt gut gelaufen, wenn 19 der geplanten 20 Wohneinheiten fertiggestellt wurden. Wie soll man aber »Partizipation« messen?

Eine Möglichkeit ergibt sich in einer Analyse der Organisationsstrukturen und ihrer Entwicklung (Übersicht 2). In Los Cortaderos bestanden vor der Kontaktaufnahme mit dem lokalen Träger lediglich lockere Interessengemeinschaften (z.B. zwei Fußballclubs). Typisch ist, daß sie jeweils nur einen kleinen Teil der Stadtviertelbewohner ansprachen. In einer zweiten Stufe hat sich dann eine zweckgebundene Territorialgemeinschaft gebildet, die im wesentlichen von allen Bewohnern getragen wird. Sie kommt in der Wahl der Kommission zum Ausdruck, wobei es sich hierbei weiterhin um eine informelle Organisationsform handelt. Sie ist also noch nicht offiziell anerkannt. In einer dritten Stufe kam es dann zur Konstituierung einer staatlich anerkannten Kooperative, in der immerhin 80 Prozent (in Las Cascadas sogar 89 Prozent) der Stadtviertelbewohner eingeschriebene Mitglieder sind.

Übersicht 2

Organisationsformen unterschiedlichen Reifegrades in marginalen Vierteln
1. Interessengemeinschaft (z.B. Fußballclub)
2. Informelle Territorialgemeinschaft (z.B. Stadtviertelgemeinschaft zum Erhalt eines Trinkwassersystems)
3. Formelle Organisation (z.B. staatlich anerkannte Kooperative)

Die Organisation in einer Kooperative erfolgt in Anlehnung an die in Argentinien gültigen Gesetze. Danach ist neben der Vollversammlung lediglich ein zwölfköpfiger Vorstand vorgeschrieben. In allen Kooperativen gibt es aber zusätzliche Gremien, die eher die Bedürfnisse der Bewohner von randstädtischen Siedlungen widerspiegeln (Übersichten 3 und 4). Wichtig erscheint die Gruppe der »Delegierten«, die als Vertreter raumbezogener Sektoren an den Versammlungen teilnehmen. Darüber hinaus gibt es eine ganze Reihe von Kommissionen (Kleidersammlung, Gesundheitsgruppe usw.), die zeitlich begrenzt oder als Dauereinrichtung bestimmte Sachgebiete bearbeiten. Damit ergibt sich eine sehr vielschichtige Organisationsstruktur, der die gesetzlich vorgeschriebene Kooperative als einzig mögliche »importierte« Organisationsform sicherlich nicht gerecht werden kann.

Übersicht 3

Organisationsstruktur der Kooperative Canal de las Cascadas

Vorstand Kooperative	Delegierte (Sektoren)	Kleidersammlung	Kommissionen		
			Kommunikation	Gesundheit	Video
1	13	* 13	* 9	* 4	* 7
2	14	25	30	* 7	26
3	15	26	31	* 31	37
4	16	27	32	34	38
5	17	28	33	35	39
6	18	29			
7	19				
8	20				
9	21				
10	22				
11	23				
12	24				

Jede Zahl entspricht einer Person (Gesamtzahl der »Posten«: 45)
* Personelle Überschneidung

Interessant ist es in diesem Zusammenhang auch, die personelle Einbindung der Stadtviertelbewohner in den Kommissionen als Maß der Partizipation zu verfolgen. Während in der jüngeren Kooperative von Los Cortaderos zwei Kommissionen praktisch vollständig von Mitgliedern anderer Kommissionen gebildet werden, es also zu personellen Überschneidungen kommt, sind in der insgesamt reiferen Kooperative Canal de las Cascadas alle Kommissionen in stärkerem Maße mit jeweils anderen Personen besetzt. Hier wird also eine bessere Partizipation erreicht.

Übersicht 4
Organisationsstruktur der Kooperative La Ilusión (Los Cortaderos)

Vorstand Kooperative	Gesundheit	Kommissionen			
		Jugend	Katechese	Nähen	Sport
1	* 9	* 10	* 9	* 9	28
2	13	15	* 15	* 13	29
3	14	16	* 16	* 18	30
4		17	* 18	* 26	31
5		18	25		32
6		19	26		
7		20	27		
8		21			
9		22			
10		23			
11		24			
12					

Jede Zahl entspricht einer Person (Anzahl der »Posten«: 42)
* Personelle Überschneidung

Übersicht 5:
Personelle Entwicklung des Consejo Administrativo in der Kooperative Canal de las Cascadas

Amt	Wahlepochen				
	9/1983	4/1984	9/1985	5/1987	4/1988
Präsident	* 1	* 2	* 2	* 2	* 11
Vizepräsident	* 2	10	* 11	20	* 5
Sekretär	3	* 3	15	13	27
Schatzmeister	4	4	4	4	4
1. Vocal	* 5	* 5	16	21	28
2. Vocal	* 6	* 7	9	22	29
3. Vocal	* 7	* 8	17	23	24
Vertreter 1	* 8	13	* 5	24	30

Vertreter 2	9	14	13	25	18
Vertreter 3	10	* 11	* 6	26	21
Síndico	* 11	6	18	18	31
Vertreter Síndico	12	–	19	–	32

Jede Zahl entspricht einer Person
* Mitglieder des Familien-Clans

Innerhalb von Canal de las Cascadas läßt sich der Reifungsprozeß der Stadtviertelgemeinschaft gut anhand der Führungsstrukturen und ihrer Entwicklung verfolgen (Übersicht 5). Im allgemeinen bestehen in den Stadtvierteln bereits Führungsstrukturen. Diese können auf Dauer aber nur dann eine echte Partizipation unterstützen, wenn sie keine dirigistische Ausrichtung aufweisen. Oft ist dies aber nicht gegeben, so daß sie im Sinne einer Partizipation erst allmählich ersetzt werden müssen.

Wie die Übersicht erkennen läßt, gehörten dem ersten Vorstand der Kooperative nur vier Personen an, die nicht dem traditionellen Familien-Clan innerhalb des Stadtviertels zuzurechnen waren. Im Laufe der Zeit führte dann aber ein wachsender Unmut unter den Bewohnern über den selbstherrlichen »Regierungsstil« des Clans dazu, immer mehr Mitglieder der alten Crew durch neue, unabhängigere Personen zu ersetzen. Bis 1987 ist die ursprüngliche Führungsmannschaft praktisch völlig ausgewechselt worden. Die Bewohner haben also zu einem sehr viel höheren Grad der Partizipation gefunden.

Ein sehr deutlicher Hinweis auf die erfolgreiche Stärkung der Bewohnerschaft läßt sich schließlich aus der folgenden Tatsache ableiten: Sowohl das Stadtviertel Los Cortaderos als auch dasjenige von Canal de las Cascadas liegen im Bereich der Trasse einer neuen Umgehungsstraße von Córdoba, die die Stadtverwaltung mit Hochdruck vorantreibt. Bisher löste man das Problem der damit notwendigen Umsiedlung dadurch, daß man nach einer Vorwarnung die Häuser einfach mit Baumaschinen niedermachte. Die Bewohner von Los Cortaderos und Canal de las Cascadas haben dagegen durch ihre Organisation und eine geschickte Öffentlichkeitsarbeit erreicht, daß man ihnen einen alternativen Siedlungsplatz in unmittelbarer Nachbarschaft zu ihrem derzeitigen Wohnort zur Verfügung stellte. Als erstes Bauwerk wurde hier ein Stadtviertelzentrum in Gemeinschaftsarbeit errichtet.

Weiterhin wurde in Kooperation mit anderen Stadtviertelvertretern und deren Hilfsorganisationen erreicht, daß in Córdoba eine *mesa de concertación* eingerichtet wurde, an der neben Bewohnervertretern und vier Hilfsorganisationen auch die Stadtverwaltung Córdoba und die Provinzregierung teilnahmen. Ziel war es, Konzepte der Stadterneuerung nicht nur zu diskutieren, sondern auch zu finanzieren. So wurden 1996 und 1997 rund 13 Millionen US$ zur Verfügung gestellt, mehr als MISEREOR in 20 Jahren in diesen Projekten finanziert hat. Hier ist Partizipation in sehr anschaulicher Weise zu einem Machtinstrument geworden.

Bedingungen für den erfolgreichen Verlauf eines partizipativ orientierten Projektes

Damit ein partizipativ angelegtes Vorhaben gelingen kann, müssen einige förderliche Rahmenbedingungen gegeben sein.

Von seiten der Südländer ist als unabdingbare Voraussetzung die Bereitschaft zu nennen, die Stadtviertelbewohner überhaupt agieren zu lassen. Um das erreichen zu können, sind alle Ebenen und Schichten des Systems einzubinden. Es reicht nicht aus – wie man Anfang der 70er Jahre noch glaubte –, allein die Basis zu stärken. Vielmehr sind parallel dazu auch die Mittel- und Oberschicht, die unteren, mittleren und oberen Verwaltungsebenen sowie die Politik in den Prozeß einzubinden:

- Die Politik ist für die Probleme in den Armenvierteln zu sensibilisieren. Um den Politikern das schmackhaft zu machen, ist z.B. darauf hinzuweisen, daß zufriedene Bewohner eines Armenviertels auch potentielle Wähler sind.
- Verwaltung und Nicht-Regierungs-Organisationen sind für die Probleme in den Armenvierteln zu sensibilisieren. Hier kommt es z.B. darauf an, nicht die von den Mitarbeitern selbst als gut empfundenen Lösungen von außen den Stadtviertelbewohnern aufzudrängen, sondern die Kompetenz der in den Vierteln lebenden Menschen zu erkennen, anzuerkennen und unter Nutzung der vorhandenen Kompetenzen gemeinsam Lösungen zu finden.
- Die Stadtviertelbewohner selbst sind für ihre Probleme zu sensibilisieren. Sie müssen sich ihrer Lage bewußt werden, ihre eigenen Kompetenzen erkennen und für sich nutzbringend anwenden können.

Gravierender sind die Konsequenzen einer solchen Sichtweise aber für die Geberländer und ihre Institutionen der Entwicklungszusammenarbeit. Für jede von ihnen bedeutet das nämlich wegzukommen von der Idee, alle gesellschaftlichen Ebenen in den Südländern selbst optimal einbinden zu können. Auch für sie müssen die Prinzipien der Gemeinsamkeit und der Komplementarität gelten. In einer konzertierten Aktion ist zu überlegen, welcher Institutionstyp (staatlich, kirchlich, privat) welche der komplexen Aufgaben am besten lösen kann. Jede Institution muß dann aber auch bereit sein, die Wahrnehmung der anderen Aufgaben abzutreten. Mit der Gründung der »Gemeinsamen Arbeitsgruppe«, einer Gesprächsrunde aller in der Entwicklungshilfe tätigen deutschen Institutionen, ist ein erster Schritt in diese Richtung getan.

Die Geberinstitutionen müssen aber auch in anderer Hinsicht umdenken. Sollen nämlich die Stadtviertelbewohner die Akteure bleiben, so bedeutet die Durchführung eines partizipativ orientierten Vorhabens die Unterstützung eines Bewußtseinsbildungsprozesses, eines Lernprozesses. Lernen erfordert aber auch Lehrer und eine Schule. Damit ist eine Komponente gefragt, die in traditionellen Projekten kaum Berücksichtigung fand (Übersicht 6): Während in herkömmlichen Vorhaben rund 90 Prozent der bewilligten Geldmittel auf die technischen Materialien entfallen (z.B. Leitungsrohre u.ä.), werden in Los Cortaderos allein 40 Prozent für die begleitende Sozialarbeit eingesetzt. Mit einem weiteren Anteil von 50 Prozent wird der Bau bzw. die Instandsetzung eines Stadtviertelzentrums finanziert, um Versammlungen, Fortbildungsveranstaltungen u.ä. als wichtige Voraussetzung für jede Partizipation durchführen zu können. Die eigentliche technische Infrastruktur schlägt dagegen nur mit zehn Prozent zu Buche.

Übersicht 6

Zusammensetzung der Mittelzuweisungen in einem traditionellen Projekt der technischen Infrastruktur und im Projekt »Trinkwasser für Los Cortaderos«

Komponenten	Umfang der Mittelzuweisung
Sozialarbeit	40 %
Technische Infrastruktur	10 %
Stadtviertelzentrum	50 %
Technische Materialien	90 %

Ein weiterer Gesichtspunkt ist, daß derartiges Lernen auch Zeit benötigt. Lernen ist nicht in dem Maße steuerbar wie die Lösung rein technischer Probleme. Partizipative Vorhaben müssen dementsprechend größte Flexibilität bezüglich der zeitlichen Determinierung aufweisen. Sie können nicht von vornherein auf zwei oder vier Jahre konzipiert sein, sondern sollten im Idealfall nur einen Ausgangsimpuls setzen – mit offenem Ende.

Eine ebensogroße Flexibilität ist schließlich bezüglich der Finanzmittel vonnöten. Die Verlagerung der Verantwortlichkeiten möglichst weit an die Basis und die Gewährung offener Fonds, von Geldmitteln also, die nicht von vornherein zweckgebunden sind, sind wichtige Instrumente der Partizipation, die den Bewohnern der Armenviertel tatsächlich zugute kommen.

Wie die Beispiele von Los Cortaderos und Canal de las Cascadas deutlich gemacht haben, brauchen diese Überlegungen nicht Theorie zu bleiben. Der Weg zur praktischen Umsetzung ist vielmehr schon aufgezeigt. Es gilt nun, diesen Weg konsequent weiterzugehen.

Zurück zur Ausgangsfrage: Kann Selbsthilfe ein Machtinstrument sein? Die Antwort kann nur heißen: Wenn Selbsthilfe als Partizipation verstanden wird, die Befähigung also, das Schicksal in die eigenen Hände zu nehmen, dann wird sie zu einem Machtinstrument. Ein Machtinstrument aber nur dann, wenn die Rahmenbedingungen dafür stimmen, sowohl intern (die Basisgruppe funktioniert nach demokratischen Spielregeln) als auch extern (die kommunale Verwaltung, der Staat, die Politik gewähren einen Freiraum, in dem sich die Basis entwickeln kann).

Die Macht der Partizipation endet da, wo dieser Freiraum nicht gelassen wird und besonders dann, wenn – wie viele Beispiele in Lateinamerika belegen – der Freiraum der Gewalt weichen muß. Dann wird die Macht schnell zur Ohnmacht!

Literatur

Bliss, Frank (1995): Partizipative Planung unter Berücksichtigung des Ressourcenschutzes und der Beteiligung von Frauen. In: *TRIALOG* 44: 14-19

Bundesministerium für Wirtschaftliche Zusammenarbeit (BMZ) (1986): *Wohnungsversorgung und Selbsthilfe. Entwicklungspolitische Zusammenarbeit zur Verbesserung der Wohnverhältnisse in Entwicklungsländern.* Bonn

Fekade, Wubalem (1993): Operationalizing Partizipation: Local institutions and rural development. In: *TRIALOG* 38: 32-36

Köster, Gerrit (1989): *Partizipation und Selbsthilfe bei Einfachwohnungsbau und Stadtviertelentwicklung.* Aachen-Eschborn (GTZ)

Schütz, Eike J. (1993): Neue Aufgaben für einen alten Beruf oder die Rolle des Architekten im Habitat der Armen. In: *Planen und Bauen in Entwicklungsländern.* (Symposium vom 3.- 4.Juni 1993 in Stuttgart). Stuttgart

Schütz, Eike J. (1996): Mehr als ein Dach über dem Kopf. Die Selbsthilfebewegung der Obdachlosen in Santa Fé, Argentinien. In: *MISEREOR* Jahresbericht 1996, 26-31

Christof Parnreiter
Grenz-Gänger: Über die Probleme der USA, Immigration aus Mexiko zu kontrollieren

»*The crops are all in, the peaches are rotting /
The oranges are piled in their creosote done
They 're flying 'em back to the Mexican border /
To pay all their money, to wade back again.
Some of us are illegal and some of us ain't wanted /
Our work contracts out and we 've got to move on
Six hundred miles to the Mexican border /
They treat us like rustlers, like outlaws, like thieves.
Goodbye to my Juan, goodbye Rosalita /
Adiós mis amigos, Jesús y María
You won't have a name when you ride the big airplane /
All they will call you will be: deportee«*
Martin Hoffmann, Woody Guthrie (1961)

»*Die Füße rennen über die Grenze.
Es gibt keinen Grund, ihr Geräusch zu fürchten.
Was nehmen sie mit, was bringen sie? Das weiß ich nicht.
Wichtig ist, daß sie etwas mitnehmen und bringen.
Daß sie etwas vermischen. Daß sie etwas verändern«*
Carlos Fuentes (1995)

Die Grenze als Mauer, die die Welt in eine Erste und eine Dritte trennt, als Linie, die brandmarkt: Wer sie nordwärts überschreitet, wird zum Illegalen, wer südwärts muß, zum Deportierten. Die Grenze aber auch als ohnmächtige Barriere, die überrannt wird, die von denen, die sie abhalten soll, durchlöchert wird. In den 34 Jahren, die zwischen dem Entstehen der beiden Textstellen liegen, haben sich die Bilder von der Grenze zwischen den USA und Mexiko gewandelt. Und auch die Grenze selbst hat sich verändert. Sie ist – bei all ihrer Mächtigkeit – porös geworden, durchlässig nicht nur für die wachsenden Flüsse von Kapital, Gütern und Dienstleistungen, sondern in zunehmendem Maße auch für Menschen. Um diesen Wandel, um die Ambivalenz von Grenzverschärfung und -aufhebung, um den Beitrag, den MigrantInnen zur Formierung eines transnationalen Raumes leisten, und um die Gründe, warum die Einwanderungskontrolle scheitert, geht es in diesem Aufsatz.

1998 starben nach Angaben des US-*amerikanischen Immigration and*

Naturalization Service (INS) 254 Personen beim Versuch, die Grenze zwischen den USA und Mexiko ohne die dazu erforderlichen Papiere, also »nicht-dokumentiert«, zu überschreiten. Ein Drittel ertrank im Rio Grande, ein weiteres verdurstete oder starb an den Folgen der Hitze in der Wüste von Kalifornien bzw. im texanisch-mexikanischen Grenzland. Gemäß der mexikanischen Botschaft in Washington belief sich die Zahl der Toten gar auf 368, während das *Center for Immigration Research* der Universität Houston von 1.185 nicht-dokumentierten MigrantInnen spricht, die zwischen 1993 und 1996 an der Grenze starben (Migration News: March 1999; September 1997).

Verschärfte Zuwanderungskontrollen

Daß die Reise in die USA für viele MigrantInnen eine in den Tod ist, hängt mit der zunehmenden Militarisierung der Grenze zusammen. Ab 1986, als der *Immigration Reform and Control Act* (IRCA) in Kraft trat, wurde die US-Einwanderungspolitik zunehmend restriktiver und repressiver. Mit dem IRCA wurden, neben einem Programm zur Legalisierung von bestimmten Kategorien nicht-dokumentierter ImmigrantInnen, die bereits in den USA lebten, auch Sanktionen gegen Unternehmer eingeführt, die wissentlich nicht-dokumentierte Einwanderer beschäftigten (ausführlicher zum IRCA siehe Calavita 1994: 65-74). Darüber hinaus wurde die Überwachung der Grenze und ihres Hinterlandes intensiviert, um die nicht-dokumentierte Immigration zu unterbinden (Operation Hold the Line [1993], Safeguard und Operation Gatekeeper [1994], Operation Rio Grande [1997]). Dazu wurde das INS personell wie finanziell stark erweitert. Sein Budget erhöhte sich zwischen 1986 und 1998 von 600 Millionen US$ auf vier Milliarden, der Personalstand wurde auf rund 30.000 verdreifacht. Damit verfügt das INS nicht nur über mehr Mittel als das FBI, es ist auch die weltgrößte Behörde, die sich der Aufgreifung und Deportation von Menschen verschrieben hat. Rund 750 Millionen US$ jährlich und 9.000 Personen werden im Rahmen der *Border Patrol* diesem Zweck gewidmet (Migration News: verschiedene Ausgaben).

Mitte der 90er Jahre wurde die Einwanderungspolitik weiter verschärft. Eine Vorreiterrolle übernahm der zuwanderungsstärkste US-Bundesstaat Kalifornien, wo 1990 6,5 Millionen oder 32,9 Prozent der dokumentierten Einwanderer und 1996 rund zwei Millionen oder 22 Prozent der nicht-dokumentierten ImmigrantInnen lebten (Rivera-Batiz 1998: 12f.). Unter rassistischen Tönen (»Proposition 187 will be the first giant stride in ultimately ending the ILLEGAL ALIEN invasion«) wurde 1994 ein Gesetz verabschiedet (eben jene »Proposition 187«), das bei – bis heute nicht erfolgter – voller Implementierung nicht-dokumentierte Zuwanderer von öffentlichen Dienstleistungen ausschließen würde. Damit wären Schul-, Gesundheits- und

Sozialwesen für nicht-dokumentierte ImmigrantInnen versperrt; LehrerInnen, ÄrztInnen und KrankenpflegerInnen sowie andere Bedienstete des Sozialwesens müßten als »Spitzel« für das INS arbeiten (Hinojosa Ojeda et al. 1998: 17; Massey 1998). 1996 folgte ein vergleichbares Gesetz auf nationaler Ebene, das durch den weiteren Ausbau des Grenzschutzes sowie durch Strafverschärfungen für Unternehmer, die wissentlich nicht-dokumentierte Einwanderer beschäftigen, die nicht-dokumentierte Immigration reduzieren sollte. Darüber hinaus wurde der Zugang zum staatlichen Sozialsystem auch für jene legalen Zuwanderer, die keine US-BürgerInnen (geworden) sind, erschwert (Migration News: October 1998).

Sowohl die Militarisierung der Grenze als auch die Verschärfung der Einwanderungsgesetze richten sich primär gegen den Nachbarstaat im Süden, stellen MexikanerInnen doch das Gros aller Einwanderer. Von den 19,7 Millionen dokumentierten ImmigrantInnen, die 1990 in den USA lebten, stammten 4,3 Millionen aus Mexiko (21,7 Prozent), und auch unter den aktuellen Zuwanderern machen die MexikanerInnen mit 18 Prozent den größten Anteil aus (SOPEMI 1997: 258; Migration News: February 1999). Bei der nicht-dokumentierten Immigration überwiegen MexikanerInnen noch viel deutlicher. Exakte Angaben darüber liegen zwar naturgemäß nicht vor, doch kann der Anteil der MexikanerInnen auf etwa zwei Drittel der rund 275.000 nicht-dokumentierten ImmigrantInnen, die jährlich in die USA kommen, geschätzt werden (eigene Berechnung, basierend auf Migration News: February 1999; Lowell 1998: 11; Commission on Immigration Reform/Secretaría de Relaciones Exteriores 1997: 8).

US-Einwanderungspolitik: »spectacularly unsuccessful«?

Doch es ist fragwürdig, ob die Verschärfung der Einwanderungspolitk ihr angegebenes Ziel, die nicht-dokumentierte Zuwanderung hintanzuhalten, tatsächlich erreicht. Zwar ist die Zahl der festgenommenen und deportierten Zuwanderer ohne Papier deutlich gestiegen (von 1994 bis 1998 um fast 50 Prozent auf 1,6 Millionen, von denen der überwiegende Teil aus Mexiko stammt), doch es ist keineswegs eindeutig, wie dieser Anstieg zu interpretieren ist. Denn die Zunahme der Festnahmen kann widerspiegeln, daß eine größere Anzahl von MexikanerInnen versucht, ohne Papiere in die USA zu gelangen, oder sie kann einen größeren Erfolg des INS bei deren Ergreifung ausdrücken. Außerdem zählen die INS-Daten Ereignisse und nicht Individuen, weshalb es sein kann, daß ein und dieselbe Person mehrmals als »festgenommen« in der INS-Datei aufscheint. Diese Möglichkeit würde eine abschreckende Wirkung der Militarisierung der Grenze nahelegen. Wenn, wie

Bustamante kalkuliert, die Zahl der Versuche, die erforderlich sind, die US-Grenze erfolgreich ohne Papiere zu überschreiten, zwischen 1994 und 1997 von 2,7 auf sieben gestiegen ist (Migration News: May, 1997), dann würde dies steigende Kosten für den/die MigrantIn und damit – zumindestens nach weitverbreitetem Verständnis – einen sinkenden Migrationsgewinn bedeuten. Doch Massey und Singer (1995) widersprechen dieser These. Sie kommen in einer Untersuchung von 30 mexikanischen Orten zu dem Schluß, daß die Wahrscheinlichkeit, bei einem Versuch, die Grenze ohne Papiere zu überschreiten, gefaßt zu werden, trotz der verschärften Grenzpolitik gesunken ist, und zwar von etwa 35 bis 40 Prozent in den 70ern auf 15 bis 20 Prozent in den frühen 90ern.

Auch zahlreiche andere Studien sprechen der Militarisierung der Grenze sowie der Verschärfung der Einwanderungspolitik eine abschreckende Wirkung ab. Espenshade (1995) fand in einer Analyse der INS-Daten über Festnahmen heraus, daß die Gefahr, beim illegalen Grenzübertritt erwischt zu werden, so gut wie keinen Einfluß auf die Entscheidungen potentieller mexikanischer MigrantInnen ausübt. Ähnliches brachte eine Untersuchung in drei mexikanischen Abwanderungsdörfern zu Tage (Cornelius 1989). Obwohl Kenntnisse über die neuen US-Gesetze sehr weit verbreitet waren (drei Viertel aller Haushaltsvorstände wußten von IRCA), hielt dieses Wissen kaum jemanden von der Migration in die USA ab. 63 Prozent der Befragten gaben an, in den letzten zwölf Monaten an einen (illegalen) Grenzübertritt gedacht zu haben, und 31,5 Prozent haben diesen auch realisiert. Von denen, die nicht migriert sind, gaben nur 20 Prozent an, daß sie sich durch IRCA entmutigt fühlten: »Residents of our research communities did not perceive intensified border enforcement by US immigration authorities as a potential threat to gaining entry into the country.« (ibd.: 695) Zu vergleichbaren Ergebnissen gelangen Massey et al. (1990) in ihrer Studie zweier Abwanderungsstädte in Mexiko. Und Calavita (1994) stellte fest, daß auch die Sanktionen gegen US-Unternehmer, die wissentlich nicht-dokumentierte Einwanderer beschäftigen, kaum Auswirkungen hatten. IRCA ist – wie die US-Einwanderungspolitik insgesamt – gekennzeichnet durch »a pronounced gap between their« purported intent and their practical effects« (ibd.: 76). Schließlich widerspricht das INS selbst der landläufigen Meinung, ein Mehr an Festnahmen beweise das Funktionieren des Grenzschutzes. Vielmehr sieht es in der Abnahme der Aufgriffe den Beleg dafür, daß seine Politik funktioniere. So fielen im Sektor um San Diego, wo *Operation Gatekeeper* durchgeführt wird, die Zahl der Ergreifungen von 529.000 (1994) auf 248.000 (1997), und im südlichen Texas sind nach den ersten vier Monaten, in denen *Operation Rio Grande* im Einsatz war, die Aufgriffe um 25 Prozent gesunken (Migration News: verschiedene Ausgaben). Wenn aber die Abnahme bei den Festnahmen an bestimmten Punkten der Grenze den Erfolg des INS demonstrieren soll, so kann die generelle Zunahme der Aufgriffe entlang der gesamten Grenze nicht ebenfalls Indiz für das Funktionieren des Grenzschutzes sein.

Tatsächlich nimmt die Zuwanderung aus Mexiko parallel zur Militarisierung der Grenze und zur Verschärfung der Einwanderungsgesetze zu. Während in den 70er Jahren im Jahresdurchschnitt 120.000 bis 155.000 MexikanerInnen in die USA migrierten (dokumentiert und nicht-dokumentiert), waren es in den 80ern 210.000 bis 260.000 Personen jährlich. Damit hat sich die Zahl der mexikanischen Arbeitskräfte in den USA und die der Arbeitskräfte mexikanischen Ursprungs in den 80er Jahren auf 4,5 bzw. 8,7 Millionen verdoppelt. Dieser Aufwärtstrend beschleunigt sich in den 90er Jahren weiter. Von 1991 bis 1995 reisten im Jahresschnitt etwa 315.000 mexikanische EmigrantInnen in die USA ein (dokumentiert und nicht-dokumentiert), was gegenüber den 80ern ein Plus von etwa einem Drittel bedeutet. Schließlich ist alleine in den ersten drei Jahren der Gültigkeit von NAFTA (1994-1996) die Zahl der dokumentiert eingereisten MexikanerInnen um fast 60 Prozent gestiegen. Damit lebten 1996 etwas mehr als sieben Millionen MexikanerInnen (oder acht Prozent der mexikanischen Bevölkerung) in den USA, davon etwa ein Drittel ohne gültige Papiere (Commission on Immigration Reform/Secretaría de Relaciones Exteriores 1997: 7-9; Hinojosa Ojeda et al. 1998: 52; Lowell 1998: 5, 15).

Angesichts dieser Zahlen erscheint es als wahrscheinlich, daß die Militarisierung der Grenze und die Verschärfung der Einwanderungspolitik bezüglich der Situation an der Grenze vor allem eines bewirkt haben: die räumliche Verlagerung der Immigration an neue, unzugänglichere Orte der Grenze zwischen den USA und Mexiko. Damit sind aber auch die Kosten für die MigrantInnen gestiegen, wie der häufigere Gebrauch von Schleppern, die Verdoppelung ihrer Gebühren auf 500 US$ oder mehr sowie die hohe Zahl an Todesopfern an der Grenze signalisieren (Massey et al. 1990; Cornelius et al. 1994b: 34f.; Migration News, verschiedene Ausgaben). Ein zweites Ergebnis dürfte sein, daß weniger MigrantInnen »pendeln«, also häufig zwischen Mexiko und den USA hin- und herreisen. Alleine zwischen 1993 und 1995 ging ihre Zahl um 30 Prozent zurück. Die Hauptursache dafür scheint zu sein, daß mehr und mehr MexikanerInnen die zirkuläre Wanderung zugunsten der definitiven Einwanderung in die USA aufgeben oder daß sie zumindest ihren Aufenthalt dort verlängern (Commission on Immigration Reform/Secretaría de Relaciones Exteriores 1997: 9).

Die steigenden Einwanderungszahlen und die zitierten Widersprüche hinsichtlich der Festnahmen von nicht-dokumentierten ImmigrantInnen deuten darauf hin, daß die Versuche, Zuwanderung durch verschärfte Grenzkontrollen zu stoppen, scheitern. Dies wird von US-Behörden mittlerweile auch eingestanden. Das INS selbst bekannte im Frühjahr 1999, »that its current enforcement strategy is not reducing the number of illegal immigrants« (Migration News: April 1999). Und die *Commission on Immigration Reform*, die gemeinsam mit dem mexikanischen Außenministerium eine umfangreiche Studie über die Migration zwischen den beiden Ländern erstellte, hält fest: »The disjunction between policy intentions and actual outcomes has been a perennial feature of immigration history.« (Commission on Immigration Reform/Secretaría de Relaciones Exteriores 1997: 53) An anderer Stelle wird der Bericht deutlicher: »There is as yet no convincing evidence that U.S. border and interior control efforts have reduced unauthorized Mexico-United States migration.« (ibd.: 71)

Noch prägnanter – und in großer Einhelligkeit – kritisieren MigrationsforscherInnen aus Mexiko und den USA die US-Einwanderungspolitik. Neben den oben zitierten Studien lassen sich weitere Forschungsergebnisse nennen, etwa jene, die auf einem OECD-Seminar über die migrationsspezifischen Auswirkungen von NAFTA präsentiert wurden. Santibanez Romellon (1998: 4f.) vom renommierten *Colegio de la Frontera Norte* kommt zu dem Schluß, daß »tightening the presence of the Border Patrol and building fences [...] have only produced modifications arising from the situation and a redistribution of flows [...]. Beyond any ideological consideration, it is empirically verifiable that none of both dimensions [border control and stay control], have reached the goals.« Ganz ähnlich argumentiert Lowell (1998: 11) vom US-Arbeitsministerium: »More personnel, border fences, and sophisticated technologies are being employed [...]. The results of these new efforts are that the illegal migrants are now seeking entry through less well protected areas that are much more difficult and often dangerous.« Und Massey schließlich, der schon vor zehn Jahren die Position vertrat, es sei »much too late in the process to have any realistic expectation of markedly affecting the level of Mexican emigration to the United States« (Massey 1988: 409), hält die gegenwärtige US-Einwanderungspolitik schlichtweg für »spectacularly unsuccessful«: »U.S. Immigration policy (is) the road to nowhere. (...) It is hard to imagine a more inept, self-contradictory, and self-destructive policy.« (Massey 1998)

Die Fähigkeit der USA, die Einwanderung zu kontrollieren, hat also abgenommen (zu einer vergleichbaren Entwicklung in anderen Ländern siehe Cornelius et al. 1994a; Sassen 1996: 59-99). Diese Tatsache verweist auf ein (scheinbares?) Paradoxon: Die Grenze des Nationalstaates verliert in einer Zeit, in der sie durch polizeiliche und militärische Maßnahmen verstärkt wird, an abschreckender Wirkung und an Steuerungsfähigkeit. Die Mauer wird höher, doch zugleich wird sie auch durchlöchert. In welchem Verhältnis stehen nun die Mauer und das Loch? Befinden sie sich im Widerspruch, spiegeln die Löcher also das Scheitern der restriktiven Migrationspolitik wider, oder sind »Mauer« und »Loch« einander ergänzende Spielarten, um die (mexikanischen) ImmigrantInnen dorthin zu bekommen, wo sie der US-Senat schon 1911 haben wollte?: »In the case of the Mexican, he is less desirable as a citizen than as a laborer.« (zitiert in Calavita 1994: 58)

Argumente lassen sich für beide Positionen finden. Wird zunächst einmal angenommen, die US-Behörden trachteten tatsächlich danach, die nicht-dokumentierte Einwanderung zu stoppen, dann muß zweifelsohne von einem Versagen ihrer repressiven Migrationspolitik gesprochen werden. Den Grund für den Mißerfolg sehen zahlreiche ForscherInnen in einem falschen Verständnis von Migration, das die US-Behörden haben (siehe z.b. Sassen 1988; Massey 1998; Papademetriou 1998). Die Regierung sieht in der Zuwanderung der nicht-dokumentierten MexikanerInnen die Folge von Armut und Unterentwicklung in Mexiko und von höheren Löhnen und besseren Sozialleistungen in den USA. Diese Wahrnehmung läßt sie glauben, daß sich die Wanderungskosten durch ein Mehr an Grenzkontrollen und durch die Verweigerung von elementaren Rechten für nicht-dokumentierte ImmigrantInnen erhöhen ließen, wodurch wiederum eine abschreckende Wirkung auf potentielle MigrantInnen ausgeübt werden könnte. Mit dieser Sichtweise isolieren die US-Behörden die mexikanische Zuwanderung sowohl von ihrer langen Geschichte als auch von ihrer Einbettung in ein breiteres sozio-ökonomisches Umfeld, was konsequenterweise zu Täuschungen und Irrtümern hinsichtlich der Migrationspolitik führen muß.

Dreifache Ignoranz:

Außerachtlassung des Arbeitskräftebedarfs ...

Ein erster Bereich, der zu wenig beachtet wird, ist, daß die mexikanische Emigration untrennbar verbunden ist mit der Nachfrage nach Arbeitskräften in den USA. MexikanerInnen haben nicht einfach aus Armut begonnen, in die USA zu wandern – sie wurden geholt. Seit dem späten 19. Jahrhundert wurden sie als billige und flexible Arbeitskraft rekrutiert, und zwar zunächst für die Landwirtschaft und Minen im Südwesten der USA, dann für den Eisenbahnbau und die Industrien. Spätestens in den Jahren des Ersten Weltkriegs hing die Wirtschaft der westlichen und südwestlichen US-Bundesstaaten bereits massiv von mexikanischen ArbeitsmigrantInnen ab (Cardoso 1980). Der grenzüberschreitende Arbeitsmarkt wurde endgültig verfestigt, als im Rahmen des Bracero-Programms (1942-1964) rund fünf Millionen MexikanerInnen für die kalifornische Landwirtschaft rekrutiert wurden. Der Import der mexikanischen ArbeiterInnen wirkte ausgesprochen stimulierend auf die US-Wirtschaft und erlaubte es den südwestlichen Bundesstaaten, »to become the garden states of the United States« (Martin 1994: 23). Er führte aber auch dazu, daß Migration zu einem festen Bindeglied zwischen den USA und Mexiko geworden ist. Zwar kehrte ein Gutteil der *Braceros* wieder nach Mexiko zurück, viele blieben aber auch, so daß 1970 eine Million mexikanische Arbeitskräfte und zwei Millionen Arbeitskräfte mexikanischen

Ursprungs in den USA lebten (Hinojosa Ojeda et al. 1998: 52). Darüber hinaus waren US-Farmer und Industrielle von der mexikanischen Arbeitskraft ebenso abhängig geworden wie mexikanische Familien und Dörfer von den Geldüberweisungen der MigrantInnen (siehe z.b. Portes/Bach 1985).

Stellt also die massenhafte Benützung der Arbeit von ImmigrantInnen in den USA keine historische Novität dar, so hat sich die Zuwanderung ab den 70er Jahren ungemein dynamisiert. Zwischen 1970 und 1990 vervierein-halbfachte sich die Zahl der dokumentiert und nicht-dokumentiert immigrierten Arbeitskräfte auf knapp 4,5 Millionen, und in den 90er Jahren setzte sich der Aufwärtstrend noch schneller fort. Die dokumentierte jährliche Neuzuwanderung war zwischen 1990 und 1995 mit durchschnittlich über 1,1 Millionen ImmigrantInnen um 60 Prozent höher als in der zweiten Hälfte der 80er Jahre, und die Zahl der legal als temporäre Arbeitskräfte Eingereisten hat sich in den 90er Jahren gegenüber dem vorangegangenen Jahrzehnt sogar mehr als verdoppelt. Dazu kommen jährlich rund 275.000 nicht-dokumentierte ImmigrantInnen (Hinojosa Ojeda et al. 1998: 52; SOPEMI 1997: 261; Paracini/Thoreau 1998: 28; Lowell 1998: 11).

Von zahlreichen Studien ist die Parallelität von vermehrter Einwanderung und Umstrukturierungen der US-Wirtschaft, die ihrerseits mit den aktuellen Umbrüchen der Weltwirtschaft und ihrer zunehmenden Globalisierung zusammenhängen, untersucht worden (siehe z.B. Sassen 1988; Portes/ Rumbaut 1990; Cross/Waldinger 1992; Hinojosa Ojeda et al. 1998; Vernez 1998). Prozesse wie der Niedergang der traditionellen Massenproduktionsindustrie und die auf billigen und flexiblen Arbeitskräften beruhende Re-Industrialisierung mancher Regionen oder die Expansion des Servicesektors sowohl im Bereich der gehobenen (Finanz-, Rechts- und Versicherungsdienste) wie der niedrigen Dienstleistungen brachten Veränderungen in der Arbeitsorganisation, in der Einkommensverteilung und in der Arbeitskraftnachfrage mit sich. Die Neuordnung der sozioökonomischen Verhältnisse in den USA führt zu zunehmender Flexibilisierung, Informalisierung und Fragmentierung der Arbeitsmärkte. Aus diesem sozialen Abwärts- und Polarisierungstrend resultiert der größer werdende Bedarf an zugewanderten Arbeitskräften.

ImmigrantInnen aus Mexiko, den Philippinen, China, Vietnam, Indien oder der Dominikanischen Republik bilden einen mittlerweile unverzichtbaren Bestandteil der US-Wirtschaft. Manche Branchen (vor allem die Landwirtschaft, das Hotel- und Gastgewerbe, die persönlichen Dienstleistungen, die Nahrungsmittel- und Bekleidungsindustrie sowie die Bauwirtschaft) und Regionen (vor allem Kalifornien, Texas und Florida sowie die großen Metropolen des Landes) sind von zugewanderter Arbeit regelrecht abhängig geworden. In Kalifornien etwa, wo ein Drittel aller in den USA registrierten ImmigrantInnen lebt, und wohin aktuell circa ein Viertel der nicht-dokumentierten Einwanderung geht, stellen ImmigrantInnen aus Lateinamerika 56 Prozent der agrarischen Arbeitskräfte und 43 Prozent der ArbeiterInnen in den Industrien für nicht dauerhafte Konsumgüter (1990). Im Baugewerbe, in der dauerhaften Konsumgüterindustrie sowie im Handel sind immerhin noch jeweils mehr als ein Viertel der Arbeitskräfte zugewandert. Neu zugewanderte mexikanische Arbeitskräfte erhalten rund zehn Prozent niedrigere Löhne als ansässige Latinos, und die Arbeitsproduktivität der ImmigrantInnen ist trotz ihrer geringen Bildung höher als im Landesdurchschnitt. Dank dieser »Trümpfe« brachte der massive Rückgriff auf ImmigrantInnen der kalifornischen Industrie komparative Vorteile – sie wuchs von 1960 bis 1990 fünfmal so schnell wie die US-Industrie. Außerdem verschafft Zuwanderung Extraprofite, erhöht sich die Rentabilität der Investitionen bei einem Zuwanderungsplus von 20 Prozent doch um 0,8 Prozent (Rivera-Batiz 1998: 12f.; Hinojosa Ojeda et al. 1998: 8f., 53; Vernez 1998: 10-12; Commission on Immigration Reform/Secretaría de Relaciones Exteriores 1997: 43).

Ein erster Grund für das Scheitern der Maßnahmen, die nicht-dokumentierte Zuwanderung durch verschärfte Grenzkontrollen zu unterbinden, liegt also in der kontinuierlichen Nachfrage von US-Unternehmen nach eben diesen nicht-dokumentierten ImmigrantInnen. Die Migrationsbehörden der USA wissen dies, wie das Eingeständnis im bereits zitierten binationalen Bericht zeigt: »The catalyst for much of today's unauthorized Mexican migration for United States employment lies in the United States.« (Commission on Immigration Reform/Secretaría de Relaciones Exteriores 1997: 25) Daß dieser Erkenntnis wenig Beachtung geschenkt wird, liegt an politischen Interessenskonflikten, suchen Unternehmer doch die billige, flexible und weitgehend rechtlose mexikanische Arbeitskraft (siehe unten).

... der Folgen von Globalisierung ...

Zweitens wird zu wenig beachtet, daß die Zunahme der internationalen Migrationen genau jener Politik entspringt, die die USA und die anderen OECD-Länder forcieren. Die Ausweitung und Vertiefung von Marktbeziehungen führt in den Gebieten und Gesellschaften, die neu oder tiefer in die internationale Arbeitsteilung integriert werden, zu einem strukturellen Wandel. Ob diese Veränderungen nun positiv als »Entwicklung« konnotiert werden (z.B. Massey 1988) oder negativ als »Aus-dem-Gleichgewichtbringen« (z.B. Portes/Böröcz 1989: 608), in ihnen – und nicht in Armut schlechthin oder in individuellen Lohnvergleichen – liegen die Ursachen für das Entstehen von Massenmigrationen. Menschen werden entwurzelt, wenn das Eindringen von Marktkräften die gesellschaftlichen Institutionen, in die ihr Leben eingebettet war, ge- oder zerstört hat, wenn wirtschaftliche, soziale und kulturelle Reproduktion an einem bestimmten Ort nicht mehr möglich ist. In anderen Worten: die räumliche und soziale Expansion des Kapitalismus schafft und vergrößert Migrationspotentiale (Sassen 1988; Parnreiter

1995). Mit den Globalisierungsprozessen seit den 70er Jahren, also mit der Öffnung der Märkte, der Umorientierung der Produktion auf den Export, der enormen Aufwertung des Finanzsektors sowie der Veränderung der Rolle des Staates haben diese Dynamiken erheblich an Geschwindigkeit und Tiefe gewonnen (Novy et al. 1999).

In Mexiko wurde mit den neoliberalen Reformen der 80er und 90er Jahre und mit den Beitritten zum GATT/WTO (1986) und zur nordamerikanischen Freihandelszone NAFTA (1994) eine Entwicklung in Gang gesetzt, die sozioökonomisch so destabilisierend war, daß alljährlich Hunderttausende neu in Migrationen mobilisiert werden. Zum einen wuchs sich die strukturelle Krise, in der sich die Landwirtschaft seit Mitte der 60er Jahre befand, im Gefolge der forcierten Weltmarktintegration endgültig zum Desaster aus (zum Folgenden siehe Parnreiter 1998: 160-174). Die agrarische Produktion stagniert, die Produktion per capita ist stark rückläufig, die Erträge der zehn wichtigsten Kulturen haben ebenso abgenommen wie die landwirtschaftlich genutzte Fläche und die Erträge pro Hektar. Die Agrarkrise ist kein Zufall. Zu groß sind die Produktivitätsunterschiede zwischen den USA und Mexiko, als daß das Gros des mexikanischen Bauerntums angesichts der raschen Handelsliberalisierung überleben könnte. Eine Untersuchung, die 1992 (also vor dem Beitritt zu NAFTA) im Auftrag der Welternährungsorganisation FAO durchgeführt wurde, ergab, daß in Mexiko auf 28 Prozent der bebauten Fläche nicht rentabel produziert werden konnte. Im Falle einer völligen Liberalisierung des Agrarsektors, so die Prognose, werde nur ein Viertel der bebauten Oberfläche wettbewerbsfähig sein. Die Öffnung des Binnenmarktes für agrarische Importe zwang die mexikanischen AgrarproduzentInnen also in einen Wettbewerb, in dem die meisten nicht bestehen können. Dies bekamen sie um so schärfer zu spüren, als die Eliminierung des Zollschutzes begleitet war von einer drastischen Reduktion direkter und indirekter staatlicher Unterstützungen. Dazu kommt noch die Veränderung des Artikels 27 der seit 1917 gültigen Verfassung, mit der die Landreform definitiv für beendet erklärt, der Besitz von Land durch Aktiengesellschaften (auch mit ausländischer Beteiligung) ermöglicht sowie die Privatisierung und der Verkauf von Ejido-Land legalisiert wurden. Die Marktöffnung und die neue Agrarpolitik beraub(t)en Millionen Menschen ihrer ländlichen Existenzgrundlage. Vermutet wird, daß seit Beginn der 90er Jahre zwischen 500.000 und 750.000 Subsistenzbauern und -bäuerinnen die Landwirtschaft verlassen haben. Eine andere Schätzung geht gar von 600.000 MaisproduzentInnen aus, die alleine 1996 aufgeben mußten. Mittelfristig wird angenommen, daß bis zu fünfeinhalb Millionen Familien nicht als bäuerliche ProduzentInnen überleben werden können. Das würde das sozio-ökonomische Aus für acht bis 15 Millionen Menschen bedeuten.

Zum anderen wurde und wird auch die städtische Bevölkerung durch die beschleunigte Globalisierung in Mitleidenschaft gezogen (siehe Parnreiter

1998: 138-150; Feldbauer/Parnreiter 1999). Im Zuge der Handelsliberalisierungen vertiefte sich die industrielle Krise, die Mexiko seit der Erschöpfung der Importsubstitution in den späten 70ern durchmacht. Zunehmend kommt es zu einer Polarisierung in Branchen, die aus dem Freihandel Gewinne ziehen können, und solchen, die der Weltmarktkonkurrenz nicht gewachsen sind. Zu den ersten zählt einerseits die Maquiladora-Industrie, die Halbprodukte importiert, mit billiger mexikanischer Arbeitskraft weiterverarbeitet und dann wieder exportiert. Zum anderen gewinnen Branchen, die entweder mit transnationalen Konzernen verbunden sind (Automobile, Elektrogeräte) oder die von einem nationalen Monopol (petrochemische Basisprodukte) bzw. Oligopol (Bier, Glas) beherrscht werden. Hingegen wachsen Branchen wie Nahrungsmittel, Bekleidung, Getränke, nicht-elektrische Maschinen, Tabak, Textilien, Leder, Schuhe oder Papier nur langsam oder schrumpfen überhaupt. Die traditionelle mexikanische Industrie zählt also zu den großen Verlierern des Freihandels. Diese Polarisierung ist umso dramatischer, als sowohl die Maquiladora-Industrie als auch die Boom-Branchen über immer weniger Verflechtungen mit der mexikanischen Volkswirtschaft verfügen, also schrittweise de-nationalisiert werden. Die in Mexiko erfolgende Wertschöpfung ist gering, und die nationalen Zulieferbetriebe werden sukzessiv von internationalen Konzernen verdrängt. Die Folgen für den Arbeitsmarkt sind gravierend. Mexikoweit lag die formelle Beschäftigung 1997 nicht höher als 1982, und auch in Mexico City stagniert die Industriebeschäftigung. Dafür boomt der informelle Sektor, wo nach Angaben der Internationalen Arbeitsorganisation (IAO) rund 60 Prozent der Erwerbsbevölkerung arbeiten.

Diese Entwicklung mobilisiert, ebenso wie die Krise der Landwirtschaft, immer mehr MexikanerInnen in internationale Wanderungen. Als Antwort auf die Krise der 80er und 90er Jahre entsenden immer mehr Haushalte ein oder mehrere Mitglied(er) in die USA, damit diese dort jenes *cash* verdienen, mit dem Einkommensausfälle kompensiert und Basisbedürfnisse befriedigt werden können (Grindle 1991; Yúnez-Naude 1997). Für die US-Behörden kann dies nicht überraschend sein, sagten doch alle Studien, die sich im Vorfeld von NAFTA mit den migrationsspezifischen Auswirkungen beschäftigt haben, eines voraus: »(T)here is additional migration as a result of NAFTA.« (Martin 1994: 35) Diesen Anstieg nun zu beklagen ist, wie Douglas Massey (1998) anmerkt, inkonsequent: »(I)f one approves of that economic model, then logically one also approves of the transformations that follow from it. [...] The consolidation of Mexican markets under NAFTA, in short, unleashed precisely the sort of social, political, and economic transformations that have served as engines of international migration elsewhere in the world. [...] Is it any wonder that migration has proceeded apace?«

... und der Migrationsnetze

Der dritte Bereich, der von den US-Behörden vernachlässigt wird, ist, daß die mexikanische Migration in die USA selbst zu einem Element der Integration der beiden Staaten geworden ist. Grundsätzlich bedarf das Zustandekommen von Migrationen Verbindungen zwischen Sender- und Empfängerregionen, zwischen jobsuchenden EmigrantInnen und Unternehmern. Solche »Brücken« können primär ökonomischer Natur sein (z.B. Handelsbeziehungen oder Direktinvestitionen), sie können aus militärischer und/oder politischer Präsenz in einer Region herrühren, sie können historische Wurzeln haben (etwa zwischen Teilen ehemaliger Kolonialreiche) oder durch allgemeine »Verwestlichung« begründet werden (Sassen 1995: 265f.). Weil es jahrhundertelang an diesen Verbindungen fehlte, war die direkte Rekrutierung oder gar Verschleppung von Arbeitskräften für das Aktivieren von Migrationen unabdingbar (Portes/Walton 1981: 45-48).

Zwischen den USA und Mexiko wurden bereits in der zweiten Hälfte des 19. Jahrhunderts »Brücken« für MigrantInnen geschlagen. Zum einen bildete sich, nachdem Mexiko Texas, South Arizona, New Mexico und New California an die USA verloren hatte, in der Grenzregion eine komplexe wirtschaftliche und soziale Symbiose heraus, in der grenzüberschreitende Wanderungen eine zentrale Komponente darstellten (Papademetriou 1991: 260). Zum anderen wurde seitens der USA ab etwa 1880 aus dem Pool des entwurzelten mexikanischen Landproletariats eine wachsende Zahl von ArbeitsmigrantInnen rekrutiert, was in den 40er Jahren des 20. Jahrhunderts mit dem bereits erwähnten Bracero-Programm seine Fortsetzung fand (Portes/Bach 1985: 78f.).

Als die Anwerbung von ImmigrantInnen 1964 beendet wurde, stellte sich allerdings heraus, daß damit der Migrationsprozeß nicht unterbrochen war. Die Wanderungen dauerten an, ja sie nahmen von Jahrzehnt zu Jahrzehnt zu. Mit einem wesentlichen Unterschied allerdings: Eine wachsende Zahl von ImmigrantInnen mußte ohne die erforderlichen Papiere in die USA einreisen und dort arbeiten. Zwischen 1990 und 1996 stellten die nicht-dokumentierten MigrantInnen mit einem Drittel (oder 630.000 Personen) die größte einzelne Kategorie von mexikanischen ImmigrantInnen in die USA dar (dokumentierte ImmigrantInnen: 510.000; 210.000 im Rahmen des Familiennachzugs; 550.000 in einem speziellen Programm für kurzfristige landwirtschaftliche Arbeitskräfte [Commission on Immigration Reform/Secretaría de Relaciones Exteriores 1997: 8f.]). Es scheint eine Ironie der Geschichte zu sein, daß ein Gutteil der nicht-dokumentierten (also »illegalen«) US-Einwanderung seit den 70er Jahren auf die staatliche Rekrutierung unter dem Bracero-Programm zurückgeht.

Warum aber hielt die Süd-Nord-Migration an, obwohl die Rekrutierung von Arbeitskräften weggefallen war? Zwei wesentliche Gründe wurden bereits angesprochen: Die Nachfrage nach mexikanischen Arbeitskräften in den USA dauerte an, ja sie nahm stetig zu. Und die ökonomische und soziale Lage in Mexiko verschlechterte sich insbesondere ab den 80er Jahren, so daß immer mehr Familien *migradólares* brauchten, um ihre sozioökonomische Reproduktion zu sichern. Drittens hatte das Bracero-Programm zur Folge, daß in den USA große mexikanische ImmigrantInnen-Communities entstanden waren, die über soziale Beziehungen, aber auch über materielle Flüsse (z.B. Geldüberweisungen) mit Dörfern und Städten in Mexiko verbunden waren. Die Erklärung für das Andauern der Migrationen liegt also darin, daß stabile Netze entstanden sind, die anderen Verbindungen – wie dem Handel oder den Direktinvestitionen – ebenbürtig sind. Die Rücküberweisungen der MigrantInnen etwa machten 1995 mit 3,6 Milliarden US$ 57 Prozent der ausländischen Direktinvestitionen in Mexiko oder 73 Prozent des Handelsbilanzüberschusses der Maquiladora-Industrie aus (Hinojosa Ojeda et al. 1998: 3; Commission on Immigration Reform/Secretaría de Relaciones Exteriores 1997: 25, 36; de Mateo 1998: 20). Die sozialen Beziehungen zwischen mexikanischen MigrantInnen und *chicanos* einerseits, ihren Verwandten und FreundInnen in Mexiko andererseits sind damit zu einer eigenständigen, ja zur wichtigsten »Brücke« für zukünftige Wanderungen geworden. Wenn rund drei Viertel der mexikanischen Haushalte eine/n Verwandte/n oder FreundIn in den USA haben, dann wird über diese Beziehungen etwa die Information transportiert, daß trotz der Verschärfung der Grenzkontrollen in Kalifornien nicht-dokumentierte ArbeitsmigrantInnen für zahllose Jobs gesucht werden, oder es werden Tips übermittelt, wo und mit welchen Schleppern die Grenze überwunden werden kann (Massey/Singer 1995).

In anderen Worten: Migration ist nicht wie Wasser. Sie beginnt bei Lohn- oder Wohlfahrtsunterschieden nicht automatisch zu fließen, sondern bedarf der Mobilisierung, der »Brücken«. Einmal in Gang gesetzt, können Migrationen aber auch nicht mehr wie ein Wasserhahn zugedreht werden – in und durch die sozialen Netze entwickeln sie ein Eigenleben, das sie gegen politische Interventionen, wie sie an der US-Grenze erfolgen, widerstandsfähig macht.

Die Transnationalisierung des Raumes

Der eingangs angesprochene Wandel der Grenze hängt unmittelbar mit dieser ökonomischen und sozialen Stärke der sozialen Beziehungen zusammen. Denn die rund 700 MigrantInnen, die täglich die Grenze zwischen den USA und Mexiko unerlaubt überschreiten (Lowell 1998: 9), agieren in Migrationsnetzen, die mit und seit dem Bracero-Programm entstanden sind. Und das, was sie »vermischen und verändern« (um mit den Worten von Carlos Fuentes zu sprechen), ist nichts weniger als die Konfiguration des kapitalistischen

Weltsystems. Zum einen durchlöchern sie mit ihrem Tun die Grenze der USA, fügen der Supermacht gewisserweise einen Verlust an Kontrolle und Steuerungsfähigkeit zu. Zum anderen – und daraus folgend – tragen die MigrantInnen auch zum Entstehen von etwas Neuem bei.

Indem sich ihr tägliches Handeln, das Wandern zwischen Mexiko und den USA, trotz der Mauern an der Grenze zu neuen Mustern verdichtet, verändern die MigrantInnen die soziokulturelle Landkarte des Weltsystems. Sie wirken einerseits mit an der Schwächung der räumlichen Separierung von Zentrum und Peripherie, von Nord und Süd. MigrantInnen sind damit nicht nur Opfer weltwirtschaftlicher Entwicklungen (wie etwa der durch NAFTA vertieften Krise in Mexiko), sie agieren auch, und zwar durchaus auch gegen herrschende Interessen (vgl. die Diskussionen in Armbruster et al. 1998). Ein wesentliches Merkmal der modernen Staaten, nämlich daß sie die Löcher in ihren Grenzen je nach Arbeitsmarktlage oder politischer Opportunität vergrößern oder verkleinern, öffnen oder schließen konnten, ist verlorengegangen (Cornelius et al. 1994b: 29).

Andererseits werden MigrantInnen zu Akteuren der Globalisierung. Ihre Wanderungen stellen traditionelle Raumvorstellungen, Identitäten und Staatsbürgerschaftskonzepte in Frage und schaffen zugleich transnationale soziale Räume und Identitäten. Grenzüberschreitende MigrantInnen spannen ihr Leben zunehmend zwischen mehreren geographischen Räumen auf. Ihre sozialen Räume verlieren damit die eindeutig-exklusive Bindung an einen Ort und verteilen sich statt dessen über mehrere Lokalitäten. Statt von »ImmigrantInnen« wird deshalb auch von *transmigrants* (Glick Schiller et al. 1997: 121) oder *transborder people* (Morales 1998: 13) gesprochen. Sie gehören Haushalten an, die in zwei – oder mehr – Staaten angesiedelt sind, sie sind eingebettet in und unterhalten soziale wie ökonomische Beziehungen zu Gemeinden an ihrem Herkunfts- und an ihrem Zielort, sie sind daheim und/oder fremd in (mindestens) zwei Kulturen, und ihr Leben spielt sich einerseits weder »hier« (am Zuwanderungsort) noch »dort« (am Herkunftsort) ab, andererseits aber sowohl »hier« als auch »dort«. Kearney (1995) nennt einen solchen entstehenden transnationalen Raum *Oaxacalifornia*. In ihm leben MigrantInnen aus dem mexikanischen Bundesstaat Oaxaca und ihre Familien, sowie die kalifornischen Farmer, Industriellen und MittelklassebürgerInnen, die die Arbeitskraft der SüdmexikanerInnen kaufen. Sie bilden eine transnationale *Community*, die staatliche Grenzen ebenso überschreitet wie traditionelle Identitäten, und in der Ressourcen (z.B. Arbeit oder Geld) ebenso zirkulieren wie Werte und Informationen. Nicht nur die USA verlieren dabei die Hoheit über ihre Grenze. Mexiko erlaubt seit kurzem »seinen« MigrantInnen, die die US-Staatsbürgerschaft angenommen haben, die mexikanische wiederzuerlangen oder zu behalten. Wenn bis zu 5,5 Millionen Personen (Migration News: January 1997) sich für die doppelte Staatsbürgerschaft entscheiden können – das sind immerhin sechs Prozent der mexikanischen Bevölkerung –, dann werden die Grenzen Mexikos nicht mehr nur rein räumlich festgelegt, sondern auch sozial definiert und damit erweitert. Mexiko würde sich wandeln zu einem *deterritorialized nation-state* (Glick Schiller et al. 1997: 124), der nicht am Rio Grande endet, sondern sich bis Kalifornien und New York erstreckt, um »seine« Auswanderer dort einzuschließen.

Die Grenze: ein Relikt?

Es wurden nun Argumente angeführt, die dafür sprechen, daß die US-Einwanderungspolitik scheitert, daß die quantitative Kontrolle der Zuwanderung an der Grenze nicht funktioniert. In diesem Sinne würde das »Loch« das Versagen der »Mauer« versinnbildlichen. Doch es gibt noch eine andere Sichtweise, in der »Mauer« und »Loch« keinen Widerspruch bilden.

Wenn empirisch unbestreitbar ist, daß in den USA Nachfrage nach eingewanderter Arbeitskraft besteht, dann drängt sich die Frage auf, wozu die verschärfte Grenzpolitik dienen soll. Ein Argument ist, daß »das Volk« es so verlangt, ergeben Umfragen doch, daß die Mehrheit der US-BürgerInnen meint, ImmigrantInnen schadeten den USA (1997 stimmten bei verschiedenen Interviews zwischen 42 und 52 Prozent der Befragten dieser Position zu [Migration News: July 1997]). Ein anderes Argument lautet, daß an der Grenze gar nicht primär über das quantitative Ausmaß der Wanderung entschieden wird, sondern über die qualitative Position, d.h. rechtliche Stellung der ImmigrantInnen.

Gewiß, daß die USA an Fähigkeit eingebüßt haben, die Zuwanderung zu kontrollieren, bedeutet, daß die Grenze eine ihrer zentralen Aufgaben nicht mehr vollständig erfüllen kann. In der Geschichte des kapitalistischen Weltsystems bildeten die Grenzen von Nationalstaaten das wichtigste Instrument dafür, daß es auf dem entstehenden Weltmarkt für Arbeitskraft keine freie Bewegungsmöglichkeit der Arbeitskräfte gibt, um die sozialen Hierarchien der Weltwirtschaft und die Profite aus der Ausbeutung peripherer Arbeitskraft nicht zu gefährden (Wallerstein 1984: 41-45; Komlosy 1995). Der Verlust an Kontrolle bedeutet allerdings nicht, daß die nationalstaatlichen Grenzen überflüssig geworden wären. Denn die Attraktivität von zugewanderter (z.B. mexikanischer) Arbeitskraft entspringt ja gerade dem Umstand, daß sie aus einem anderen, nämlich peripheren Staat stammt. Das macht ihre Reproduktion (für den sie beschäftigenden Unternehmer) billiger, und das läßt sie in einer rechtlich schlechteren Position verbleiben als einheimische ArbeiterInnen. Staatsgrenzen setzen sich also im Einwanderungsland als ethnische Segmentierung des Arbeitsmarktes fort. Grenzen sind damit nicht so sehr als Barrieren, sondern als Mechanismen zur Reproduktion der Ungleichheiten der internationalen Arbeitsteilung zu verstehen. Sie trennen in »InländerInnen« und in »AusländerInnen«, und letztere werden wieder in zahlreiche Kategorien geschieden – etwa in »Legale« oder »Illegale«. Damit wird ein Zustand von Rechtsunsicherheit oder Rechtlosigkeit für MigrantInnen geschaffen, der sie gegenüber Unternehmen, staatlichen Behörden und inländischen Arbeitskräften besonders verwundbar macht. Diese Machtlosigkeit aber ist nicht nur Kainsmal, sondern auch primäre »Qualifikation« der MigrantInnen. Gerade weil sie nicht integriert und juristisch gesehen zweit- oder drittklassig sind, ist ihre Arbeitskraft so begehrt. Denn die Diskriminierung macht sie erpreßbarer, billiger, flexibler. Summa summarum: »Mauer« und »Loch« können einander sehr gut ergänzen (Parnreiter 1994:10-47).

Damit löst sich der Widerspruch zwischen der offensichlichen Nachfrage nach mexikanischen Arbeitskräften in den USA und den ebenso offensichtlichen Anstrengungen, die Mauern zu erhöhen, auf. Wenn an der Grenze primär darüber entschieden wird, ob die benötigten Arbeitskräfte aus Mexiko legalen Status erlangen können oder als nicht-dokumentierte ImmigrantInnen leben müssen, dann macht die verschärfte Grenzregulierung für jene Sinn, die aus der Illegalisierung der MexikanerInnen Profit ziehen können. Gewiß, eine solche Formulierung ist zugespitzt, und es wäre gewiß übertrieben zu behaupten, es wäre eine umfassende Strategie der USA-Behörden, die Einwanderer zu illegalisieren.

Dennoch zeigt etwa die bereits angesprochene »Proposition 187« in Kalifornien, daß die Grenze (immer) weniger der quantitativen Regulierung der Einwanderung dient und (immer) mehr der *qualitativen*. Die 1994 beschlossene, bis dato aber nicht vollständig implementierte »Proposition 187« soll, so behaupten ihre republikanischen Verfechter, die nicht-dokumentierte mexikanische Zuwanderung bremsen, und zwar durch eine Kombination aus einer weiteren Verschärfung der Grenzkontrollen, polizeistaatlichen Überwachungsmaßnahmen im Inneren sowie der Verweigerung selbst elementarster Rechte (wie Versorgung im Krankheitsfall) für nicht-dokumentierte ImmigrantInnen. Tatsächlich aber würde, so eine Studie der *University of California*, auch bei vollständiger Implementierung nicht-dokumentierte Zuwanderung nicht abgeschreckt, sondern im Gegenteil sogar vermehrt werden. Denn durch die »Proposition 187« würden die in Kalifornien lebenden nicht-dokumentierten ImmigrantInnen »be pushed deeper into an underground socio-economic status. [...] The ironic result is that as wages for undocumented workers continue to fall, the demand for them will continue to rise, resulting in even greater dependence on low wage labour by California employers« (Hinojosa Ojeda et al. 1998: 24). Diese Ironie ist aber laut Hinojosa Ojeda et al. und anderen Forschern keine zufällige. Hätten die kalifornischen Unternehmer, die traditionell von mexikanischer Arbeitskraft abhängen, nicht mit diesem Ergebnis gerechnet, sie hätten die »Proposition 187« nicht unterstützt.

Die verschärfte Repression führt nicht zu einer quantitativen, sondern zu einer qualitativen Selektion der ImmigrantInnen. Zum einen werden die Einwanderer jünger und besser ausgebildet, und der Anteil der Männer steigt. Da zumindest die ersten beiden Kriterien eindeutig einen Vorteil für die Unternehmen bieten, kommt Santibanez Romellon (1998: 8) zu dem Schluß, daß die wahre Intention der »Proposition 187« ist, das soziodemographische Profil der MigrantInnen zu kontrollieren und zu verändern. Zum anderen wird durch die Verschärfung der Einwanderungspolitik der Nutzen, den Staat, Unternehmer und Oberschicht aus den ImmigrantInnen ziehen, erhöht. Verstärkte nicht-dokumentierte Zuwanderung nach Kalifornien ließe den Staat indirekte Steuern lukrieren, ohne irgendwelche Leistungen (wie Schulen oder Gesundheitswesen) anbieten zu müssen, erlaubte es den Unternehmern, nicht-dokumentierten Einwanderern um 15 bis 20 Prozent geringere Löhne zu bezahlen als vergleichbaren ArbeiterInnen, und ermöglichte dem typischen Unterstützer der »Proposition 187« (weiß, mittleres oder hohes Einkommen) weiterhin Zugang zu billigen Dienstleistungen aller Art (Hinojosa Ojeda et al. 1998: 19-25).

Es kann also, wiederum zugespitzt formuliert, von einer regelrechten Nachfrage nach nicht-dokumentierten Arbeitskräften gesprochen werden. Damit aber sind nach Kalifornien Zustände zurückgekehrt, die man längst überwunden glaubte: Ein Gutteil derer, die arbeiten, dürfen nicht wählen. So sind in Los Angeles 65 Prozent der Latinos im Wahlalter nicht wahlberechtigt, weil sie keine US-BürgerInnen sind (Pastor 1998: 29). Bei einem Anteil der Latinos von 30 Prozent an allen Arbeitsplätzen (Hinojosa Ojeda et al. 1998: 53) bedeutet das grob geschätzt, daß ein Fünftel der Arbeitskraft von Los Angeles kaum Einfluß auf die staatliche Politik hat und auch am Arbeitsplatz selbst rechtlich abgewertet ist. Das ist zwar keine Rückkehr der Sklaverei, demokratiepolitisch aber ausgesprochen bedenklich.

Literatur

Armbruster, Heidi/Hußfeld, Birgit/Parnreiter, Christof/Rohlf, Sabine/ Schmeiser, Jo (1998): Roundtext. In: *Vor der Information* 7/8: 77-123

Bonilla, Frank/Meléndez, Edwin/Morales, Rebecca/de los Angeles Torres, María. Hg. (1998): *Borderless Borders: U.S. Latinos, Latin Americans, and the Paradox of Interdependence.* Philadelphia

Calavita, Kitty (1994): U.S. Immigration and Policy Responses: The Limits of Legislation. In: *Controlling Immigration. A Global Perspective*, Hg. Wayne A. Cornelius/Philip L. Martin/James F. Hollifield, Stanford: 55-82

Cardoso, Lawrence A. (1980): *Mexican Emigration to the United States 1897-1931. Socio-Economic Patterns.* Tucson

Commission on Immigration Reform/Secretaría de Relaciones Exteriores (1997): *Binational Study on Migration Between Mexico and the United States/Estudio Binacional México-Estados Unidos sobre Migración.* Washington/México D.F.

Cornelius, Wayne (1989): Impacts of the 1986 US Immigration Law on Emigration from Rural Mexican Sending Communities. In: *Population and Development Review* 15/4: 689-705

Cornelius, Wayne A./Martin, Philip L./Hollifield, James F. Hg. (1994): *Controlling Immigration. A Global Perspective.* Stanford

Cornelius, Wayne A./Martin, Philip L./Hollifield, James F. (1994): Introduction: The Ambivalent Quest for Immigration Control. In: *Controlling Immigration. A Global Perspective*, Hg. Wayne A. Cornelius/Philip L. Martin/James F. Hollifield, Stanford: 3-41

Cross, Malcolm/Waldinger, Roger (1992): Migrants, minorities, and the ethnic division of labor. In: *Divided Cities. New York & London in the Contemporary World*, Hg. Susan S. Fainstein/Ian Gordon/Michael Harloe, Oxford: 151-174

De Mateo, Fernando (1998): *NAFTA*; Foreign Direct Investment and Economic Integration: The Case of Mexico. Paper prepared for the Seminar on Migration, Free Trade and Regional Integration in North America, organised by the OECD and the Mexican Authorities with the Support of Canada and the United States. Mexico City, 15-16 January 1998

Espenshade, Thomas J. (1995): Using INS border apprehension data to measure the flow of undocumented migrants crossing the US-Mexico frontier. In: *International Migration Review* 29/2: 545-565

Feldbauer, Peter/Parnreiter, Christof: 1999 Mexiko: Krisen und Entwicklungschancen. Sind die große Depression und die Globalisierungskrise vergleichbar? In: *Wohin treibt die Peripherie? Von der Weltwirtschaftskrise zur Globalisierungskrise (1929-1999)*, Hg. Peter Feldbauer/Gerd Hardach/ Gerhard Melinz. Frankfurt a.M.

Glick Schiller, Nina/Basch, Linda/Szanton Blanc, Cristina (1997): From Immigrant to Transmigrant: Theorizing Transnational Migration. In: *Transnationale Migration, Soziale Welt*, Sonderband 12, Hg. Ludger Pries, Baden-Baden: 121-140

Grindle, Merilee S.: 1991 The Response to Austerity: Political and Economic Strategies of Mexico's Rural Poor. In: *Social Responses to Mexico's Economic Crisis of the 1980's*, Hg. Mercedes González de la Rocha/Augustín Escobar Latapí, La Jolla. Center for US-Mexican Studies: 129-153

Hinojosa Ojeda, Raul/McCleery, Robert/de Paolis, Fernando (1998): *Economic effects on NAFTA*: Employment and Migration Modelling Results. Paper prepared for the Seminar on Migration, Free Trade and Regional Integration in North America, organised by the OECD and the Mexican Authorities with the Support of Canada and the United States. Mexico City, 15-16 January 1998

Kearney, Michael (1995): The Effects of Transnational Culture, Economy, and Migration on Mixtec Identity in Oaxacalifornia. In: *The Bubbling Cauldron. Race, Ethnicity, and the Urban Crisis*, Hg. Michael Peter Smith/Joe R. Feagin, Minneapolis: 226-243

Komlosy, Andrea (1995): Räume und Grenzen. Zum Wandel von Raum, Politik und Ökonomie vor dem Hintergrund moderner Staatenbildung und weltwirtschaftlicher Globalisierung. In: *Zeitgeschichte* 22/11-12: 385-404

Lowell, Lindsay (1998): *Migration Trends and Policies in North America:* The Case of the United States. Paper prepared for the Seminar on Migration, Free Trade and Regional Integration in North America, organised by the OECD and the Mexican Authorities with the Support of Canada and the United States. Mexico City, 15-16 January 1998

Martin, Philip (1994): *Trade and Migration:* The Case of NAFTA. Paper presented at the Employment and International Migration Conference of the OECD Workshop on Development Strategies. Paris

Massey, Douglas (1988): Economic Development and International Migration in Comparative Perspective. In: *Population and Development Review*, 14/3: 383-413

Massey, Douglas (1998): March of Folly: U.S. Immigration Policy After NAFTA. In: *The American Prospect* 37, March-April, 22-33.

http://epn.org/prospect/37/37massfs.html

Massey, Douglas/Donato, Katherine/Liang, Zai (1990): Effects of the Immigration Reform and Control Act of 1986: Preliminary Data from Mexico. In: *Undocumented Migration to the United States: IRCA and the Experience of the 1980s*, Hg. Frank D. Bean/Barry Edmonston/Jeffrey S. Passel, Washington D.C. Urban Institute/Santa Monica: 183-210

Massey, Douglas/A. Singer (1995): New estimates of undocumented Mexican migration and the probability of apprehension. In: *Demography* 32/2: 203-213

Migration News. Verschiedene Ausgaben. http://migration.ucdavis.edu

Morales, Rebecca (1998): Dependence or Interdependence: Issues and Policy Choices Facing Latin Americans and Latinos. In: *Borderless Borders: U.S. Latinos, Latin Americans, and the Paradox of Interdependence*, Hg. Frank Bonilla/Edwin Meléndez/Rebecca Morales/María de los Angeles Torres, Philadelphia: 1-13

Novy, Andreas/Parnreiter, Christof/Fischer, Karin (1999): Globalisierung: Neuer Wein in alten Schläuchen. In: *Globalisierung und Peripherie. Umstrukturierungen in Lateinamerika, Afrika und Asien*, Hg. Christof Parnreiter/Andreas Novy/Karin Fischer, Frankfurt a.M.: 9-34

Papademetriou, Demetrios (1998): New Directions for Regional Integration and Migration Policies: Managing the US/Mexican Relationship with Special Reference to Immigration. Paper prepared for the Seminar on Migration, Free Trade and Regional Integration in North America, organised by the OECD and the Mexican Authorities with the Support of Canada and the United States. Mexico City, 15-16 January 1998

Papademetriou, Demetrios G. (1991): Migration and Development: The Unsettled Relationship. In: *Determinants of Emigration from Mexico, Central America, and the Caribbean*, Hg. S. Díaz-Briquets/ S. Weintraub, Boulder, CO: 259-294

Paracini, Tania/Thoreau, Cécile (1998): Demographic Situation, Employment and Economic Performance in North America. Paper prepared for the Seminar on Migration, Free Trade and Regional Integration in North America, organised by the OECD and the Mexican Authorities with the Support of Canada and the United States. Mexico City, 15-16 January 1998

Parnreiter, Christof (1994): *Migration und Arbeitsteilung. AusländerInnenbeschäftigung in der Weltwirtschaftskrise*. Wien

Parnreiter, Christof (1995): Entwurzelung, Globalisierung und Migration. Ausgewählte Fragestellungen. In: *Journal für Entwicklungspolitik* 3: 245-260

Parnreiter, Christof (1998): *Migration in Megastädte der Dritten Welt. Von der importsubstituierenden Industrialisierung zur Globalisierung. Erfahrungen aus Mexiko.* Dissertation zur Erlangung des Doktorgrades an der Geisteswissenschaftlichen Fakultät der Universität Wien. Wien

Pastor, Manuel Jr. (1998): Interdependence, Inequality, and Identity: Linking Latinos and Latin Americans. In: *Borderless Borders: U.S. Latinos, Latin Americans, and the Paradox of Interdependence*, Hg. Frank Bonilla/Edwin Meléndez/Rebecca Morales/María de los Angeles Torres, Philadelphia: 17-33

Portes, Alejandro/Walton, John (1981): *Labor, Class, and the International System*. New York

Portes, Alejandro/Robert L. Bach (1985): *Latin Journey: Cuban and Mexican Immigrants in the United States*. Berkeley

Portes, Alejandro/Böröcz, József (1989): Contemporary Immigration: Theoretical Perspectives on its Determinants and Modes of Incorporation. In: *International Migration Review* 23/3: 606-630

Portes, Alejandro/Rumbaut, Ruben G. (1990): *Immigrant America: a portrait*. Berkeley

Rivera-Batiz, Francisco L. (1998): Migration and the Labour Market: Sectoral an Regional Effects in the United States. Paper prepared for the Seminar on Migration, Free Trade and Regional Integration in North America, organised by the OECD and the Mexican Authorities with the Support of Canada and the United States. Mexico City, 15-16 January 1998

Santibanez Romellon, Jorge (1998): Migration Trends and Policies in North America: The Case of Mexico. Paper prepared for the Seminar on Migration, Free Trade and Regional Integration in North America, organised by the OECD and the Mexican Authorities with the Support of Canada and the United States. Mexico City, 15-16 January 1998

Sassen, Saskia (1988): *The Mobility of Labor and Capital. A study in international investment and capital flow*. Cambridge

Sassen, Saskia (1995): Die Immigration in der Weltwirtschaft. In: *Journal für Entwicklungspolitik* 3: 261-284

Sassen, Saskia (1996): *Losing Control? Sovereignity in an Age of Globalization*. New York

SOPEMI (System d'observation permanente pour les migrations) (1997): *Trends in International Migration*: 1996. Paris

Vernez, Georges (1998): The Impact of Immigration on Economic Development in the United States and Canada. Paper prepared for the Seminar on Migration, Free Trade and Regional Integration in North America, organised by the OECD and the Mexican Authorities with the Support of Canada and the United States. Mexico City, 15-16 January 1998

Wallerstein, Immanuel (1984): *Der historische Kapitalismus*. Berlin

Yúnez-Naude, Antonio (1997): Impactos de los cambios económicos en el agro mexicano y en la migración: un análisis micro-multisectorial. Documento Básico preparado para el Estudio Binacional México-Estados Unidos sobre Migración, Hg. Secretaría de Relaciones Exteriores/ Commission on Immigration Reform, México D.F./Washington

Emma Zapata/Austreberta Nazar
Género: Permanencia y migración en tres comunidades de la región fronteriza de Chiapas y Guatemala

Introducción

Durante los últimos años el país ha sufrido enormes transformaciones que buscan crear las condiciones propicias para la expansión global del capital. Las medidas impulsadas por los gobiernos y agencias internacionales van desde los ajustes estructurales, el retiro del Estado de la función social, la modificación de la estructura agraria, entre otras. Las respuestas y los resultados han sido variados por países, regiones, por comunidades. Los efectos también son diferentes para los géneros, las etnias y los grupos de edad.

Uno de los resultados de las transformaciones agrarias son los flujos migratorios y las modificaciones que estos tienen en cuanto a composición, origen, intensidad y dirección de los mismos. La literatura sobre ellos es amplísima (Castillo 1998; Bustamante y Cornelius 1989). Con la modificación del artículo 27 constitucional y el fin del reparto agrario, se reportan algunos de éstos. Para Zendejas-Romero (1998) la migración puede redefinir los compromisos hacia el ejido, especialmente los de las nuevas generaciones. Otros autores señalan el aumento de la proporción de mujeres en el total de migrantes hacia Estados Unidos (Woo 1990; El Financiero 1993; Canales 1994). La inserción de las mujeres en actividades de »servicio« ha sido documentada como una de las prácticas de sobrevivencia familiar en tiempos de crisis económicas, también el incremento de la migración rural-urbana como resultado de las políticas neoliberales que hacen incosteable la agricultura de subsistencia la cual sobrevive gracias a las remesas de los migrantes. Robles, et. al., (1993: 27) calculan que el 15 por ciento de las y los migrantes que salen a E.E.U.U. son mujeres, modificando radicalmente la estructura de los grupos domésticos (jefaturas femeninas, paternidad ausente (Keijzer 1998). La migración tiene así una dimensión que va más allá de lo económico debido a las consecuencias que acarrea para los grupos domésticos, tanto si las mujeres salen, como si son ellas las que permanecen en la comunidad. Es decir el ámbito familiar se forma y es afectado por las conductas individuales (Langer 1999).

Compartimos la diversidad de los planteamientos anteriores. Sin embargo, nos proponemos discutir, en este trabajo, datos encontrados en tres comunidades del estado de Chiapas que se apartan, en cierta forma, de los postulados anteriores. En ningún momento argumentamos que lo allí encontrado sea una situación generalizada para todas las comunidades rurales, tampoco lo es para las de Chiapas. Pero, pensamos que el comportamiento de los flujos migratorios de mujeres y hombres, en estas comunidades muestran la complejidad del fenómeno y la existencia de factores culturales, ideológicos y estructurales que facilitan o frenan la salida de unos y otras. Dentro de estas diferencias, son quizá más importantes los aspectos culturales que pueden significar resistencia al cambio de »lo tradicional« en la comunidad, aún cuando, la experiencia de los y las jóvenes fuera de ésta, se integre a la cultura en una recomposición dinámica permanente. Un ejemplo de esta situación la reporta Zapata (1995) en Michoacán. Los migrantes, de este estado, cambian las relaciones entre los géneros mientras están en los lugares de destino, generalmente Estados Unidos, pero adoptan los tradicionales cuando regresan a las comunidades de origen. Uno de los aspectos que puede destacarse, que afecta tanto a varones como a mujeres, pero en particular a éstas últimas, son las rígidas relaciones de género, que imponen normas restrictivas a las y los jóvenes. También las »experiencias negativas« de generaciones anteriores (en el caso de las mujeres y de generaciones actuales en el caso de los varones), las cuales se utilizan para frenar, quitar el interés o desmotivar a los jóvenes. Estas experiencias si bien pueden ser reales, se presentan a la comunidad de tal forma que justifica el regreso, de unas y otros. También buscan justificación y aceptación para no retornar a las ciudades de destino. En el caso de las mujeres la aceptación por parte de la comunidad es particularmente importante, pues todas las que salieron y regresaron lo hicieron con el afán de conseguir pareja y establecerse ahí, de hecho así lo manifestaron todas las entrevistadas de 35 a 49 años de edad. Fuera de la comunidad los que se marchan enfrentan mayores dificultades y por tanto la aceptación dentro de ella deviene esencial para sobrevivir, aún cuando para ello tengan que aceptar y adaptarse a normas de género extremadamente rígidas.

Nuestro interés en estos datos se debe a que a pesar de la gran cantidad de literatura sobre el tema hay poco énfasis sobre el papel de las mujeres (Crummett 1994; Calderón 1994), y la influencia que ellas tienen en el impacto diferencial de los cambios, tanto en lo social, económico, como político y particularmente importante para los grupos sociales, comunidades e integración de las familias (Castillo, Lattes, y Santibáñez 1998). La reflexión se aparta de la visión macrosocial, no enfatiza el volumen de la migración. Interesa analizar los fenómenos que en nuestra opinión se dan tanto al impedirla como a consecuencia de ella y que trastocan la vida cotidiana, la autoconfianza de las mujeres y la visión que de ellas tiene la comunidad.

La literatura reporta que la salida de las mujeres de sus comunidades de origen, abre posibilidades de trabajo, educación y en cierta medida permitiría liberarse del rígido control que sufren dentro del grupo doméstico. Sin embargo, la inestabilidad, producto de los cambios actuales, posibilitan por una parte conductas radicales fuera de las normas, y por otra parte, abre el campo a campañas conservadoras que tratan de impedir cualquier oportunidad de superación de las mujeres. En esta línea de pensamiento Fukuyama (citado por Erazo 1999) considera que es la emancipación de éstas la causa de la caída libre de la familia nuclear, y que son las posibilidades que las mujeres han alcanzado en occidente, lo que da lugar a lo que el llama la »gran ruptura«. El conocido politólogo sin decirlo explícitamente, da a entender que si los países occidentales volvieran a poner en vigor sus leyes discriminatorias para mantener a las mujeres fuera del mercado de trabajo y les impidieran ganar salarios equivalente a los de los hombres, estas acciones contribuirían a restablecer el orden que actualmente se ha perdido.

Con el trasfondo de los grandes cambios económicos, sociales y políticos mencionados anteriormente y un discurso ideológico restrictivo y conservador nos proponemos a analizar los datos encontrados en tres comunidades del estado de Chiapas. (Los datos no fueron recogidos para estudiar el proceso de migración. Pero al analizarlos, encontramos que valía la pena realizar la presente discusión).

Las comunidades y sus características

Los ejidos son tres, con características diferentes, especialmente entre los de subsistencia (Emiliano Zapata y Piedra Labrada) y el de la zona del Soconusco (Joaquín Miguel Gutiérrez), altamente productivo.

El ejido Emiliano Zapata se constituyó legalmente, en terrenos privados, hace 73 años, con una dotación de 1.600 hectáreas. Desde entonces hasta la fecha han tenido dos ampliaciones de 200 hectáreas cada una. La población es de 1.225 habitantes, de los cuales 608 son hombres y 617 son mujeres (Censo efectuado por profesores de la escuela primaria en septiembre 1998). La principal actividad económica es la agricultura; siembran café, maíz, cacahuate, frijol en la que sólo participan los hombres y eventualmente las esposas quienes son las responsables de las actividades domésticas en el hogar, así como el cuidado de los hijos. También se hacen cargo de los animales de traspatio, para el autoconsumo de la unidad doméstica o para la venta al interior y exterior de la comunidad.

Piedra Labrada se creó como ejido, en una extensión de 2.850 hectáreas, por unas 30 familias gestoras. Recibió reconocimiento oficial el 28 de diciembre de 1934. En un principio pertenecieron administrativamente al municipio de Bella Vista, pero, en 1949 por tener cerca al municipio de Chicomosuelo, decidieron pertenecer a éste. La población total de Piedra Labrada es de 1.088 personas; 560 son hombres y 528 mujeres. El número de ejidatarios es de 73. La agricultura es la actividad económica preponderante, siembran frijol, cacahuate, maíz y café, estos dos últimos productos se utilizan para el comercio, así como un poco el cacahuate. El frijol en su mayoría sirve para autoconsumo. Algunos de los pobladores complementan la actividad económica con la cría de ganado vacuno (entre 5 y 30 reses). Son las mujeres quienes se responsabilizan del cuidado y la atención de las actividades del hogar y los niños. Algunas se dedican a la comercialización de productos al interior o exterior de la comunidad, actividad que se estimula por la cercanía con Frontera Comalapa, centro de actividad comercial. Cabe mencionar que los animales de traspatio: gallinas y puercos, se utilizan tanto para la alimentación como para la venta.

El ejido Joaquín Miguel Gutiérrez se constituyó como tal en el año de 1938 en terrenos de propiedad federal, con una dotación de 835 hectáreas, de las cuales 795 corresponden a parcelas. En 1977 fue considerado como el Ejido Modelo del país, debido a su nivel de organización que les permitió incrementar su producción y pagar la totalidad de la cartera vencida. Entre 1977 y 1980 se consiguió la introducción de sistemas de riego que permite a los campesinos sembrar todo el año. Actualmente se tienen registrados 60 ejidatarios, 28 de los cuales poseen 22 hectáreas; el resto cuenta en promedio con cinco hectáreas. También se tienen registradas 58 familias de avecindados (habitantes de la comunidad que no tienen una parcela para sembrar pero que tienen como propiedad un lote donde se ubica la vivienda). La población para 1997 era de 438 personas, 230 hombres y 208 mujeres (datos proporcionados por la Unidad de Medicina Rural del Instituto Mexicano de Seguridad Social (IMSS). La principal actividad económica es la agricultura. Se cultiva principalmente soya, sorgo, ajonjolí y maíz, con el apoyo de 45 tractores y cinco trilladoras. La comercialización de estos productos se realiza por medio de la Asociación de Ejidos Emiliano Zapata, que es una organización campesina conformada por representantes de diversos ejidos de la región, y cuya función es fungir como intermediarios ante los compradores para tratar de garantizar el buen pago de los mismos. En general, a las mujeres no se les permite salir a trabajar, aunque algunas (muy pocas) lo hacen por necesidad. Son responsables de la totalidad de las actividades domésticas incluyendo el cuidado y la crianza de los hijos. Además, nueve de cada diez contribuyen a la economía familiar mediante la crianza de aves o marranos.

Si bien estos tres ejidos son diferentes por su estructura socio-económica y política sin embargo en los flujos migratorios presentan ciertas similitudes que vale la pena discutir.

Los flujos migratorios

La experiencia migratoria de las comunidades estudiadas data de aproximadamente dos décadas. Una de cada tres de las mujeres entrevistadas (el 33,3 por ciento) de los ejidos Piedra Labrada y Emiliano Zapata y una de cada dos (el 50 por ciento) del ejido Joaquín Miguel Gutiérrez (que ahora en promedio tienen 40 años), mencionaron que en algún momento de su vida habían migrado principalmente cuando fueron jóvenes y solteras. Salvatierra (1998) reporta el 6,8 por ciento de mujeres migrantes mestizas de la región del Soconusco, Chiapas. Tomando en cuenta esa información, esta cifra podría ser muy elevada. Sin embargo se debe considerar que en este caso se están reportando cifras acumuladas, ya que se trata de migración *alguna vez en la vida* y no para un periodo específico de tiempo. Actualmente, según nuestros datos son menos las que se deciden a hacerlo (el 8,7 por ciento, el 18,7 por ciento y el 19,4 por ciento para Piedra Labrada, Emiliano Zapata y Joaquín Miguel Gutiérrez, respectivamente).

El destino principal de las mujeres de 30 a 49 años fueron las ciudades o poblaciones cercanas, para desempeñarse principalmente como trabajadoras domésticas (el 66,7 por ciento, el 89,5 por ciento y el 57,1 por ciento para Piedra Labrada, Emiliano Zapata y Joaquín Miguel Gutiérrez, respectivamente), aunque en menor proporción se reportó la migración hacia ciudades del centro y norte del país. A diferencia de las mujeres mayores, las más jóvenes que migran, lo hacen para ocuparse en actividades de mayor calificación como empleadas (en tiendas y almacenes), o en actividades profesionales (el 78 por ciento). En la tabla 1, se pueden ver destinos de las mujeres y los oficios que desempeñaron.

Las razones para migrar son múltiples: explorar una mejoría económica, »mucha gente busca por allá, porque allá hay más dinero« (Florentino, 55 años, ejidatario). También para subvencionar la cosecha. »Me fui por un tiempo a trabajar a Tijuana, Baja California. Hace como un año. Me fue algo bien. No regresé (a Tijuana) porque desatendí mis parcelas.« (Audeliano, 33 años, hijo de ejidatario). En este sentido tiene una función el espacio regional. Bartra (1998: 17) lo señala cuando dice que »...la comunidad de origen, aún la más árida y estrecha, deviene añorado terruño; patria chica a la que se regresa una y otra vez en una suerte de milenio cotidiano. Y es que la comunidad materna es fuente de una socialidad que el nomadismo regatea; de una íntima sensación de pertenencia que hay que preservar a toda costa; como nostalgia, como esperanza, como mito.«

En este sentido, cobra importancia la permanencia de la economía campesina que puede adaptarse y funcionar con una racionalidad diferente a la economía capitalista. Precisamente porque uno de los problemas, que la globalización ha provocado, para la población rural, es la desvalorización de la producción, mientras aumentan precios e insumos de los implementos de la

Cuadro 1
Destino y actividad de las mujeres migrantes por ejido, para dos generaciones.

Características de las mujeres	Producción para autoconsumo				Producción para comercialización	
	Piedra Labrada		Emiliano Zapata		J. M. Gutiérrez	
	Mujeres de 30 a 49 años (n=21)	Mujeres de 12 a 29 años (n=4)	Mujeres de 30 a 49 años (n=19)	Mujeres de 12 a 29 años (n=14)	Mujeres de 30 a 49 años (n=21)	Mujeres de 12 a 29 años (n=7)
Lugar de destino						
Ciudades dentro del estado de Chiapas	20	4	16	13	19	7
Ciudades de otros estados	1	0	3	1	2	0
Ocupación**						
Empleada domést.	14	1	17	4	12	0
– Comerciante	6	0	1	2	3	0
– Empleada	4	3	1	6	2	0
– Jornalera	0	0	0	1	3	5
Profesora, abogada, secretaria o enfermera	0	0	0	1	2	2

** *Algunas de las mujeres reportaron más de una actividad durante la migración.*

agricultura. El campesino, de las zonas de temporal, se ve obligado a cultivar productos de consumo básico que no necesitan tecnología sofisticada ni gran capital, debido a que han quedado fuera de los circuitos financieros actuales y, en general, no cuentan ya con créditos, asistencia técnica ni capacitación que les permita visualizar otras alternativas más rentables (Zapata y Mercado 1994: 12).

El papel de las mujeres campesinas en general, cuando permanecen en la parcela, tiene una doble dimensión: asegurar el cultivo en la parcela, administrando los recursos que les envían los migrantes y transmitiendo, conservando y recreando las técnicas tradicionales y semillas que les ha permitido sobrevivir en condiciones tan adversas. Aportan también ingresos extras a la precaria economía campesina. Ya sea transformando los productos del traspatio, o los de la parcela. Parecería que al desvalorizarse la economía campesina, el papel de las mujeres deviene más importante, aunque se mantiene igualmente subvalorado.

Lo que es importante, en estos tres ejidos, es que en la actualidad, las mujeres jóvenes ya no acostumbran salir de su comunidad a trabajar como sirvientas a las ciudades cercanas (Comitán, San Cristóbal y Tuxtla Gutiérrez). La experiencia de las madres, las rígidas normas sociales, hace que permanezcan en la comunidad y que sus expectativas laborales se centren en el autoempleo (el 34,4 por ciento) que es aceptado como actividad productiva de las mujeres, más que el empleo asalariado que implica salir de la comunidad (el 9,4 por ciento). Una importante proporción de mujeres (el 19,4 por ciento) piensan que no pueden o no deben trabajar por un ingreso ni aún dentro del hogar, y muchas de ellas, aunque refirieron que les gustaría trabajar, no pudieron expresar verbalmente que el trabajo remunerado fuera una actividad posible (el 18,8 por ciento) (Ver cuadro 3). Algunas de ellas expresaron: »Sólo si no tuviera esposo tendría que trabajar« (Marlene, 40 años, ama de casa). »No me gustaría trabajar porque somos amas de casa, no podemos salir fuera del hogar« (Eriberta, 37 años, ama de casa). »Quisiera tener un trabajo, pero ya no se puede una mandar sola, siempre hay que solicitar la autorización del esposo« (Úrsula, 36 años, ama de casa). El comisariado ejidal indica que muy pocas han migrado durante el último año.

El quiebre de las tradiciones según Salles y Tuirán (1998) implica pérdida de los referentes conocidos y sustitución por otros nuevos que como aun no están constituídos se convierten en elementos generadores de conflictos y tensiones. En este sentido es posible pensar que aquellas mujeres que salieron de la comunidad y regresaron para casarse y ubicarse allí, tienen un mayor nivel de frustración y mayores problemas de adaptación a las estrictas normas de género. Actualmente, las limitaciones económicas y los problemas cotidianos se expresan en actitudes depresivas (en trabajos posteriores se prosigue con el análisis de los datos para probar la anterior hipótesis). Por ejemplo, la frustración que sienten se manifiesta al preguntarles si cambiarían su vida si tuvieran oportunidad y el 50 por ciento de ellas manifiesta que no se volverían a casar jamás. Otras dicen que le han pedido a Diós muchas veces que les quite la vida, porque la consideran invivible. La falta de oportunidades y las limitaciones económicas les hace tener un discurso que, hasta cierto punto, justifica ante ellas mismas la situación en la que se encuentran.

Una de las diferencias que se encontraron, por género, es el patrón migratorio de los varones. Ellos lo hacen de forma estacional, de marzo hasta agosto/septiembre. Los jóvenes entre 17 y 20 años migran hacia el norte del país, específicamente a la ciudad de Tijuana en el estado de Baja California Norte, para trabajar en las maquiladoras. Canales (1994) reporta datos similares en cuanto a la edad de la población masculina e indica que son de menor edad que las mujeres. Los varones regresan a la comunidad para el levantamiento de las cosechas, y la nueva siembra. En este sentido dice Bartra (1998: 16) que la dispersión y aislamiento de los pueblos rurales ha sustentado el mito de los campesinos localista de visión estrecha, sin embargo, la existencia semi nómada impuesta por las necesidades del capital ha roto el aislamiento de las comunidades rurales. Para el autor, lejos de estar reducidos, los trabajadores del campo encarnan hoy la experiencia más rica, variada y sofisticada, lejos de estar reducidos a un microcosmos lugareño, el ámbito de los campesinos, es la república entera.

Los jóvenes que han migrado platican sus experiencias como difíciles, duras ya que por ser una tierra fronteriza el trato de la gente es pesado, y el trabajo es poco y barato, hay mucho alcohol y drogas. Algunos de ellos corren con fortuna y logran establecerse permanentemente en los trabajos y con el tiempo han formado sus familias para quedarse definitivamente, pero la mayoría regresa a la comunidad de origen.

En los ejidos de autosubsistencia, la mayor parte de los ejidatarios dijeron que quieren que sus hijos estudien para que ya no se dediquen a la agricultura ya que el campo no rinde y es mucho trabajo. Sin embargo, muy pocos, de ellos, logran terminar la secundaria. Solamente se encontró un joven que se graduó como profesor de primaria pero que al no encontrar empleo después de un año regresó a la parcela. Parece que aún cuando se quejan del poco rendimiento de la tierra, la tenencia de ésta es un factor muy importante de seguridad y arraigo. En este sentido la comunidad rural se convierte en el amortiguador de la crisis del sector. Es la comunidad el lugar donde se va cuando no tienen trabajo o el lugar donde siempre se regresa.

Según los datos encontrados, la mayor parte de los que migran no tienen acceso a la tierra, y no tienen esperanzas de obtenerla en el futuro ya que con la modificación del art. 27 se canceló el reparto agrario. Pero no son sólo las cuestiones económicas las que determinan la migración, también como menciona Fernán, »la aventura«, es una de las motivaciones. De hecho entre los jóvenes se comenta que parte de »ser hombre« es haber »probado fortuna« en algunas ciudades de la frontera norte. »Me fui a Tijuana por conocer, con unos amigos« (Audeliano, 33 años, hijo de ejidatario). »En Tijuana trabajé en la fábrica siete meses, me fui por necesidad y por la aventura« (Fernán, 34 años, avecindado). El sitio principal de destino es Tijuana, aunque encontramos algunas personas que han ido a trabajar a Estados Unidos.

Sin embargo, hay trabas invisibles ya que estos jóvenes no son vistos de buena manera por la población adulta porque los consideran unos maleantes, porque varios de ellos ahora consumen drogas, se embriagan en la plaza del centro de la comunidad y han comenzado a realizar actos de vandalismo. En la comunidad dicen que se han »echado a perder«, y también que son ladrones. »El que se va a Tijuana, ya regresan bandidos«. (Ezequiel, 30 años, avecindado). Estas actitudes tienen que ver con la conservación de las costumbres y el rechazo a todo aquello que pueda significar una ruptura de éstas.

Además, aunque algunos (muy pocos) no regresaron, la mayoría si lo hace y comenta las malas experiencias en las ciudades de destino. »No conviene ir a Tijuana para malgastar su dinero« (Audeliano, 33 años, hijo de ejidatario). Esta valoración junto con los relatos de experiencias negativas por parte de los migrantes ha provocado que en las comunidades estudiadas exista un freno ideológico hacia la migración.

Las oportunidades para unas y otros son también diferentes: Canales (op. cit.) reporta que el 51 por ciento de las mujeres migrantes, en su estudio se dedicaban al trabajo doméstico, como actividad única. Los hombres tuvieron mayores posibilidades ya que sólo el 19 por ciento reportó desempeñar actividades en este sector y hubo mayores posibilidades para éstos, en trabajos de construcción y en el sector agropecuario.

Tampoco migran los habitantes de los ejidos del Soconusco, en donde se produce para comercializar, (la zona agrícola más importante del estado de Chiapas), aunque se pueden observar importantes diferencias en las condiciones y calidad de vida entre ejidos. También hay desigualdades al interior de ellos, entre ejidatarios (con parcela), avecindados (tienen un lote para vivir pero no tienen parcela y se contratan como jornaleras) y pobladores. Estos últimos no tienen lote para vivir, viven en casas prestadas y tampoco tienen parcela, se contratan como jornaleras en distintos lugares de la zona: fincas y ejidos.

El tipo de migración es local o regional y muy pocos viajan a la frontera norte ya que existen fuentes de empleo en la región. Por otra parte, los ejidatarios, se encuentran profundamente arraigados a sus comunidades, han dedicado los ingresos a la educación de los hijos, a quienes envían fuera de la región. Éstos sólo van de visita a las comunidades de origen. La mayoría de los hijos de ejidatarios viven en Tapachula, ciudad ubicada entre el 20 y 40 kilómetros de los ejidos.

También es evidente, que las mujeres que salen de la comunidad a trabajar son principalmente mujeres sin pareja, esto es solteras, abandonadas o separadas y viudas (el 80 por ciento y 100 por ciento para las mujeres que ahora tienen entre 30 y 49 años de edad y de 12 a 29 años, respectivamente) (ver cuadro 2).

En las transformaciones de las relaciones de género en las familias en Latinoamérica y el Caribe Salles y Tuirán (1998: 89) mencionan la mayor participación de las mujeres en trabajos extradomésticos. Para la autora la explicación al fenómeno rebasa el campo de lo doméstico y se ubicaría en los cambios en el confinamiento femenino, logros de autonomía y cambios de roles de género.

Sin argumentar lo contrario, ya que creemos que es generalizado, un aspecto importante que se encontró, en estas comunidades es el cambio en las expectativas laborales de las mujeres. Según los datos aquí analizados, las ex

Cuadro 2
Condición civil de las mujeres durante la migración.

	Producción para autoconsumo		Producción para comercialización
Expectativas Laborales	Piedra Labrada (n=21)	Emiliano Zapata (n=19)	J. M. Gutiérrez (n=21)
Estado civil en el momento de la migración*			
Soltera	16	16	16
Casada o unida	12	4	4
Abandonada o separada	2	3	7
Viuda	1	2	0

* Algunas mujeres reportaron que trabajaron cuando fueron solteras y también después de unidas, separadas o viudas.

pectativas en el trabajo para ellas (las mujeres jóvenes y también las mayores unidas y/o con hijos), se centran en »negocios propios«, no en el empleo asalariado. El cambio, probablemente tiene que ver con experiencias negativas y/o valoración de las mujeres que salieron y regresaron a la comunidad. Actualmente, esta actitud también afecta a los varones que migran a la frontera norte. »Se van a trabajar a Tijuana (los jóvenes). Desde este año ya casi no se va la gente a Tijuana« (Sidar, 42 años, ejidatario y comisariado ejidal).

El comercio informal, además de estar asociado con el desempleo y la pobreza, es señalado como una de las actividades económicas que las mujeres prefieren por la posibilidad de hacer compatibles el cuidado de los hijos, el trabajo doméstico y la generación de ingreso (Chavez, Zapata 1995). Es decir que los negocios propios, se pueden ver como una práctica de sobrevivencia que cruza tanto la »necesidad de manutención económica y social de la unidad doméstica«, como la necesidad de adaptarse a las normas culturales (de género) que se les impone. En el cuadro 3 se concentran las expectativas laborales de las mujeres de 30-49 años.

Las mujeres expresaron las expectativas laborales con las declaraciones siguientes: »No quisiera trabajar que no hay quien cuide a los niños« (Amanda, 43 años, ama de casa). »Quisiera trabajar para ayudar a mi esposo y cuidar mejor a los niños, pero mi esposo no lo permite« (Celia, 40 años, ama de casa). »[Me gustaría] tener un trabajo más bueno a modo que no descuidara a mis hijos y esposo« (Agustina, 45 años, ama de casa).

Cuadro 3
Expectativas laborales de las mujeres de 30 a 49 años de edad, por ejido.

Expectativas Laborales	Producción para autoconsumo		Producción para comercialización
	Piedra Labrada (n=58)	Emiliano Zapata (n=60)	J. M. Gutiérrez (n=42)
Autoempleo	24	24	17
Actividades asalariadas de baja calificación	4	2	9
Actividades asalariadas con base en una carrera profesional	7	5	4
Piensan que no pueden o no deben trabajar por un ingreso	10	19	2
Les gustaría trabajar pero no se los permite el esposo	1	1	3
Les gustaría trabajar pero lo expresaron como algo inespecífico o inalcanzable.	12	11	7

En esta zona, las normas de género son extremadamente rígidas, y las mujeres no migran. Aquí tanto la producción como las actividades de las mujeres están fuertemente controladas por los varones, y esto es más claro en el caso de los ejidatarios (propietarios de la tierra) que son los que tienen el mayor poder y control dentro de la comunidad. En el caso de los avecindados y pobladores las mujeres se integran en una elevada proporción (19.7) a las actividades agrícolas como jornaleras.

Según Oliveira (1998: 25) las relaciones de pareja se conciben como relaciones de poder asimétricas en las cuales las mujeres-esposas, especialmente las que no trabajan asalariadamente, las que tienen baja escolaridad, y son de mayor edad, están más propensas a ocupar una posición de subordinación frene a los cónyuges. Persiste el ejercicio del poder asimétrico dentro del ámbito doméstico sobre todo en los sectores populares, el cual se caracteriza por mayor ejercicio de la autoridad masculina.

En este sentido la comunidad se construye como centro de producción económica pero a la vez de producción y reproducción social, atravesada por múltiples significados de orden y espacios de poder, con discursos disciplinarios y sutiles estrategias de control que van desde los reclamos al interior de las familias hasta la reprobación de la comunidad. Al interior de las familias se gestan relaciones de negociación y lucha. En los momentos de inestabilidad económica hay posibilidades de transgredir los patrones tradicionales, pero también puede darse el caso de que aumenten los controles ideológicos y se intensifiquen los discursos disciplinarios.

En muchos casos, trabajar junto con la pareja, en el campo dentro del ejido, se convierte en el ideal de una mujer. Josefina (48 años) dijo que se sentía feliz porque trabajaba junto con su esposo en el campo como jornalera, que eso era »lo más bonito: trabajar juntos«, que »así debía de ser«. Si migran a otra comunidad dentro de la región, lo hacen como familia no individualmente. Se permiten las actividades asalariadas a las mujeres en compañía del esposo o compañero, o a las solteras o no unidas actualmente que por necesidad tienen que hacerlo, aunque a éstas últimas se les valora negativamente. En las entrevistas contaron historias de mujeres que abandonaron a sus maridos por »otro hombre« que conocieron en el lugar de trabajo, así como de »muchas mujeres« solteras que a causa de que salieron a trabajar »se echaron a perder« se embarazaron o tuvieron marido sin casarse o vivir en unión estable.

En la sociedad contemporánea, las creencias sobre la familia han devenido en una serie de mitos y esterotipos con los que se construye una visión idealizada de ella. Estos modelos están profundamente arraigados en valores morales y éticos. También en imágenes promovidas por el Estado e instituciones sociales como las iglesias. En torno a la familia se articulan una serie de construcciones que operan como modelos ideales y que pocas veces tienen que ver con la realidad (Salles y Tuiran 1998: 83). Las imágenes que ellas construyen del trabajo compartido, de la protección que los esposos les dan para que no salgan a trabajar, poco tiene que ver con la experiencia diaria que viven.

Así aunque los patrones de migración son diferentes en las dos regiones, se puede decir con Crummett (1994) que las mujeres que permanecen en la comunidad se hacen cargo de la manutención económica y social de la unidad campesina, por lo que intensifica su trabajo en la esfera productiva y en la reproductiva. Bien sea como jornaleras, comerciantes o en el trabajo doméstico y de traspatio. La existencia del grupo doméstico como unidad de producción y de consumo se basa específicamente en el trabajo de las mujeres, aunque al nivel de políticas públicas se ignora y subvalora el aporte que éstas hacen al mantenimiento de la unidad doméstica.

Ellas en uno y otro caso hacen múltiples contribuciones para la producción y reproducción de sus unidades domésticas. Ellas también son más vulnerables para recibir los discursos ideológicos para mantener tradiciones represivas y situaciones de desigualdad entre los géneros. El querer captar lo »cotidiano« no es fácil, enfrenta al investigador (a) con el mundo de lo subjetivo, lo complejo... En este sentido dice Nun (1981): »Lo político sigue siendo presentado como el espacio de lo público de lo grandioso, en oposición a la esfera privada en la que casi todos vivimos nuestra realidad diaria...« En donde los cambios que ocurren parecieran no importantes. Mirando este nivel micro, se puede decir que son las comunidades campesinas, con agricultura de subsistencia las que han sufrido más drásticamente los embates de la modernización. Hacemos énfasis, en los efectos que la migración tiene para las mujeres, »porque la mujer ha sido siempre el símbolo por excelencia de la vida cotidiana« (Nun op. cit.). Son las mujeres rurales, con su cotidianidad muchas veces trastocada, subvalorada e invisible, las que han hecho posible los planes de ajuste, para enfrentar la crisis del sector rural.

Conclusiones

Con los datos analizados hemos podido evidenciar el discurso ideológico que impide y limita que las nuevas generaciones, en las tres comunidades, busquen oportunidades de trabajo a pesar de las difíciles condiciones económicas por las que atraviesan los ejidos, especialmente los de subsistencia.

Se observa un cambio de actitud con relación a la actividad productiva especialmente en los ejidos donde se produce para la comercialización. Los padres desean que los hijos no trabajen la tierra ya que produce muy poco. Sin embargo, las oportunidades de otras alternativas son limitadas. La parcela se convierte en solución en tiempos de crisis y desempleo. En cuanto a las relaciones entre los géneros, en los tres ejidos, son asimétricas y las mujeres están fuertemente controladas por los varones.

En los ejidos de subsistencia, la vida campesina sigue respondiendo a una teleología moral. En su trajín doméstico y comunitario se entreveran valores económicos, sociales y culturales de una racionalidad que contrasta con la estrechez económica lucrativa del capital (Bartra 1998: 13). Aunque las repercusiones son diferentes para hombres y mujeres. El discurso ideológico con el que se impide la migración es negativo para jóvenes de los dos sexos, sin embargo, para los varones la búsqueda de aventuras y el alcohol es parte de la construcción de su masculinidad. Pero para las mujeres, el discurso las confina dentro del rol tradicional de mujeres-esposas. Los rígidos patrones de género las coloca en situación de subordinación ante los varones y las deja sin expectativas de cambio.

Las oportunidades de trabajo son diferentes para unos y otros. Mientras las mujeres que actualmente tienen entre 30 y 49 años sólo accedían al trabajo doméstico, para los hombres las oportunidades presentan un abanico de oportunidades.

La dispersión y el aislamiento del que habla Bartra (1998) y que enriquece la visión actual del campesino en su deambular por el territorio del país, limita a las mujeres ya que el discurso conservador las restringe y mantiene encerradas dentro del ámbito del hogar (en las tres comunidades) quitándoles así las pocas posibilidades de cambio social y de transformar las relaciones desiguales entre los géneros. Este punto es particularmente importante ya que en un estudio con grupos de mujeres rurales en varias regiones de México, Townsend, Zapata et. al. (en proceso) mencionan que las mujeres afirmaron una y otra vez que era precisamente el »salir de la casa« lo que les había permitido iniciar y avanzar en el proceso de empoderamiento. Esta experiencia parece indicar que este camino está cerrado para las mujeres de estas tres comunidades.

Literatura

Bartra, Armando (1998): Sobrevivientes. Historias en la frontera. Globalización, crisis y desarrollo rural en América Latina. Memoria de sesiones plenarias. V Congreso Latinoamericano de Sociología Rural. México: Colegio de Postgraduados, Universidad Autónoma de Chapingo

Bustamante, Jorge A./Cornelius, Wayne. Coord. (1989): *Flujos migratorios mexicanos hacia Estados Unidos*. México

Canales, Alejandro (1994): Mujer y migración. La participación femenina en la migración indocumentada de Mexicanos a los Estados Unidos. México: El Colegio de la Frontera Norte

Calderón, Leticia (1994): TLC y migración femenina. En: *El Cotidiano* 60, January/February, 52-53

Castillo, Manuel Ángel/Lattes, Alfredo/Santibáñez, Jorge. Coord. (1998): *Migración y fronteras*. México: Colegio de la Frontera Norte, Colegio de México

Crummett, María de los Angeles (1994): Migración rural femenina en América Latina y el Caribe. Su efecto en las pequeñas unidades campesinas. En: *Mujeres campesinas en América Latina*. Roma, 99-176

Chávez, Elsa/Zapata, Emma (1995): Mujer rural, comercio y conocimiento tradicional: el caso de las vendedoras de tempesquistle en los Valles de Tehuacán, Puebla y Orizaba, Veracruz. En: *Desarrollo rural y género. Alcances y problemas de proyectos microeconómicos de mujeres*, Coord. Emma Zapata/Pilar Alberti/Marta Mercado. México: Colegio de Postgraduados

El Financiero (1994): *Indocumentados. Racismo contra el socio mexicano. Informe Especial. El Financiero.* Noviembre 6, 51-57

Erazo, Viviana (1999): Francis Fukuyama. El fin del orden. File:///A/aint00.html. Febrero 15

Keijzer de, Benno (1998): Paternidad y transición de género. En: *Familias y relaciones de género. Cambios trascendentales en América Latina y el Caribe en transformación*, Coord. Beatriz Schmukler. México

La Jornada (1999): *México vive un proceso de feminización ejidal, indica la Procuraduría Agraria*. La Jornada 59, Febrero 19

Langer, Ana (1998): Presentación. En: *Familias y relaciones de género. Cambios trascendentales en América Latina y el Caribe en transformación*, Coord. Beatriz Schmukler, México

Nun, José (1981): *La rebelión del coro*. (Nexos 46, octubre) 19-26

Oliveira de, Olandina (1998): Familia relaciones de género en México. En: *Familias y relaciones de género. Cambios trascendentales en América Latina y el Caribe en transformación*, Coord. Beatriz Schmukler, México

Robles, Rosario/Aranda, Josefina/Botey, Carlota (1993): La mujer campesina en la época de la modernidad. En: *El Cotidiano* 53, Marzo-abril

Salles, Vania/Tuirán, Rodolfo (1998): Cambios demográficos y socioculturales: familias contemporáneas en México. En: *Familias y relaciones de género. Cambios trascendentales en América Latina y el Caribe en transformación*, Coord. Beatriz Schmukler, México

Schmukler, Beatriz, Coord. (1998): *Familias y relaciones de género. Cambios trascendentales en América Latina y el Caribe en transformación.* México

Salvatierra, Benito (1998): *Reporte de investigación al Sistema de Investigación Benito Juárez, 1998.* Mimeo

Townsend, Janet Gabriel/Zapata, Emma/Rowlands, Joana/ Alberti, Pilar/ Mercado, Marta: *Women and power: getting out of that house!* London (in progress)

Woo Morales, Ofelia (1990): *Migración internacional y movilidad fronteriza: el caso de las mujeres mexicanas indocumentadas que cruzan hacia Estados Unidos. Ponencia presentada en el seminario del Colegio de la Frontera.* Tijuana

Zendejas-Romero, Sergio (1998): Migración de mexicanos a Estados Unidos y su impacto político en los poblados de origen. Redefinición de compromisos con el ejido en un pueblo michoacano. En: *Migración y fronteras*, Coord. Manuel Ángel Castillo/ Alfredo Lattes/Jorge Santibáñez, México: Colegio de la Frontera Norte, 135-158

Zapata, Emma/Mercado, Marta (1994): Mujeres campesinas y la crisis agrícola: su papel en la sobrevivencia del grupo doméstico. Ponencia presentada en el 2do. Encuentro Nacional de Investigadores sobre Familia. Tlaxcala, Junio 23 y 24

Zapata, Emma (1995): Internationalisierung, Bevölkerungsbewegungen und Veränderungen im Alltag der Haushalte. In: *Journal für Entwicklungspolitik* 3, 365-388

Leo Gabriel
Moderne Sklaverei
Die Arbeit in den Maquila-Betrieben als Folge des neoliberalen Umbaus

Nach den turbulenten 80er Jahren trat in Zentralamerika 1990 ein politischer Stillstand ein, der nicht nur darauf zurückzuführen war, daß die *Frente Sandinista* in Nicaragua die Wahlen verloren hatte und zur etwa gleichen Zeit in Europa der sogenannte »Realsozialismus« zusammengebrochen war. Was uns Beobachter in der Region damals vor allem beeindruckte, war die Tatsache, daß die USA es auf einmal wagten, in Panama direkt militärisch einzugreifen und unter dem Vorwand der Bekämpfung der Drogenmafia des amtierenden Präsidenten das ganze Land mit US-Truppen zu besetzen. Ebenso wie für viele EuropäerInnen der Fall der Berliner Mauer war dies für viele LateinamerikanerInnen das Symbol dafür, daß in Lateinamerika eine Epoche zu Ende gegangen war und nunmehr die absolute Vorherrschaft des Sternenbanners begonnen hatte.

Mit dem Beginn der 90er Jahre konnte sich das US-amerikanische System in Lateinamerika vollständig durchsetzen. Plötzlich hörten alle Diskussionen über mögliche Alternativen zum feudalkapitalistischen Wirtschaftssystem, das Lateinamerika seit der Zeit der Unabhängigkeit beherrschte und jetzt als Neoliberalismus seinen Siegeszug um die Welt antrat, auf. Wir hatten ja im Verlaufe der Geschichte schon mehrmals erlebt, wie das ist, wenn eine fremde Wirtschaftsmacht über Lateinamerika hereinbricht.

Wie immer in solchen Situationen spielt die Ideologie eine wichtige Vorreiterrolle. Plötzlich begann man in ganz Lateinamerika über die Globalisierung zu reden – eigenartigerweise zuerst in Lateinamerika; wir in Europa sind erst vor circa zwei Jahren in die Globalisierungsdebatte eingetreten. »Globalisierung« ist ein interessantes Wort: man verbindet damit die Vorstellung von der Welt als Dorf, überall und auswechselbar anzutreffen, mit ihren zentralisierten Produktions- und Kommunikationsstrukturen. Man bekommt plötzlich das Gefühl, ganz nahe aneinandergerückt zu sein. Aber wir haben uns nie so genau gefragt, was »Globalisierung« eigentlich für den einzelnen Arbeitnehmer, für die Millionen Arbeitslosen, für die überwiegende Mehrzahl der Weltbevölkerung nicht aus der Perspektive der Weltkugel, sondern aus der Sicht von unten, aus der Perspektive der Betroffenen bedeutet.

Auf diese Weise habe ich schon Anfang der 90er Jahre mitbekommen, daß jetzt *ein* Modell, das in den 60er, 70er und in den 80er Jahren vielleicht eines von vielen anderen gewesen wäre, plötzlich die Vorherrschaft und den Siegeszug um die Welt angetreten hat – so sehr, daß wir selbst in Europa, in Österreich, wenn wir nicht aufpassen, drauf und dran sind, von diesem Modell verschluckt zu werden. Ich beziehe mich auf das Modell der sogenannten Maquila-Betriebe, der *maquiladoras*.

Das Wort *maquila* bedeutet im Spanischen so viel wie Mahlgeld. Früher lieferte ein Bauer seinen Weizen an einen Müller ab, der für das Mahlen bezahlt wurde, ohne daß der Weizen in das Eigentum des Müllers überging. Dieses Prinzip des Auslagerns von Produktionsetappen ist das, was die Maquila-Industrie kennzeichnet. Es ist der Gedanke, daß man eine Teilarbeit in einen größeren, von einem anderen Ort her gesteuerten Produktionsprozeß über den Mechanismus des Marktes integrieren kann. Als *maquiladoras* bezeichnet man folglich weltmarktorientierte Produktionsstätten in Lateinamerika, in Asien oder in Afrika, in denen eine überaus arbeitsintensive Teilfertigung durchgeführt wird.

Es fand also eine Revolution auf dem Produktionssektor statt, die von den sogenannten *transnational companies* (TNCs) ausging. Diese TNCs sind heute mächtiger denn je, denn sie steuern nicht nur, wie noch in den 60er oder 70er Jahren den weltweiten Handel mit Produkten, sondern greifen in den Produktionsablauf selbst ein, schneiden die Produkte sozusagen in verschiedene Stücke, die dann in verschiedenen Teilen der Welt zusammengefügt werden. Man kann sich das wie russische Puppen vorstellen: die eine Einheit birgt die andere in sich, dabei werden die verschiedenen Einheiten allerdings nicht am gleichen Ort zusammengesteckt, sondern 20.000 km voneinander entfernt.

Das führt dazu, daß sich die gesamte Weltwirtschaft heute in einem kolossalen Umbruch befindet. Die Textilindustrie ist ein hervorragendes Beispiel dafür: 1969 wurden noch 80 Prozent der Textilien im Norden angefertigt (vor allem in Europa und den USA). 1990 sind es nur mehr 44 Prozent gewesen. Deshalb macht es auch heutzutage wenig Sinn mehr, vom »Norden« oder vom »Süden« zu sprechen. Daimler Benz, Sony, Chrysler etc. lassen alle im »Süden« produzieren; die Lufthansa läßt ihre Buchhaltung in Indien machen und was Konsumenten der »Ersten Welt« heute anhaben, ist vermutlich auch in einem Land der sogenannten »Dritten Welt« hergestellt worden. Die derzeit größte deutsche Industriestadt ist São Paulo, weil mehr deutsche Industrien in São Paulo konzentriert sind als in irgendeiner Stadt Deutschlands. Man kann auch nicht mehr messen, woher das Geld kommt. Angesichts der Fusionierungen, der sogenannten Elefantenhochzeiten, die heute weltweit, auch zwischen europäischen und amerikanischen Betrieben, stattfinden, ist es nicht einmal mehr möglich zu sagen, aus welchem Land ein Betrieb kommt; wir können lediglich festhalten, daß die meisten dieser TNCs ein größeres ökonomisches Gewicht haben als die Nationalökonomien ganzer Länder.

Den TNCs geht es vor allem um billige Arbeitsplätze. Die *maquiladoras* sind zum ersten Mal in den 60er Jahren aufgetaucht: als eines unter vielen ökonomischen Projekten an der mexikanischen Grenze zu den USA, wo im Zuge der Verschärfung der Migrationsbestimmungen findige US-amerikanische Unternehmen auf die Idee kamen, Teile ihrer Produktion auszulagern, weil die Grenzregion eine Art Niemandsland war, in der hunderttausenden Menschen die Einreise in die USA verweigert wurde.

Vor allem in zwei Städten, in Tijuana und Ciudad Juarez, das El Paso (Texas) gegenüber liegt, »staute« es sich ganz besonders. Ich war letztes Jahr dort und staunte nicht schlecht, als ich sah, daß Ciudad Juarez, das ich von Anfang der 70er Jahre als ein etwas größeres »Nest« in Erinnerung hatte, zu einer Stadt von zwei Millionen Einwohnern angewachsen war. Dieser Bevölkerungsdruck, der einer negativen Einwanderungspolitik in den USA entspricht, war also sehr für die Auslagerung in der Computerindustrie geeignet. Firmenchefs wie jene von Hewlett Packard fragten sich, warum sie illegale Arbeiter bei sich beschäftigen sollten, wenn sie doch dorthin gehen könnten, wo die illegalen ArbeiterInnen sind, denn dort könnte man eine Teilfertigung aufmachen. Es hat damals noch gewisse gesetzliche Bestimmungen gegeben, wie z.B. die, daß 35 Prozent des Wertzuwachses von in Mexiko produzierten Gütern stammen mußten, damit ein Betrieb zoll-, abgaben- und steuerfrei arbeiten konnte, was einen anderen Grund für die Auslagerung der Betriebe darstellt.

Die quantitativen Ausmaße ergeben sich deutlich aus einer Statistik aus dem Jahr 1991. Der Trend hat sich seither verschlechtert: Wenn wir in den USA einen Durchschnittslohn für eine Arbeitsstunde von 8,70 US$ haben und diesen mit 100 Prozent ansetzen, so liegt der Durchschnittsverdienst in Mexiko bei 1,67 US$, oder 19,2 Prozent dessen, was ein/e ArbeiterIn dafür in den USA bekommt.

Dieses Verhältnis verschlimmert sich, je weiter wir Richtung Süden gehen: In Guatemala beträgt beispielsweise der Stundenlohn 0,45 US$, ein Betrag, der 5,2 Prozent des US-Lohnes entspricht. Honduras liegt ebenfalls bei fünf Prozent; Costa Rica liegt bei zehn Prozent des Lohnes der USA. Es gibt Studien, die nachgewiesen haben, daß ein Unternehmen pro ArbeiterIn oder Angestelltem/Angestellter in einem Jahr allein 20.000 US$ verdient – d.h. sich zusätzlich erspart. Die neueren Daten geben an, daß die Anzahl der Maquila-ArbeiterInnen in der Dominikanischen Republik und in Guatemala circa 165.000, in Honduras 61.000, in El Salvador 50.000, in Nicaragua 7.000, in Costa Rica 50.000 und in Panama nur 1.200 beträgt.

In Mexiko gibt es heute etwa 4.000 größere Betriebe mit dieser Produktionsform, was den Druck der Bevölkerung, in den Norden zu ziehen, in den 80er Jahren noch verstärkte. Derzeit findet eine der größten Völkerwanderungen in der Geschichte der Menschheit statt. Denn auf der einen Seite werden die Agrarstrukturen abgebaut. Wir befinden uns zum erstenmal in einer

Dekade, in der aus verschiedenen strukturpolitischen Gründen (Landflucht) im Schnitt nicht mehr über 50 Prozent der Bevölkerung in der Landwirtschaft tätig sind. Es gibt aber auch eine Stadtflucht, weil es in Zentralamerika Arbeitslosenraten von bis zu 70 Prozent gibt. Gerade in dieser Situation laden also boomende Maquila-Betriebe zur Arbeit ein und werden dabei von den Politikern noch kräftig unterstützt. Das führte z.b. dazu, daß der salvadorianische Präsident in seiner Wahlkampagne propagiert hat, »ganz El Salvador soll eine einzige Maquila werden«. Ob man sich heute im brasilianischen Manaos aufhält, d.h. in relativ indigenen Gebieten, oder in São Paulo: Die Maquila ist zum neuen Modewort für diese Art von neoliberaler Politik geworden.

Es gibt aber auch andere Gründe für diesen Boom der Maquila-Industrie: Auf der einen Seite war es die Politik der Vereinigten Staaten, die in den 80er Jahren im Rahmen der sogenannten *Reagonomics* und dann unter Präsident George Bush, die sogenannte *Caribbean Bassin Initiative* gestartet haben. Die Idee war, unter dem Vorzeichen des Freihandels die Zollschranken mit den lateinamerikanischen Ländern abzubauen, so daß nordamerikanische und ostasiatische Betriebe in Lateinamerika Fuß fassen und Europa und Asien von diesen Märkten verdrängen könnten; zudem könnten sie den Nutzen aus dem Lohngefälle ziehen. Diese imperialistische Politik wurde als »Freihandel« propagandistisch verkauft und hat inzwischen auf die *World Trade Organization* (WTO) übergegriffen.

Auf der anderen Seite verstärkte die Entwicklung in Ostasien, ausgehend von Japan und den Tigerstaaten, den Trend zur Maquila-Industrie: Innerhalb des Welthandelsabkommens (GATT und WTO) waren nämlich den verschiedenen Ländern gewisse Exportquoten zugedacht worden. So konnte z.B. Taiwan nicht beliebig viele Textilien in die USA schicken, sondern mußte sich – wie andere Staaten auch – an eine bestimmte Quote halten. Die Maquila diente nun dazu, diese Quotenregelung zu umgehen, weil ein koreanisches Unternehmen jetzt plötzlich von Mexiko oder Zentralamerika aus exportieren konnte und damit die Quote Mexikos belastete. Außerdem war es für einige ostasiatische Staaten wie Korea wichtig, Alternativen zu suchen, da sich in Asien vielfach sehr schlagkräftige Gewerkschaften gebildet hatten, die das Lohnniveau anhoben. Auf diese Weise wurde das »asiatische Modell« der Maquila-Industrie in Lateinamerika eingeführt.

Dieses System brachte folglich eine Neuaufteilung des Produktionsprozesses in viele kleine automatisierte Arbeitsschritte mit sich, ein Prozeß, der in der Nationalökonomie schon früher unter dem Schlagwort *Taylorism* oder *Fordism* bekannt geworden war. Das Absurde daran ist, daß diese Fließbandarbeit gerade zu einem Zeitpunkt in Lateinamerika eingeführt wurde, als wir in Europa nach dem 68er-Jahr über die Entfremdung der Arbeit am Fließband zu sprechen begannen. Daß die Arbeit in der Maquila extrem entfremdet ist, weiß inzwischen jedes Kind, das bereits in einem solchen Betrieb gearbeitet hat. Denn dort wird regelmäßig die als »Stachanow-Arbeit« bekannte Methode angewandt, welche die Arbeit nicht nach der Arbeitszeit, sondern nach der geleisteten Stückzahl entlohnt, was natürlich den Unternehmern zusätzliche Einsparungen bringt.

Die Diskussion über eine 40- oder 48-Stunden-Woche ist deshalb in Lateinamerika völlig utopisch geworden. Eine Statistik zeigt, daß in der Dominikanischen Republik 31 Prozent aller ArbeitnehmerInnen über 55 Stunden wöchentlich arbeiten. Dabei werden besonders bei Frauen gewisse, durchaus gängige Methoden angewandt: Unter dem Vorwand, sie nicht der Nacht auszusetzen, müssen sie oft 24 Stunden lang ohne Pause arbeiten. Durchschnittliche Betriebe gewähren eine halbe Stunde, großzügige Betriebe eine Stunde Mittagspause.

Für einen Toilettenbesuch werden 2,30 Minuten Zeit gewährt; danach schaltet sich ein automatisches Auge ein, eine Kamera, die die Frauen bei der Verrichtung ihrer Notdurft filmt. Jedes Mädchen, das in einer Maquila arbeiten will, muß sich zuerst einem Schwangerschaftstest unterziehen. Da hierfür oft nicht die nötigen medizinischen Einrichtungen vorhanden sind, werden die Anwärterinnen häufig angewiesen, während der nächsten Menstruationsperiode wiederzukommen, wo sie manchmal sogar von männlichen Aufsehern »kontrolliert« werden.

Auch psychologische Eignungstests werden angewandt. Sie dienen vor allem dazu, festzustellen, ob die Arbeitssuchende einen »rebellischen Charakter« besitzt. Denn dann könnte sie ja protestieren oder gar andere dazu auffordern, eine Gewerkschaft zu gründen, was so ziemlich das schlimmste Vergehen ist, das es in einer Maquila gibt. Wer beim Versuch, eine Gewerkschaft zu bilden, ertappt wird, wird nicht nur fristlos entlassen, sondern kommt auch auf eine schwarze Liste, die dafür sorgt, daß so eine Arbeiterin nie wieder in einer Maquila beschäftigt wird.

Unter diesen Rahmenbedingungen ist es so gut wie unmöglich, einen Streik zu organisieren, denn das hätte zur Voraussetzung, daß sich die ArbeitnehmerInnen nicht innerhalb, sondern außerhalb der Fabrik organisieren und daß der Staat, die Regierung einen solchen Arbeiterkampf auch akzeptiert. Das ist aber nur in den seltensten Fällen möglich, da sich diese Betriebe bereits bei ihrer Gründung nicht nur materiell, sondern auch juridisch im Rahmen von Abkommen mit den Regierungen abgesichert haben.

Besonders seit Mitte der 80er Jahre und jetzt in den 90er Jahren kam es zur Gründung von sogenannten *zonas francas*. Das sind sogenannte »freie Produktionszonen«, in denen die Maquila-Betriebe eine Art Extraterritorialität besitzen, d.h. sich weder den Arbeits- noch den Steuergesetzen des jeweiligen Landes unterwerfen. Dies fing in der nordirischen Stadt Shannon ganz harmlos an, als dort für Flugzeugpassagiere, die von Europa nach Lateinamerika flogen, unter dem Namen *duty free* eine steuerfreie Zone geschaffen wurde. In der Folge schlossen verschiedene Konzerne Verträge mit den einzelnen Nationalstaaten, die garantieren sollen, daß die Importe und Exporte in keiner Statistik erscheinen und somit die Betriebsumsätze aus der offiziellen Statistik ausscheiden. Somit können 100 Prozent der Gewinne ins Ausland transferiert werden, etwa an Schweizer Banken mit Nummernkonten, ohne Steuern zu bezahlen.

Die *zonas francas* sind demnach so etwas wie Produktionsinseln in den verschiedenen lateinamerikanischen Städten, in denen sich die Maquiladoras massenweise konzentrieren. In Ciudad Juarez gibt es allein 400 Großkonzerne (Sony, Hewlett Packard, Mitsubishi etc.), die dort ihre ausgelagerten Produktionsstätten errichtet haben. Dabei wechseln sie aber oft auch ihre Firmenbezeichnung, so daß es oft mühsam ist, den Ort der Herstellung der Produkte zu identifizieren.

NIKE-Schuhe werden etwa in El Salvador unter denselben, unmenschlichen Bedingungen hergestellt, wie den oben angeführten. Doch dort trägt die Firma einen anderen Namen: FORMOSA. Auch in der Bekleidungsindustrie kommen die Produkte meist aus Ostasien oder Zentralamerika, ohne daß wir das wissen, weshalb es sehr schwierig ist, etwas gegen sie zu unternehmen. Dies ergibt ein weiteres Problem, wenn wir uns die Frage stellen: Was können wir unternehmen, um dieser modernen Form der Sklaverei Einhalt zu gebieten?

Wahrscheinlich hat diese Entwicklung, die Anfang der 90er Jahre begonnen hat, die Gewerkschaftsbewegung »auf dem falschen Fuß erwischt«. Sie konnte nicht agieren, weil es in den Maquila-Betrieben keine dauerhaften Arbeitsverhältnisse gibt; sie konnte nicht reagieren, weil es keine Kollektivverträge, keine juridische Basis gibt. Dazu kommen die gescheiterten Hoffnungen, die das Erbe des Sozialismus auch in Lateinamerika mit sich gebracht haben; gerade diejenigen, die die Arbeiterkämpfe in den 60er, 70er und 80er Jahren am stärksten vorangetrieben hatten, gehörten der Linken an: sie glaubten an Revolution und Sozialismus. Nun brachen aber gerade die sozialistischen Regime Osteuropas zusammen, was auch in Lateinamerika nicht ohne Wirkung blieb, obwohl oder gerade weil dort die Hintergründe des sogenannten »Realsozialismus« weit weniger bekannt waren als in Europa. Die Abwahl der Sandinisten in Nicaragua hatte in diesem Zusammenhang eine ebenso symbolische Bedeutung, wie die Wirtschaftskrise in Kuba; der Niedergang aller dieser Symbole brachte es mit sich, daß der lateinamerikanischen Arbeiterbewegung die Energie genommen wurde.

Trotzdem glaube ich aber, daß die soziale Realität, wenn man sie von unten betrachtet, fast immer ihre eigenen Alternativen schafft, erfinderisch macht und daß aus diesen alternativen Ideen eine gewisse Eigengesetzlichkeit entsteht. So war es auch bei den Maquilabewegungen, die Mitte der 90er Jahre in Mexiko und Zentralamerika entstanden. Sie diskutierten die Strategien, mit denen bessere Arbeitsbedingungen für die Arbeiterinnen erkämpft werden konnten. Es waren vor allem die Frauen, die sich dafür engagierten, da in diesen Maquila-Unternehmen circa 70 Prozent Frauen arbeiten (in der Textilbranche sind es sogar an die 90 Prozent). Der hohe Frauenanteil basiert auch auf der Überlegung der Unternehmer, a priori Schwierigkeiten vermeiden zu wollen; sie meinen, daß Frauen manipulierbarer seien als Männer. Deshalb geben sie meist auch den jungen Frauen zwischen 16 und 20 Jahren den Vorzug bei den »Eignungsprüfungen«.

Während die Gewerkschaften noch untätig waren, haben die Arbeiterinnen der Textil- und Bekleidungsbranche bereits Anfang der 90er Jahre begonnen, sich geheim zu organisieren. Sie schlossen sich in Selbsthilfegruppen außerhalb der Fabrik zusammen, um die Kinderbetreuung zu organisieren, da es nirgendwo Kindergärten gab. In Einzelfällen gab es spontane, massive Reaktionen – trotz der geringen Hoffnungen, daß sich dadurch etwas ändern würde.

Als in Nicaragua ein Elektroarbeiter einen tödlichen Unfall erlitt, hatte das den Protest Tausender Arbeiterinnen der taiwanesischen Firma CHENTEX zur Folge. Die Unternehmer bekamen es mit der Angst zu tun und drohten den »Agitatorinnen« mit der Entlassung. Aufgrund der Vorfälle kam jedoch eine gesellschaftliche Dynamik in Gang: Die Gewerkschaften begannen sich zu aktivieren und sahen die Maquila-Arbeiterinnen plötzlich als wichtigen Faktor im Rahmen ihrer Gesamtstrategie an. Gewisse Gewerkschaften in Guatemala, El Salvador und Mexiko stellten ihre Plattform für Gewerkschaftswahlen in den Nicht-Maquila-Betrieben auch ins Zeichen der Solidarität mit den Maquilas. Aufgrund der regionalen Vernetzungen untereinander entstanden verschiedene Allianzen. Im November 1997 kam es zur Gründung der ersten *Confederación de trabajadoras de la maquila de Centroamérica y del Caribe* (Verband der Maquila-Arbeiterinnen Zentralamerikas und der Karibik).

In El Salvador protestierten die TextilarbeiterInnen von Mandarin, einem koreanischen Textilunternehmen, wo eine Frau gestorben war, weil die Unternehmensleitung sie dazu gezwungen hatte weiterzuarbeiten, obwohl sie sich krank gemeldet hatte. Die ArbeiterInnen standen auf dem Standpunkt, daß die arbeitsrechtlichen Bestimmungen des internationalen Arbeitsrechts auch innerhalb der *zona franca* gültig wären und brachten den Fall im Parlament ein. Die Unternehmensleitung von Mandarin drohte daraufhin, in ein anderes Land abzuwandern, was jedoch wegen der oben genannten Quotenregelung nicht so einfach war. Auf Druck der Frauenorganisationen wurde schließlich ein Gesetz verabschiedet, das den ArbeiterInnen der *zona franca* einen minimalen rechtlichen Schutz zugestand.

Gleichzeitig kam eine andere Art von Stategie in Gang, die von der Seite der KonsumentInnen ausging. Die Frage war: Was könnten solidarische Gruppen in Europa und den USA gegen diese Form der globalen Sklaverei unternehmen? Zum erstenmal in der Geschichte tauchten plötzlich die KonsumentInnen als politische Subjekte auf. Zunächst wurde die Idee von Boykottaktionen diskutiert, die sich ja im Fall von Südafrika bestens bewährt hatten. Dabei war allerdings zu bedenken, daß es äußerst schwierig war, die Herstellerbetriebe in der langen Produktionskette zu orten. Außerdem war das Argument der ArbeitnehmerInnen zu beachten, daß sie nämlich durch Boykottmaßnahmen ihren Arbeitsplatz verlieren würden. Deshalb wurde der Boykott als Strategie verworfen.

Welche andere Alternativen aber bieten sich noch an? Seit 1991 hat sich sowohl in den USA als auch in Europa – mit den Niederlanden in der Vorreiterrolle – folgendes Konzept durchgesetzt: Die TNCs lagern ihre Produktionsschritte weltweit an verschiedene Zulieferfirmen aus, mit denen sie strukturell zusammenhängen, obwohl sie nicht den gleichen Firmennamen tragen. Nun existiert auf der einen Seite der Druck der ArbeitnehmerInnen in den Zulieferbetrieben, zum Teil durch (geheime) Frauenorganisationen, zum Teil durch gewerkschaftliche Bewegungen. Auf der anderen Seite existiert der Druck der KonsumentInnen auf die Vertriebsketten (wie in Deutschland und Österreich z.B. H&M, C&A, Otto-Versand etc.), die mehrere Produkte von verschiedenen TNCs einer Branche als Großhändler vertreiben und dann an die einzelnen Handelsunternehmen, die Geschäfte, weitergeben.

Wenn die ArbeiterInnen und KonsumentInnen nun in der Lage sind, den Druck der Basis auf diese Handelsunternehmungen zu verstärken, dann müßte es möglich sein, diese zum Einlenken zu zwingen, d.h. die international verbrieften Arbeitsstandards zu akzeptieren. Dies bedingt, daß zwischen diesen beiden Ebenen ein Informationsfluß besteht, der eine Aufklärungsarbeit für die KonsumentInnen erst möglich macht.

In zahlreichen Kampagnen in ganz Europa wurde erreicht, daß sich die KonsumentInnen untereinander organisieren, und damit auch andere Organisationen wie Gewerkschaften, Bauernorganisationen, indigene Organisationen, also insgesamt die zivile Gesellschaft mobilisiert werden. In Chiapas, wo *Indígenas* ihren Aufstand machten, stiegen ja auch hunderte, tausende Organisationen, in denen es keine »Indianer« gab, auf die Barrikaden – in Solidarität mit den *Indígenas* in Chiapas. Auf dieselbe Art und Weise griff eine Dynamik um sich, in der die ArbeiterInnen-Organisationen andere Sektoren der Gesellschaft im Süden ebenso zur Solidarisierung drängten wie die KonsumentInnen im Norden.

Eine solche Kampagne ist seit Mitte 1998 auch in Österreich als »Clean Clothes-Kampagne« bekannt und bezieht sich vor allem auf den Sektor der Textil- und Bekleidungsindustrie. Es wurden über 100.000 Postkarten verschickt, in denen Unternehmen wie NIKE und Adidas aufgefordert wurden, einen Verhaltenskodex zu unterschreiben und mit der Kampagnenleitung in Verhandlung zu treten. Sollten sie das nicht tun, so würde die Propaganda gegen sie weitergehen.

Auf diese Weise sollen die von der *International Labour Organisation* (ILO) festgesetzten arbeitsrechtlichen Mindeststandards ebenso verhandelt werden wie Mechanismen, mit denen eine unabhängige Kontrolle in den Zulieferbetrieben gewährleistet wird. Tatsächlich verpflichteten sich bisher bereits viele Unternehmen durch ihre Unterschrift zur Einhaltung der gesetzlich verbrieften Mindeststandards. Was den zweiten Schritt, die Kontrolle in den Auslegerbetrieben durch unabhängige Menschenrechtsbeobachter vor Ort betrifft, wehren sich die Unternehmen meist dagegen und verweisen auf ihre firmeneigenen Kontrolleure.

Zur Zeit ist eine Dynamik in Gang gekommen, die diesen Druck europaweit verstärken soll. Österreich ist in dieser Hinsicht schwächer als etwa die Niederlande, Deutschland, Frankreich oder Italien, wo es die Kampagne schon seit mehreren Jahren gibt. Trotzdem wurde auch hier an den Wirtschaftsminister Farnleitner mit der Forderung appelliert, gewisse Strategien auf der Ebene der EU umzusetzen. Auf diese Weise versucht das österreichische Nationale Komitee der »Clean Clothes-Kampagne«, auf EU-Ebene ein Importverbot für sozial unverträgliche Produkte zu erreichen, ähnlich dem, das im ökologischen Bereich z.B. in bezug auf die Edelhölzer existiert.

Die Unternehmen reagierten zunächst mit einer Explosion ihrer Werbeetats. Sie schicken als Reaktion meist eine Broschüre aus, in der sie feststellen, daß sie »absolut sauber« produzieren. Während also auf der einen Seite an Produktionskosten weiterhin eingespart wird, so explodieren auf der anderen Seite die Werbekosten, wobei die Relation zwischen den eigentlichen produktbezogenen Produktionskosten und den Werbekosten ungefähr 1:10 beträgt; d.h. jedes Produkt kostet circa ein Zehntel des Preises, den der Konsument bezahlt.

Fest steht jedoch, daß in letzter Zeit ein Prozeß in Gang gekommen ist, der zumindest perspektivisch eine Antwort auf die Ereignisse, die 1990 begannen, darstellt. Die Antwort auf die moderne Sklaverei liegt im Aufbau eines immer dichteren Netzes der zivilen Gesellschaft, in dem die ArbeiterInnen in Lateinamerika und die KonsumentInnen in Europa zusammenspielen. Dabei ist überaus wesentlich, daß eine Veränderung in Lateinamerika nicht ohne eine Veränderung in Europa stattfinden kann. Das zeigt sich auch in Österreich, wo ein multilaterales Investitionsabkommen (MAI), das – ebenso wie bei den Maquilabetrieben in Lateinamerika – die arbeitsrechtlichen Bestimmungen des letzten Jahrhunderts außer Kraft setzen würde, bis heute wie ein Damoklesschwert über Österreich hängt. Schon aus diesem Grund wäre es höchste Zeit, daß sich auch in Österreich eine breite Öffentlichkeit für die Problematik der Maquila-ArbeiterInnen interessiert.

Autorinnen und Autoren

Walther L. BERNECKER, Dr.phil., Univ.Prof., Lehrstuhl für Auslandswissenschaft an der Universität Erlangen-Nürnberg; zahlreiche Veröffentlichungen zur Geschichte Spaniens, Lateinamerikas und zu Migration.

Peter BIRLE, Dr., Wissenschaftlicher Assistent am Institut für Politik- und Verwaltungswissenschaft der Universität Rostock; Arbeitsschwerpunkte: Parteien, Parteiensysteme und Interessensgruppen, v.a. in Argentinien und im Cono Sur.

Leo GABRIEL, Dr.phil., Jurist, Sozialanthropologe und Journalist; wissenschaftlicher Leiter des Ludwig-Boltzmann-Instituts für zeitgenössische Lateinamerikaforschung in Wien; zahlreiche Veröffentlichungen zu lateinamerikanischer Politik.

Wolfgang HEINZ, Dr. phil., Lehrbeauftragter am Fachbereich Politische Wissenschaft der Freien Universität Berlin; zahlreiche Veröffentlichungen zu Politik in Lateinamerika, Asien und zu internationaler Politik.

Andreas HOFBAUER, Dr. phil., Ethnologe, Lektor am Institut für Ethnologie der Universität Wien, zahlreiche Veröffentlichungen zu Sklaverei, Schwarzer Bewegung, Rassismus und Afro-Religionen, lebt in São Paulo und Wien.

Gerrit KÖSTER, Dr.phil., Privatdozent am Geographischen Institut der Rheinisch-Westfälischen Technischen Hochschule Aachen; Leiter der städtischen Leitstelle »Älter werden in Aachen« und Sozialplaner für den Bereich »Ältere Menschen«.

Francisco LIZCANO FERNÁNDEZ, Dr., Professor für Geschichte an der Universidad Autónoma del Estado de México, Toluca; Veröffentlichungen zur ethnischen und kulturellen Pluralität der lateinamerikanischen Gesellschaften.

Austreberta NAZAR, Dr.med., mit Ausbildung in Sozialmedizin und epidemischen Krankheiten; Mitarbeiterin am Colegio de la Frontera Sur en Chiapas, Mexiko; Forschungsschwerpunkte: öffentliche Gesundheit, Bevölkerungsentwicklung in ländlichen Gebieten Mexikos.

Christof PARNREITER, Mag. Dr.phil., bis 1998 Projektassistent am Institut für Geographie der Universität Wien, Lektor an verschiedenen Instituten; Forschungsschwerpunkte: Migration und Megastadtentwicklung unter dem Blickpunkt globaler Zusammenhänge.

Renate PIEPER, Dr.phil., Univ.Prof., Lehrstuhl für Wirtschafts- und Sozialgeschichte an der Karl-Franzens-Universität Graz; zahlreiche Veröffentlichungen zur Wirtschaftsgeschichte des 16. und 18. Jahrhunderts sowie zur Rezeptionsgeschichte.

Ursula PRUTSCH, Mag. Dr.phil., Historikerin, Lektorin an den Universitäten Wien, Graz und Angers (Frankreich); Forschungsschwerpunkte: Migration, Emigration sowie Kulturpolitik der 30er und 40er Jahre in Lateinamerika.

Emma ZAPATA, Prof. Dr., Soziologin am Colegio de Postgraduados en Ciencias Agrícolas, Chapingo, Mexiko. Koordinatorin des Forschungsbereichs »Ländliche Entwicklung mit besonderer Berücksichtigung der Bäuerinnen in Mexiko«.

JULIO-AGOSTO 1999

162 CONTENIDO

Director: Dietmar Dirmoser
Jefe de Redacción: S. Chejfec

COYUNTURA: **Gerardo Caetano**. Uruguay. Nuevas reglas y apertura del calendario electoral. **Pedro Planas**. Perú. Algo se mueve en la República autocrática.
APORTES: **Mary Louise Pratt**. Lucha-libros. Rigoberta Menchú y sus críticos en el contexto norteamericano. **Mabel Bellucci / Flavio Rapisardi**. Alrededor de la identidad. Las luchas políticas del presente.
FOCO: **Juan Gabriel Tokatlián**. La guerra en Yugoslavia y América Latina. **Jürgen Habermas**. Bestialidad y Humanidad. Una guerra en el límite entre derecho y moral.
TEMA CENTRAL: INTEGRACION REGIONAL ¿POLITICA VERSUS ECONOMIA? **Martín Buxedas**. El desarrollo sustentable en las negociaciones del Mercosur. **Gabriel Sánchez Avendaño**. Treinta años de integración andina. **Jorge Schvarzer**. Un bloque exitoso en crisis. El Mercosur y un socio demasiado grande. **Andrés Serbin**. El Caribe y la integración continental. **Antonio Daher**. Las trasnacionales chilenas y la integración regional. **Alfredo Guerra-Borges**. La integración centroamericana en el umbral del siglo. Una evaluación económica y política. **Shiguenoli Miyamoto**. Integración y seguridad regional. **Martin Roy**. Canadá y el ALCA. Estrategias de negociación.
SUMMARIES .

SUSCRIPCIONES	ANUAL	BIENAL
(Incluido flete aéreo)	(6 núms.)	(12 núms.)
América Latina	US$ 50	US$ 85
Resto del mundo	US$ 80	US$ 145

PAGOS: Cheque en dólares a nombre de NUEVA SOCIEDAD. Rogamos no efectuar transferencias bancarias para cancelar suscripciones. Dirección: Apartado 61712- Chacao-Caracas 1060-A. Venezuela. Telfs.: (58-2) 267.31.89/265.99.75/265.53.21/266.16.48/265.18.49, Fax:267.33.97; @: nuso@nuevasoc.org.ve; nusoven@nuevasoc.org.ve.
Página digital: www.nuevasoc.org.ve

CIEDLA

CONTRIBUCIONES

JUVENTUD Y POLÍTICA

TEMAS

La responsabilidad de la sociedad frente a los jóvenes. Jóvenes y política. El caso argentino.
Hartmut Hentschel

Entre la democracia y la exclusión: la lucha por la legalidad en una sociedad desigual
Alberto Binder

La relevancia del trabajo internacional de integración de la juventud para la política exterior alemana
Alwin Proost

La generación peruana del 900. La renovación generacional de la cultura y de la política y sus dificultades
Pedro Planas

La participación política de los jóvenes en México
Marcela Ávila Eggleton, Laura E. Martínez Gudiño y Gerardo Toache López

Protagonistas del cambio. Un aporte de la Psicología cognitivo-conductual para el cambio social
Lucía Darin

Excelentes perspectivas
Christian Ramthun

ENSAYOS

Apuntes sobre calidad de vida, desarrollo sostenible y sociedad de consumo: una mirada desde América Latina
Oscar M. Espinosa Henao

Instrumentos de resguardo comercial para un regionalismo abierto. El caso del MERCOSUR
Gustavo D. Lazzari y Martín C. de J. Simonetta

Avances en derechos humanos consagrados en la nueva Constitución ecuatoriana
María Elena Moreira

DOCUMENTOS Y HECHOS

Cuarenta años de labor parlamentaria en Bonn
Helmut Kohl

3/1999

Redacción y Administración: CIEDLA, Leandro N. Alem 690 - 20º Piso - 1001 Buenos Aires, República Argentina
Teléfono (005411) 4313-3522 - Fax (005411) 4311-2902 - e.mail: konrad@datamarkets.com.ar

Colonial Latin American Historical Review (CLAHR)

Featuring the *COLONIAL ERA
IN LUSO-HISPANO AMERICA*

MANUSCRIPT SUBMISSIONS INVITED
Original documented essays, max. 25-30 pp. + footnotes
3 copies + disk, Microsoft Word preferred
or IBM compatible, English or Spanish

Subscription Form:

Name:
Address:
Telephone

❏ Individual $30   ❏ Institution $35   ❏ Student $25   ❏ Single Issue
(Add $5.00 for areas outside of the United States, Mexico, and Canada)

❏ Check or money order payable to: *Colonial Latin American Historical Review*
❏ VISA ❏ MasterCard   Acct.# _____ Exp. Date _____

Cardholder's Signature _____

Please send this form with the appropriate payment to:

Dr. Joseph P. Sánchez, Editor
COLONIAL LATIN AMERICAN HISTORICAL REVIEW
Spanish Colonial Research Center, NPS
Zimmerman Library, University of New Mexico
Albuquerque, NM 87131 USA
Telephone (505)277-1370 / Fax (505)277-4305
E-mail clahr@unm.edu / Home Page http://www.unm.edu/~clahr

Veröffentlichungen des Österreichischen Lateinamerika-Institutes

Martina Kaller-Dietrich (Hrsg.)
Recht auf Entwicklung?
140 S., vierf. Pb., ISBN 3-86099-159-0
¡atención!
Jahrbuch des Österreichischen Lateinamerika-Instituts, Band 1
Der »Entwicklung« genannte Mythos der Moderne hat offensichtlich seine sinnstiftende Funktion verloren. Das Buch greift diese Debatte auf und stellt provokante Thesen zur Diskussion.

Elke Mader / Maria Dabringer (Hrsg.)
Von der realen Magie zum Magischen Realismus
Weltbild und Gesellschaft in Lateinamerika
208 S., vierf. Pb., ISBN 3-86099-160-4
¡atención!
Jahrbuch des Österreichischen Lateinamerika-Instituts, Band 2
Anhand einer Fülle von Beispielen wird gezeigt, wie Weltbilder und Gesellschaft ineinander verwoben sind und welche Wirkungsweisen Weltbilder für das Verständnis von Sprache und Literatur, Ritual und Religion sowie Politik und Gesellschaft haben.

Brigitte Vogl
Hausgärten der Mayas
Zwischen Tradition und Moderne
172 S., vierf. Pb., ISBN 3-86099-277-5
Investigaciones 1. Forschungen zu Lateinamerika
Das Buch stellt die Angepaßtheit der traditionell bewirtschafteten Hausgärten der Choles und Tzeltales in Chipas (Mexiko) an das Ökosystem als wertvoll für die Erhaltung des Regenwaldes heraus.

Daniela Ingruber
Friedensarbeit in El Salvador
Eine kritische Bestandsaufnahme
Investigaciones 2. Forschungen zu Lateinamerika
216 S., vierf. Pb., ISBN 3-86099-289-9
Nach außen herrscht Frieden in El Salvador. Aber wie erfolgreich ist das friedenspolitische Modell im Land tatsächlich? Das Buch liefert eine kritische Bilanz der europäischen Friedensarbeit in El Salvador und weist auf eurozentrische Fehler im Friedensprozeß hin.

Bitte fordern Sie auch unser Gesamtverzeichnis an:
Brandes & Apsel Verlag, Scheidswaldstr. 33, 60385 Frankfurt a.M.
FAX: 069/957 301 87, e-mail: brandes-apsel@t-online.de
www.brandes-apsel-verlag.de

Internationale Entwicklung
Historische Sozialkunde

P. Feldbauer/A. Gächter u.a. (Hrsg.)
Industrialisierung
Entwicklungsprozesse in Afrika, Asien und Lateinamerika, HSK 6
264 S., vierf. Pb., ISBN 3-86099-166-3
»... nachdenklich machender und zu detaillierterem Studium anregender Sammelband...« *(Georg Berkemer, Perpilus)*

F. Kolland/E. Pilz u.a. (Hrsg.)
Staat und zivile Gesellschaft
Beiträge zur Entwicklungspolitik in Afrika, Asien und Lateinamerika, HSK 8
256 S., vierf. Pb., ISBN 3-86099-168-X

M. Mitterauer/N. Ortmayr (Hrsg.)
Familie im 20. Jahrhundert
Traditionen, Probleme, Perspektiven
HSK 9, Pb., 182 S., ISBN 3-86099-169-8

E. Binderhofer u.a. (Hrsg.)
Das pazifische Jahrhundert?
Wirtschaftliche, ökologische und politische Entwicklung in Ost- und Südostasien
HSK 10, 2. Auflage, 220 S., vierf. Pb.
ISBN 3-86099-170-1
Ursachen und Hintergründe der wirtschaftlichen Entwicklung im ost- und südostasiatischen Raum. Es geht auch um die negativen Folgen dieses Modernisierungsprozesses.

A. Komlosy / C. Parnreiter u.a. (Hrsg.)
Ungeregelt und unterbezahlt
Der informelle Sektor in der Weltwirtschaft, HSK 11
252 S., vierf. Pb., ISBN 3-86099-171-X
»Das Buch ... ist wichtig, weil über diesen dunstverhangenen Bereich der Weltwirtschaft erstaunlich wenige Untersuchungen vorliegen ... Fast alle Aufsätze sind ohne besonderes Vorwissen verständlich.«
(Winfried Roth, Deutschlandradio)

P. Feldbauer u.a. (Hrsg.)
Mega-Cities
Die Metropolen des Südens zwischen Globalisierung und Fragmentierung
HSK 12, 304 S., vierf. Pb.
ISBN 3-86099-172-8

O. Bockhorn u.a. (Hrsg.)
Wie aus Bauern Arbeiter wurden
Wiederkehrende Prozesse des gesellschaftlichen Wandels im Norden und im Süden einer Welt, HSK 13
192 S., vierf. Pb., ISBN 3-86099-173-6

C. Parnreiter u.a. (Hrsg.)
Globalisierung und Peripherie
Umstrukturierung in Lateinamerika, Afrika und Asien, HSK 14
286 S., vierf. Pb., ISBN 3-86099-174-4

P. Feldbauer u.a. (Hrsg.)
Von der Weltwirtschaftskrise zur Globalisierungskrise (1929-1999)
Wohin treibt die Peripherie? HSK 15
248 S., vierf. Pb., ISBN 3-86099-175-2
Die lange Zeit tabuisierte Weltwirtschaftskrise der 30er Jahre gerät wieder ins Blickfeld. Ein Buch über die Krisenphänomene und Transformationsprozesse im modernen Weltsystem und deren Auswirkungen auf die »Dritte Welt«.

Friedrich Edelmayer u. a. (Hrsg.)
Die vielen Amerikas
Die Neue Welt zwischen 1800 und 1930
HSK 16
216 S., vierf. Pb., ISBN 3-86099-183-3
Die Entwicklung des amerikanischen Doppelkontinents im 19. und frühen 20. Jahrhundert. Im Mittelpunkt steht die Frage nach den »vielen Amerikas« – insbesondere der gegensätzlichen Entwicklung Nord- und Südamerikas.

Gerne schicken wir Ihnen unser kostenloses Gesamtverzeichnis:
Brandes & Apsel ○ Scheidswaldstr. 33 ○ D-60385 Frankfurt am Main
Fax 069/957 301 87   e-mail: brandes-apsel@t-online.de   www.brandes-apsel-verlag.de

Lateinamerika im Widerstand

Leo Gabriel (Hrsg.)
Die globale Vereinnahmung und die Antwort Lateinamerikas auf den Neoliberalismus
208 S., vierf. Pb., ISBN 3-86099-146-9
»Mit großer Materialfülle wird der neoliberale Umbau in Lateinamerika und der Widerstand dagegen dargestellt.« *(ila. Zeitschrift der Informationsstelle Lateinamerika)*

Barbara Kühhas
Die indigenen Frauen Guatemalas
Vom Bürgerkrieg zum Friedensprozess – der Kampf um politische Partizipation 296 S., vierf. Pb., ISBN 3-86099-297-X
Warum beteiligen sich guatemaltekische Maya-Frauen am bewaffneten Kampf in den Jahrzehnten des Bürgerkrieges? Eine detaillierte Untersuchung der Beweggründe dieser Frauen und ihrer Situation seit dem Friedensabkommen 1996 zwischen Regierung und Guerilla.

Stefanie Reinberg u. a. (Hrsg.)
TIERRA – indigene Völker, Umwelt und Recht
184 S., vierf. Pb., ISBN 3-86099-131-0
Der Kampf um territoriale Ansprüche und politische Autonomie indigener Völker wird heute weltweit geführt. Das betrifft weltweit mehr als 300 Millionen Menschen.

Uwe Bolius
Landnahme
Eukalyptus-Monokulturen in Brasilien 136 S., vierf. Pb., ISBN 3-86099-151-5
Gezeigt wird das dramatische Zusammenspiel von Regenwaldvernichtung, Eukalyptus-Monokulturen und der Zerstörung indigener Lebensgrundlagen.

Gustavo Esteva
FIESTA – jenseits von Entwicklung, Hilfe und Politik
2., erweiterte Neuaufl., 216 S., vierf. Pb., mit Fotos, ISBN 3-86099-101-9
Das Buch empfiehlt sich allen, die auf der Suche nach Perspektiven jenseits von Entwicklungsrichtlinien für die »Dritte Welt« sind. »... eine grundsätzliche Kritik am westlichen Ethos. Ein wichtiges Buch.« *(ekz)*

Anne Isabella Streissler
Jugendliche in Bogotá
Eine ethnologische Studie zu Lebenswelt und Zukunftsangst 224 S., vierf. Pb., ISBN 3-86099-290-2
Vor dem Hintergrund der wirtschaftlichen, politischen und sozialen Situation Kolumbiens erforscht die Autorin die Lebensweise einer Gruppe von Teenagern in Bogotá zwischen Machismo und Zukunftsangst.

Bitte fordern Sie das Gesamtverzeichns an:
Brandes & Apsel Verlag, Scheidswaldstr. 33
D-60385 Frankfurt a.M.
FAX: 069/957 301 87
e-mail: brandes-apsel@t-online.de
www.brandes-apsel-verlag.de